MDL
みらい
スポーツ
ライブラリー

体育原理

編集　髙橋徹

JN122885

Principles of physical education

みらい

著者一覧

編　者

髙橋徹／岡山大学

執筆者（掲載順）

髙橋徹（前出）……………………………第 1 章、第 2 章コラム
神野周太郎／長崎国際大学 …… 第 1 章コラム、第 2 章第 1 節
日髙裕介／育英大学 ……………………………第 2 章第 2 節
藤井宏明／福山平成大学 ………………………第 2 章第 3 節
渡邉泰典／仙台大学 ……………………………第 2 章第 4 節
伊佐野龍司／日本大学…………………………第 2 章第 5 節
小玉京士朗／環太平洋大学 ……………………第 2 章第 6 節
林洋輔／大阪教育大学…………………………………… 第 3 章
佐藤洋／明星大学 ……………………………………… 第 4 章
根本想／育英大学 ……………………………………… 第 5 章
広瀬健一／帝京大学 …………………………………… 第 6 章
平塚卓也／奈良女子大学 ……………………………… 第 7 章
坂本拓弥／筑波大学 …………………………………… 第 8 章
森田啓／大阪体育大学…………………………………… 第 9 章
原祐一／岡山大学 ……………………………………第 10 章
白石翔／環太平洋大学……………………………第 10 章コラム
仲宗根森敦／東京学芸大学 …………………………第 11 章
徳島祐彌／兵庫教育大学 ……………………………第 12 章
中澤雄飛／帝京大学 …………………………………第 13 章
佐藤雄哉／国士舘大学…………………………………第 13 章
酒向治子／岡山大学 …………………………………第 14 章
弓削田綾乃／和洋女子大学 …………………………第 14 章
吉村利佐子／岡山大学……………………………第 14 章コラム
髙尾尚平／日本福祉大学 ……………………………第 15 章

はじめに

保健体育の教員養成課程を設置している多くの大学では、教員免許法施行規則にしたがい、教職課程関連科目の一つとして「体育原理」が開講されています。なお、大学によっては別の科目名で開講されている場合もあり、「体育哲学」や「スポーツ原理」、「スポーツ哲学」といった名称もみられます。しかし、いずれの名称であれ、教員免許法施行規則に示された「体育原理」の要件を満たす授業において、何を授業内容として取り扱う必要があるのかについては、授業担当者間でも認識の相違があり、統一的な見解が共有されているとは言い難いのが実情です。

もちろん、「体育原理」が大学の授業である以上、各大学や各学部・学科のディプロマ・ポリシー（卒業認定・学位授与の方針）、およびカリキュラム・ポリシー（教育課程編成・実施の方針）に則る形で授業が進められるものであり、授業内容についても担当者がその責任を負っています。しかしながら、同じ「体育原理」の要件を満たす授業であるならば、授業内容についての一定の共通事項を見出すことも可能なはずです。そして、その共通事項を整理することができれば、「体育原理」の授業において取り扱う必要のある内容を明らかにすることも可能になるはずです。

さて、本書は上記のような問題意識の上に編纂された内容になっています。なお、「体育原理」が保健体育の教員養成に関わる教職課程関連科目だからこそ、「体育」という言葉の用い方についてはこだわりました。それは学校で行われている体育授業の体育であり、体育教師の体育でもあり、体育学と呼ばれる学問の体育でもあります。読者の皆さまも本書を読み進める中で、体育という言葉にぜひ注目してみてください。

本書を手に取る方の中には、体育教師をめざしていたり、体育学を専門的に学ぼうと考えていたりする方が多いと思います。そのような読者の皆さまにとって、本書は体育についての学びの入り口になるような入門書になっていると思います。

最後になりますが、本書の作成にあたっては多くの先生に執筆のご協力をいただきました。出版に至るまで多忙な中でも執筆を進めていただいた執筆者の皆さまには心より感謝いたします。また、本書の出版を打診していただき、企画立案から共に作成を進めてきた株式会社みらいの編集部の皆さまにも、執筆者を代表して感謝申し上げます。

2024 年 2 月

編者　髙橋徹

もくじ

第1章 体育学と体育原理

なぜこの章を学ぶのですか？

体育原理は体育学を学んでいく上での入り口にあたります。したがって、体育原理の概要を知っておくことは、体育学についての学習を進めていく際にも大いに役立ちます。この章では、体育原理、さらには体育学を学んでいく上での基礎知識を身につけてください。

第１章の学びのポイントは何ですか？

体育学がどのような学問なのかについて、その全体像を把握した上で、体育原理という領域の概要と役割についても理解しましょう。さらに、体育学、および体育原理のそれぞれが抱えている課題についても把握してほしいと思います。

考えてみよう

1. 「体育学」という言葉を聞いて、どのような研究を進める学問を想像しますか？思いついたイメージをいくつか挙げてみましょう。

2. 学校で体育の授業が行われている理由について考えてみましょう。

1 体育学の全体像

体育学という学問は、教育学の各領域だけでなく、人文科学・自然科学・社会科学といった多様な分野からのアプローチによって研究が進められている。そこで主な研究対象とされているのは体育・スポーツ・身体活動である。体育学は誕生以来大きく発展を遂げてきたが、その背後には、研究対象・研究目的・研究方法が分化の一途を辿っているという問題と、研究成果を一つに取りまとめるための統合という課題を抱えている。

1 体育学の捉え方

体育に関連する学問は「体育学」と呼ばれてきた。しかし、「体育・スポーツ科学」や「スポーツ科学」、「身体教育学」といった別称で表現されることも多く、その名称をひとつに限定することは難しい[*1]。この名称の多様さこそが、体育に関連する学問の範囲の広さを表しているともいえる。

体育原理に関する議論に入る前に、まずは「体育学」という学問の全体像について紹介したい。特に、ここでは「教育学の中の体育学」と「スポーツ現象を対象とするスポーツ科学」という 2 つの視座を参考にしながら[1)]、その姿を捉えてみたい。

*1　ここには「体育」と「スポーツ」という 2 つのキーワードが登場するが、この 2 つの言葉の違いを理解することも体育についての学びを深めていく上で非常に重要なポイントとなる。これらの違いについては第 3 章で取り上げているので、詳しくはそちらを確認してほしい。

(1)「教育学の中の体育学」という考え方

体育と教育という 2 つの言葉の関係を考えるときに、体育は教育に内包されているため、教育の中の一つの領域であるという捉え方がある。そして、体育が教育のカテゴリーに内包されているという認識に立つならば、体育学も教育学の構造を援用していると考えることができる。これが、「教育学の中の体育学」という考え方である。

図 1-1 を見ると、体育学の各領域を支える土台として、教育学の各領域が

図 1-1　教育学の中の体育学の構造

体育学

体育科教育学	体育心理学	体育経営学	体育社会学	体育史	体育政策学	体育○○学
教科教育学	教育心理学	教育経営学	教育社会学	教育史	教育政策学	教育○○学

教育学

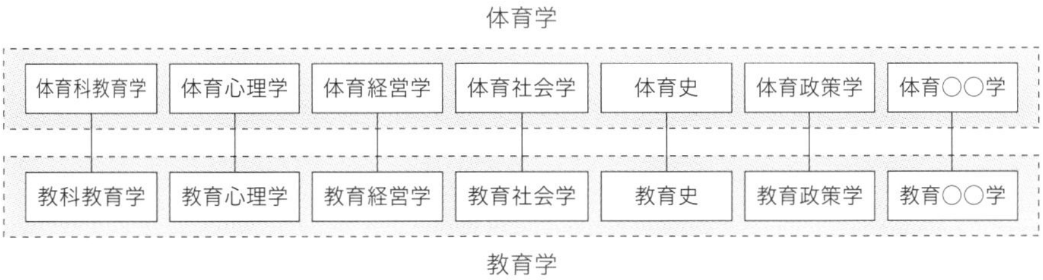

出典　友添秀則「スポーツ科学のこれまでとこれから」『現代スポーツ評論』第 34 巻　創文企画　2016 年　p.13 をもとに筆者改変

存在していることが分かる。これは体育学が独自の研究方法をもつ学問ではないため、研究方法については他分野の方法を援用して研究を進める必要があるという状況を意味している。いうなれば、体育学の背後には親科学と呼ばれる教育学が存在しているのである。例えば、体育科教育学の場合は教科教育学、体育心理学の場合には教育心理学が親科学にあたる。また広義の意味では、教育学自体が体育学の親科学に位置づいていると理解することもできる。

したがって、体育を教育の一領域として捉えるのであれば、体育学とは教育学を親科学とすることで教育の枠組み内を主に論究する学問であり、教育学の一領域として、教育学理論の適用によって研究を深化させていると理解することができるのである。

(2)「スポーツ現象を対象とするスポーツ科学」という考え方

ところが実際には、体育学で取り扱う研究対象は教育の枠組みに限定されたものではない。例えば、トップアスリートのパフォーマンス向上に資する研究、メディアやテクノロジーとスポーツとの関係、政治や経済の動向に対するスポーツの影響などといった、教育の一領域としての体育の枠組みには収まり切らない多様な研究も行われている。これには、スポーツが体育授業や運動部活動の枠組みで語られるような教育的価値以上に拡大された領域をもつ巨大な文化であることが関係している。

したがって、体育に関連する学問は教育学の一領域に限られるものではなく、スポーツという固有の広範囲な文化領域に対する問題解明を行うスポーツ科学と呼ばれる学問として理解すべきであるという考え方も存在する[2)]。それが、「スポーツ現象を対象とするスポーツ科学」という考え方である。

図1-2 の通り、スポーツに関連する各分野の土台となる親科学は、人文科学・自然科学・社会科学の各分野ということになる。そこではスポーツ現象を対象にするという点での共通性は見られるものの、分野ごとに独自の研究が多方面から進められているのである。

図1-2 スポーツ現象を対象とするスポーツ科学の構造

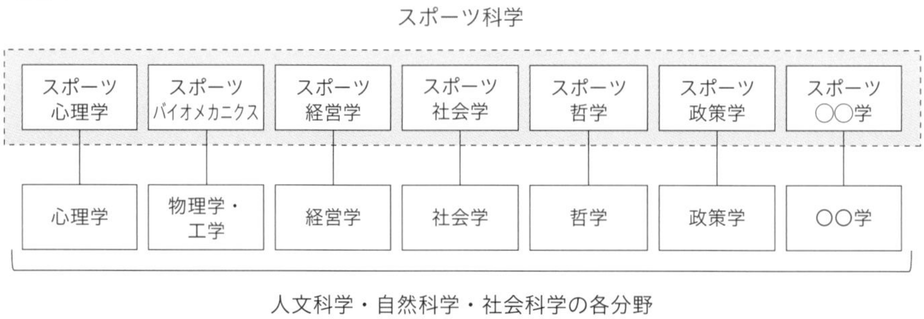

出典　友添秀則「スポーツ科学のこれまでとこれから」『現代スポーツ評論』第34巻　創文企画　2016年　p.13をもとに筆者改変

2 体育学の実態と研究対象

（1）体育学の実態

ここまでは体育に関連する学問について解説するにあたり、「教育学の中の体育学」と「スポーツ現象を対象とするスポーツ科学」という２つの視座を紹介した。しかし、現実の体育学の実態はそのいずれの形態でもない。結論からいえば、現在の体育学は「教育学の中の体育学」と「スポーツ現象を対象とするスポーツ科学」の双方の構造を内包した上で、さらに健康増進のための各種の身体活動などをも射程に収める形で成り立っている。

そのことを表す一つの例として、日本国内における体育・スポーツ関連の最大規模の学会である「一般社団法人 日本体育・スポーツ・健康学会」（以下「体育学会」）の実態を紹介したい。

表1-1 の通り、体育学会は体育学を支える全16の領域から成り立っている。したがって、体育学はこれらの領域から構成される学問であると理解することもできる。また表中を詳細に見ると、そこには「体育」と「スポーツ」という２つの言葉が混在していることが分かる。これは体育学という学問が「教育学の中の体育学」と「スポーツ現象を対象とするスポーツ科学」の双方の構造を内包していることを表す一例でもある[*2]。また、それに加えて「健康」「運動」「発育」などの言葉も見られるように、体育学は非常に幅広い射程をもった学問なのである。

＊２　体育学のそれぞれの領域において、具体的にどのような研究が行われ、どのような研究成果が生み出されているのかについては第２章で詳しく解説している。体育学会の専門領域に準拠しつつ、それぞれの分野の研究方法や研究対象について解説しているので、各分野の詳細についてはそちらを参照してほしい。

（2）体育学の対象と性質

教育の一領域としての体育にとどまらず、スポーツ現象全般、および人々の健康増進につながる分野に至るまでの研究を進めている体育学では、以下の３点が主な研究対象となる[3)]。

①教育の枠組みである学校で行われている体育
②スポーツという固有の広範囲な文化領域
③人間が身体を動かすこと全般を意味する身体活動

表1-1　日本体育・スポーツ・健康学会の専門領域

体育哲学	体育史	体育社会学	体育心理学
運動生理学	バイオメカニクス	体育経営管理	発育発達
測定評価	体育方法	保健	体育科教育学
スポーツ人類学	アダプテッド・スポーツ科学	介護予防・健康づくり	体育・スポーツ政策

そして、体育学を支える親科学として、教育学の各領域、人文科学・自然科学・社会科学の各学問が存在しているのである。

このような特徴から、体育学は**学際的な総合科学**であり、かつ**応用科学**の性質をもつと理解されている[4)]。総合科学とは、特定の分野に限定されることなく、人文・自然・社会科学という多様な分野からのアプローチによって研究が進められているということを意味している。そして応用科学とは、人文・自然・社会科学の各研究方法を体育・スポーツ・身体活動という研究対象へと応用する形で研究を進め、その研究成果によって実社会への貢献や問題解決へとつなげていくという体育学独自の性質を意味している。

3 体育学が抱える課題

体育学についてより深く理解するために、体育学が総合科学であり、かつ応用科学という性質をもつがゆえに慢性的に抱えている課題についても紹介しておきたい。それは、いわゆる「**体育学の分化と統合**」[5)] とも呼ばれている問題である。

体育学では人文・自然・社会科学という多様な分野からのアプローチで研究が進められることで、研究対象・研究目的・研究方法のいずれもが多様化の一途をたどっている。この傾向は一見すると、体育学の発展にとって望ましいことだと思われがちだが、そこには大きな問題が潜んでいる。

(1) 体育学の分化という問題

研究の多様化は、同時に研究成果の専門化や分化の傾向を生み出す。その傾向が続くと、同じ体育学の研究者同士であっても、隣の研究者がどのような方法で研究を進め、どのような研究成果を生み出しているのかが理解できなくなってしまう。

例えば、体育学の人文科学分野である体育哲学の研究、自然科学分野であるバイオメカニクスの研究、社会科学分野である体育経営管理の研究では、それぞれが全く異なる研究方法を用いて異なる研究対象にアプローチしている状況にある。果たしてこの3つは同じ体育学の研究といえるのであろうか。そもそも体育学とは何かと問われた時に、お互いに共有できる明確な答えは存在するのだろうか。

つまり、研究の多様化が進めば進むほどに、それぞれの分野内で研究が突き詰められることになり、その成果を体育学という学問の枠組みにおいて取りまとめることが困難になるのである。これが「**体育学の分化**」と呼ばれる問題である。

(2) 体育学の統合という課題

体育学の分化への対策として考えられているのが統合への志向性である。それはつまり、体育学における各分野間のつながりを保つとともに、多様化の一途をたどる体育学の研究成果を取りまとめることで、それぞれの研究成果を体育学の研究成果として発信することを意味している。これが「**体育学の統合**」と呼ばれ、いまだに解決されていない課題でもある。

体育学は誕生以来、分化と統合の問題を孕みつつ発展を遂げてきた。そして、この問題は体育学をひとつの学問として取りまとめようとする限り、現在、そして未来へと投げ掛けられた体育学が抱える課題なのである。

2 体育原理とはどのような分野か

体育原理という言葉には、教職関連科目としての体育原理と、体育学の一領域としての体育原理という 2 つの認識が存在する。後者の体育学における体育原理の役割は、研究成果の取りまとめ、および「体育とは何か？」という原理論的問題設定にある。前者の授業としての体育原理の役割は、体育学の全体像の概説、体育に関する原理論的問題の提示、体育に関する批判的思考力の育成、体育学について学ぶ上での基礎知識の教授である。

1 「体育原理」という言葉に対する認識

体育原理という言葉は、すでに明治時代から使用されており、1904（明治 37）年に高島平三郎によって執筆された『体育原理』[6)] という名の書籍を確認することができる。また、戦後以降は現在に至るまで多数の研究者によって『体育原理』、もしくは関連するタイトルの書籍が出版されてきた[*3]。つまり、明治期以降、継続的に体育原理は論じられてきたのである。そのような経緯を踏まえつつも、本節では主に戦後の体育原理に焦点を当てて議論を進めていく。

＊3　これまでに出版された体育原理に関連する書籍のうち、現在でも書店や図書館等で手に入れ易いものについては、章末の参考文献に記載している。体育原理についてより詳しく学んでみたいという場合には、引用文献と併せて、ぜひ参考文献に記載している書籍にも目を通してみてほしい。

(1) 教職関連科目としての「体育原理」

体育原理という言葉を初めて目にする機会というのは、おそらく大学の授業科目名としてだと思われる。なぜなら、保健体育科の教員養成課程を設置している多くの大学では、教職課程関連科目の一つとして「体育原理」が開講されているからである*4。

なお、大学によっては別の科目名で開講されている場合もある。例えば「体育哲学」や「スポーツ原理」、もしくは「体育原理」であっても英語表記が「Philosophy of Physical Education」という例なども見られる[7)]。このように若干のずれや類似した用語が用いられているものの、保健体育科の教員免許を取得するためには体育原理を履修することが求められていることから、体育原理は大学の授業科目の一つとして捉えられることが多い。

＊4　保健体育科の教員免許を取得するために修得を要する科目として、教育職員免許法施行規則の第４条（中学校教諭）、および第５条（高等学校教諭）には、「『体育原理、体育心理学、体育経営管理学、体育社会学、体育史』・運動学（運動方法学を含む。）」と示されている。

(2) 体育学の一領域としての「体育原理」

体育原理はかつて、体育学会の中に領域の一つとして存在していた領域名称でもある。しかし、後述する通り、現在では体育学会において体育原理という名称は使用されておらず、当該領域に対しては「体育哲学」という名称が使用されている。

体育学会が 1949（昭和 24）年に設立して以降、1961（同 36）年に学会内に体育原理専門分科会が承認され、長らく体育原理という名称が使用されていたが、2005（平成 17）年に体育哲学専門分科会への名称変更が承認されたことにより、体育原理という名称は当該組織から消滅している。また、関連学会として、1978（昭和 53）年に設立した日本体育・スポーツ哲学会という組織も存在しているものの、こちらは当初から体育原理という表記ではない。

このように、国内の体育原理に関連する学問名称や学会組織名称は、はじめは原理として出立したものの、現在では哲学という名称があてられている状況にある。

2 体育学における体育原理の役割

(1) 研究成果の取りまとめと原理論的問題設定

体育学会の中に存在していた体育原理という領域名称が、なぜ体育哲学へと変化したのか、その歴史的背景を知ることが体育学における体育原理の役割を理解することにもつながる。体育原理に対してはこれまで、体育学の研究成果の取りまとめ、および体育に関する原理論的問題設定という２つの役割が期待されてきた。

①　体育学の研究成果の取りまとめ

体育原理は戦後以降、アメリカの「Principles of physical education」（以下「PPE」）をモデルとして存続してきたといわれている[8)]。体育原理のモデルとなった当時の PPE とは、体育学に関わる人文・自然・社会科学のあらゆる研究成果を体育実践*5 に利用・活用していくという見地から取りまとめた知識や知見の集合体であった[9)]。したがって、体育原理に対しては、元来、前節で解説した「体育学の分化と統合」の問題のうち、統合の役割として研究成果を取りまとめることが期待されてきたのである。

＊5　この体育実践という言葉には、学校での体育授業に限らず、競技スポーツや社会全般で行われているスポーツ活動なども広く含まれると考えられる。

②　体育に関する原理論的問題設定

一方で、日本における体育原理は PPE とは異なり、体育、および体育学の成立基盤を批判的に検討することで、「体育とは何か？」という原理論的問題設定を追求する領域として独自の発展を遂げてきた。そこには、「体育とは何か？」が不明なままでは、体育学の存在根拠も曖昧なままになってしまうという問題意識があったとされる。

> かくして、日本における体育原理とは、体育のアルケー（始原）、すなわち体育に関連する諸学問領域の存在理由を示す領域として位置づけられたといえる。いわば哲学としての位置づけが与えられたと解釈することができる[10)]。

その結果、PPE とは異なり、体育の本質を問おうとしてきた従来の日本における体育原理は、体育哲学と名づけられてしかるべき領域であるとして、体育学会における領域名称も体育哲学へと変更されるに至ったのである[11)]。

(2) 完成への途上にある体育原理

①　体育学の研究成果を取りまとめることの困難さ

体育原理が体育哲学へと変化したとしても、体育学の各領域が明らかにした研究成果を取りまとめて統合するという役割が不要になったわけではない。むしろ、これまで以上に重要な課題として取り残されている状況にある。

しかし、現状すでに膨張化の一途をたどっている体育学の全ての研究成果を把握し、それらを統合することは、もはや研究者個人の力での実現はほぼ不可能になっている。それればかりか、体育学の中の特定の領域が取り組んだとしても非常に困難な作業になっている。なぜなら、学問その他の知見は日々刻々増大するため、これらの知見が増大すればするほどに必然的に体育原理の内実も益々膨大なものにならざるを得ないからである[12)]。

②　体育学の各領域から独立した体育原理の位置づけ

したがって、細分化された研究成果を統合するという役割については、体育学全体の総力を結集した取り組みが必要になることも指摘されている[13)]。それはいわば **図1-3** に示すように、体育学の各領域とは独立した形で、研

図 1-3　体育原理の位置づけ

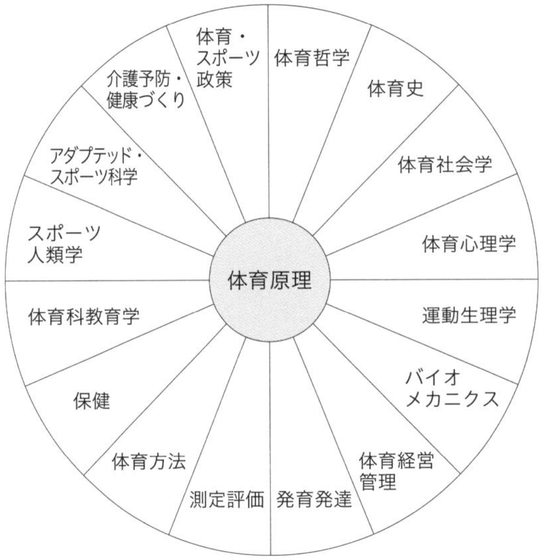

究成果を取りまとめる役割を果たす新たな機能としての体育原理を作り出すことを意味している。

なお、先にも述べた通り、体育学の研究成果を統合するという課題はいまだに解決されていない。しかしこの課題に対しては、体育学が一定の発展を遂げた今だからこそ、研究成果を踏まえた実践のための体育原理の構成という未解決の課題へと向かうことが考えられるという指摘も見られる[14]。したがって、現在もなお、体育学における体育原理は完成に向けた途上にあるということができるのである。

3　体育原理を学ぶことの必要性

(1) 授業としての体育原理の役割

体育原理は体育学の中の一領域であるだけでなく、保健体育科の教員養成カリキュラムにかかわる科目でもある。その点で、体育原理の授業においては､学校体育へとつながる内容が意識される必要がある。またそれと併せて、体育原理の授業の基盤にも、体育学の研究成果の取りまとめ、および体育に関する原理論的問題設定という体育学における体育原理の役割は位置づいている。

この点を踏まえた上で、授業としての体育原理の役割は以下の４点に集約することができる。

①体育学の全体像の概説
②体育に関する原理論的問題の提示
③体育に関する批判的思考力の育成
④体育学について学ぶ上での基礎知識の教授

①　体育学の全体像の概説

体育原理の授業では、体育学を専攻する学徒に対して体育学という学問を概説するとともに､体育学についての学びを案内する役割を担うことになる。体育原理を学ぶ者の多くは、大学で体育学を専攻している学生であると考えられる。したがって、まずは自分自身が学んでいる体育学がどのような学問なのかについて正確に理解することが、体育学について学んでいく上で重要になる。また、体育学の各領域の中から自分自身の専攻を選択する際の知識としても、体育学の概要を理解しておくことは重要である。

②　体育に関する原理論的問題の提示

体育原理の授業では、体育原理領域において戦後以降継続的に問われ続けてきた、「体育とは何か？」といった原理論的問題に向き合うこともめざされる。なお、この問いは体育の授業を対象とするならば、「なぜ学校で体育の授業が行われるのか？」「体育の授業では何を教える必要があるのか？」「体育の授業を通して子どもは何を学んでいるのか？」などの問いに変換してみてもよいかもしれない。また、「なぜ体育の授業では○○という種目が行われているのか？」という問いを考えることもできる[*6]。このような原理論的問題に真摯に向き合うことは、体育教師が日々の体育授業をよりよいものにしようとする向上的思考の原点にもなり得る。したがって、体育原理の授業では何よりもまず、この原理論的問題との対峙が求められる。

＊6 『学習指導要領』によると、小学校（高学年）体育科の内容は、体つくり運動、器械運動、陸上運動、水泳運動、ボール運動、表現運動となっている。また中学校･高等学校は、体つくり運動、器械運動、陸上競技、水泳、球技、武道、ダンスとなっている。

③　体育に関する批判的思考力の育成

例えば、上記に示したような「体育の授業では何を教える必要があるのか？」という問いに対して、唯一絶対の解は存在しない。その問いに真摯に向き合おうとすればするほど、そこには自分自身の思考力が問われることになる。それは批判的思考力ともいわれるような、現状の常識を当たり前に受け入れることなく、物事の可否や善悪について自分なりの価値観に照らし合わせて考察する力である。そしてその力は、よりよい体育の授業を構想する上でも必要になる力でもある。したがって、体育原理の授業では単なる知識の獲得にとどまらず、体育について熟考できるようになるための批判的思考力の向上もめざされている。

④　体育を語る上での基礎知識の教授

体育原理の授業は単なる知識の獲得にとどまらないと述べたが、それは知識の獲得を放棄するという意味ではない。むしろ、上に述べたような原理論的問題との対峙や、批判的思考力の向上のためには、何よりもまず体育を語る上での知識の修得がめざされる必要がある。例えば、体育学において使用される用語を正確に理解することなしに、体育学についての学びを円滑に進めることはできない。また、体育に関する歴史や思想を学び、現在に至るまでの体育の存立理由を知らなければ、現在の体育を批判することなど不可能である。したがって、体育原理の授業は、体育学の世界が長年の研究を通して蓄積してきた知識の中から、体育学についての学びを始めるにあたり最低限必要になる基礎知識を教授するという役割も担っている

(2) 体育原理を学んだ先に

授業としての体育原理の役割について4点紹介したが、これは授業を通して受講生に提示される4つの課題でもある。しかし、授業の中だけでそれら4つの課題の全てを達成することは簡単ではない。例えば、体育学の全体像を理解することは容易ではないし、原理論的問題への答えも一朝一夕では導き出せない。また、批判的思考力の向上や知識の獲得に至っては、長い年月をかけた日々の自己研鑽によってしか身につけることができない。したがって、授業としての体育原理というのは、4つの課題を探求するための入り口に位置づいているに過ぎない。

だがこの先、授業の枠組みを超えて体育原理を追求し続けるのであれば、自分自身の力で体育に関する原理論的問題を設定し、熟考の先にその解を見つけ出すことができる。また、体育の授業への利用・活用の見地から自ら体育学の研究成果をリサーチし、成果を取りまとめるという課題にも挑戦することができる。このように体育原理の授業をきっかけにして、体育の理論的世界との新たな出会いを経験することにより、その先にある体育に対する主体的な考察を始めることができるのである。

引用文献

1) 友添秀則「スポーツ科学のこれまでとこれから」『現代スポーツ評論』第34巻　創文企画　2016年　pp.12-14
2) 同上書　pp.12-14
3) 林洋輔『体育の学とはなにか』道和書院　2023年　p.26
4) 同上書　p.21
5) 片岡暁夫（研究代表者）「体育学の分化と統合に関する体育原理的検討」1995-1996年度科学研究費補助金（一般研究C）課題番号：07680089
https://kaken.nii.ac.jp/ja/grant/KAKENHI-PROJECT-07680089/
6) 高島平三郎『體育原理』育英舎　1904年
7) 深澤浩洋「体育原理はどのような学問か」友添秀則他編著『教養としての体育原理［新版］―現代の体育・スポーツを考えるために―』大修館書店　2016年　p.8
8) 同上書

9) 佐藤臣彦「体育哲学の可能性：形式的および内容的アプローチ」『体育原理研究』第 24 巻　日本体育学会体育原理専門分科会　1993 年　p.69
10) 同上書
11) 前掲書 7)　p.9
12) 佐藤臣彦「体育原理の批判的検討：スポーツ哲学への予備的作業」『体育・スポーツ哲学研究』第 2 巻　日本体育・スポーツ哲学会　1980 年　p.43
12) 佐藤臣彦「体育哲学の課題」『体育・スポーツ哲学研究』第 28 巻第 1 号　日本体育・スポーツ哲学会　2006 年　pp.7-9
13) 樋口聡「体育原理とはどのような学問か」友添秀則他編著『教養としての体育原理―現代の体育・スポーツを考えるために―』大修館書店　2005 年　p.14

参考文献

・阿部吾郎『体育哲学―プロトレプティコス―』不昧堂出版　2018 年
・久保正秋『体育・スポーツの哲学的見方』東海大学出版会　2010 年
・近藤良享『スポーツ倫理』不昧堂出版　2012 年
・前川峯雄『現代保健体育学体系 体育原理』大修館書店　1970 年
・中村敏雄・高橋健夫編著『体育原理講義』大修館書店　1987 年
・佐藤臣彦『身体教育を哲学する』北樹出版　1993 年
・髙橋徹編著『はじめて学ぶ体育・スポーツ哲学』みらい　2018 年
・髙橋徹・松宮智生・森田啓「『体育原理』で取り扱う授業内容の検討」『岡山大学大学院教育学研究科研究集録』第 179 号　岡山大学大学院教育学研究科　2022 年
・友添秀則・岡出美則編著『教養としての体育原理［新版］―現代の体育・スポーツを考えるために―』大修館書店 2016 年

学びの確認

①体育学が学際的な総合科学であると言われている理由について説明してみましょう。

②「体育学の分化と統合」と呼ばれている問題について、要点を説明してみましょう。

③「体育原理」という領域名称が「体育哲学」へと変更された理由について説明してみましょう。

④体育原理の授業を通して提示される４つの課題を全て挙げてみましょう。

column

なぜ学校で体育の授業が行われているのか？
―体育は子どもたちをどうしたいのか―

長崎国際大学／神野周太郎

体育授業がめざすもの

保健体育科の教師をめざして学び始めたばかりの学生に「体育の目的は？　子どもたちに何を学ばせる科目？」と質問すると、返ってくる定番の回答がある。例えば、「集団（的）行動を通した協調することの大切さ」「運動やスポーツをする楽しさ」「運動に必要な技術技能の獲得」「体力向上」といったものだ。さらに突っ込んだ質問をしてみる。「なぜ協調することが大切？」「なぜ楽しさを感じてほしいの？」「なぜ技術や体力は必要なの？」。そうすると、学生は頭を抱え、回答に時間を要する姿をみせる。あなたはどんな回答を用意するだろうか。

学生が質問に対して回答してくれた内容は、「体育が子どもたちにもたらすことができる結果」と捉えられる。そう考えると、学生が出してくれた回答は的外れではない。そして、もっとよい回答が用意できるようになるはずだ。そう、体育教師は、教育対象である子どもたちを思い浮かべながら「なぜ学校で体育授業が行われているのか？」を問い続けなくてはならない。なぜなら、子どもたち一人一人は多様な人間で、彼らが生きる時代や社会は常に変化の過程だからだ。本コラムのタイトルは、体育教師をめざすあなたへの問いかけそのものである。

戦後に再出発した体育

これまで、体育は子どもたちをどうしようとしてきたのか。今回は戦後（いわゆる第二次世界大戦後）まで遡り体育を振り返ってみる。もっとも、体育の歴史は本書の第７章でさらに丁寧に解説されているので、ぜひともご参照いただきたい。歴史学習は今とこれからを語る上で欠かせない作業なのだから。

戦時中の体育がめざしたのは、敵となる諸外国に勝つための戦力としての国民（臣民）の育成だった（正確には体育授業の枠で軍事教練を行っていた）。当時は武器の使い方を始め、あらゆる身体的訓練が実施された。文字通り「身体の教育」である。

周知の通り、敗戦国となった日本はGHQ等の指導の下、政治や教育などあらゆる考え方やシステムを根底から作り直すことを求められた。この時点から再出発を図った体育を「新体育」と表現したりする。

新体育では、「身体の教育」から「身体活動を通した教育」へ、教材は「体操」から「運動遊びやスポーツ」へ、学習方法は「一斉指導」から「問題解決学習」へ。体育は子どもの体を鍛えることだけではなく、運動を通して彼らの心身の発育発達を促すことを担うこと、「民主的な人間の形成」がめざされた。以降、このキーワードを基に、体育は試行錯誤を繰り返す道を歩み始める。

時代的・社会的要請を引き受ける体育の未来

戦後に再出発を図った体育は、今日まで時代や社会の影響下でそのあり方を模索してきた。例えば、生活の便利化が進むに伴い生じる青少年の体力低下現象があれば、体育は「体力づくりを重視した目標」の設定を求められた。「運動による教育」である。さらに、社会が工業化から脱工業化を図る頃には、人々の生活の中に余暇という考え方が広まり、運動は健康だけでなく生涯の楽しみという認識が浸透する。体育は楽しさを重視し「運動やスポーツそれ自体の価値を学ぶための「運動・スポーツの教育」としての役割を担うことになった。

さて、改めて考えたい。今の体育は、何をめざしているのだろう。子どもたちをどうしたい（すべきなの）だろう。そして、これからの体育はどんな方向へと舵を切っていく（べきなの）だろうか？　このことは、誰かが指示するものではなく、民主的に私たち一人一人が向き合わなくてはいけない大切な問いなのである。

第2章 体育学の全体像

なぜこの章を学ぶのですか？

体育学の全体像を理解しておくことで、これから体育学を学んでいく上での見通しが立つはずです。この章では体育学の全体像を捉えるにあたり、各分野の概要と要点をわかりやすくまとめてあるので、読み進めながら体育学という学問のイメージをつかんでほしいと思います。

第２章の学びのポイントは何ですか？

体育学の各分野の概要と要点について把握することが何よりも重要です。その上で、自分が興味ある分野については、各節で取り上げられている論文等にも目を通すことで、より一層理解を深めていってほしいと思います。

考えてみよう

1. 体育学に関する研究を行うとしたら、どのようなテーマで研究を進めたいかについて考えてみましょう。
2. 大学ではどの分野のゼミ（研究室）に所属したいですか？考えてみましょう。

1 人文科学系分野の概要

体育学を構成する人文科学系分野には、哲学、歴史、人類学、心理学といった領域がある。この分野の特徴は、体育およびそれにかかわる事象（モノゴト）に対する見方・考え方の提示、特定の観点からの歴史記述、コミュニティにおける文化現象の描写、運動の動機発生要因の検討など、単純に数値化・可視化できないものを明らかにしようとするところにある。

1 人文科学系分野の主な領域

（1）人文科学系分野の主な領域と研究対象

体育授業では、運動・スポーツを用いて児童生徒の学びを促すこと、また保健授業と関連して健康への見方・考え方の学習がめざされる。授業効果を高めるためには、体育学による科学的見識を深めることが有効である。人間の発育発達段階、運動による生理学的効果などの理解や把握に努めることはもちろん、体育の多面的な理解を深める必要がある。理解の深まりを後押しするために、ここでは体育哲学、体育史、スポーツ人類学、体育心理学＊1の領域を紹介する（表 2-1 参照）。

＊1　心理学を社会科学分野として捉える場合もあるが、本書では文部科学省が公表している「学科系統分類表」にしたがい人文科学分野に分類している。
https://www.mext.go.jp/b_menu/toukei/chousa01/kihon/shiryo/sh_detail/1412325_00003.htm

体育哲学は「体育とは何か」という概念についての問いや関連する事象を探究することが本来的である。時代や流行り、その時々の置かれる状況によって回答の方向性が変わるような便宜的・末梢的・表面的な結論に対して、時勢にとらわれることなく、出来事に対する一貫性のある本質的な結論を捉えることが試みられている。

体育史は、学校体育および関連する歴史を記述するが、その記述の切り口が多様なところに領域の独自性がある。体育史の観点から研究対象となる「体育」には広狭両側面の捉え方があり、狭義には文字通り学校体育の歴史、広

表 2-1　人文科学系分野の主な研究対象

体育哲学	体育の概念（考え方）構築、体育に関する現状批判、運動の現象学的考察、感性教育論　等
体育史	学校体育史、スポーツ史、武芸史、舞踊（ダンス）史、遊戯史、身体運動文化史　等
スポーツ人類学	遊びの文化化、シンボルとスポーツ、民族とスポーツ、神話とスポーツ　等
体育心理学	運動の動機づけ（内発的動機づけ、雰囲気）、体育授業を通したメンタルヘルス改善　等

義には舞踊（ダンス）、武道、スポーツなども研究対象となり得る。さらに、身体の文化、身体運動文化、文化的身体をつくりあげる過程（教育）などの現象をも対象にしようとする幅広い射程特性をもつ。

スポーツ人類学は、あらゆる文化圏のスポーツ行為を対象として、その背景にある文化や風習の独自性を浮き彫りにしようとする。

体育心理学は、児童生徒がどのような条件下で運動を積極的に行うのかを動機づけという観点から検討する分野である。特に、学校体育の場面で行われる運動行動を研究対象にする場合を「体育心理学」、競技スポーツの場面での運動行動を研究対象にする場合を「スポーツ心理学」、心身の健康増進を図ろうとする場面での運動行動を研究対象にする場合を「健康運動心理学」とする。

（2）代表的な研究方法

体育哲学の場合、主には他者（の考え）との対話（dialogue）という方法が挙げられる。例えば、「今の体育はこれでいいのか？」という疑問に教育学者や哲学者ならどう答えるだろう？といった具合に文献にあたり、知見を対話的に援用しながら自身の主張を論証する方法である。

体育史の場合、学校体育およびそれに関連する出来事をある目的や特定の立場を独自に設定して記述する。重視されるのは、いかなる理由・目的・根拠・立場に基づいて個別史のテーマが設定されているかである。

スポーツ人類学の場合、近年主流となるのは「**フィールドワーク**」という、一定の期間に特定のコミュニティに身を置いてそこで生じる社会的で文化的な現象を克明に記録し「事実」を明らかにする手法である。

体育心理学の場合、観察法や質問紙調査法などの多様な方法から児童生徒が運動する際の内発的動機づけの要因を明らかにしようとする。

2 研究テーマの一例

体育哲学領域では、身体運動によって生じる経験の意味[1)]、体育が担う人間形成や成長[2)]、体育における「できる」と「わかる」の考え方[3)]などが挙げられる。体育史領域では、特定の時代の体育実践を取り上げ現代体育のルーツを探りつつ矛盾や教訓を見出そうとする試みや、現在では学習指導要領から削除された「組体操」についての考察[4)]などが挙げられる。体育心理学領域では、体育授業における動機づけの雰囲気についての検討[5)]や、体育授業を通したメンタルヘルス改善をめざしたモデル構築などが挙げられる[6)]。

2 社会科学系分野の概要

社会科学系分野は、体育やスポーツを一人ひとりの人間の思考と行動によって作り上げられてきた文化として捉える学問である。そのため、人と人との関係によって営まれる学校の体育、スポーツイベントやスポーツ組織、あるいは運動部活動の顧問と生徒の関係などが研究対象となる。

1 社会科学系分野の主な領域

(1) 社会科学系分野の主な領域と研究対象

私たち人間は、自分の行為がどういうものなのかを知るために、人間のさまざまな思考や行動を研究対象として、人文社会科学を形成してきた*2。社会科学とは、「人間が常に**集団性を帯びた社会的存在**であることを前提として、人間集団の内部関係ないし集団間の相互的関係を解明する」[7] ことをめざしている学問である。

＊2　社会科学の学説史については、大澤真幸『社会学史』講談社 2019 年を参照。社会学を対象とした著作ではあるものの、社会学の成立をめぐって人文社会科学における他領域との関係性も記されている。

体育やスポーツをめぐるさまざまな現象が人間のどのような思考や行動によって作られてきているのかを社会科学系分野では研究する。体育やスポーツを研究対象とする領域は広く、視点もその方法も多様である。例えば、学校の体育経営だけでなく、利益を追求するプロスポーツのマネジメントまでをも体育経営管理の領域では対象にしている。また、スポーツ参加や地域活動、ジェンダーなどは社会学が対象とし、法学や社会学がともに暴力や人権（差別)、事故などを対象にしているように、対象によっては幾多の分野が扱っており学際的である（表 2-2 参照)。

(2) 代表的な研究方法

社会科学系分野で研究を進める上で、欠かせないのが**データ（根拠）**であ

表 2-2　社会科学系分野の主な研究対象

スポーツ社会学	身体、階級、人種、遊び、労働、ジェンダー、暴力、スポーツ参加、アダプテッド・スポーツ　等
体育経営管理	学校の体育経営、地域のスポーツ経営、職場のスポーツ経営、スポーツクラブ運営、リーグの権利・収益　等
体育・スポーツ政策	体育・スポーツの関連施策・事業、学校体育制度、スポーツ関係行政組織の政策、各種スポーツ団体組織の政策　等
スポーツ法学	スポーツ事故、不当差別、代表選考、スポーツ指導、暴力、肖像権、ガバナンス　等

る。データが十分でなければ、部分的な説明・理解にとどまってしまう。データの蒐(しゅう)集・分析方法はさまざまだが、その選び方は問いの立て方とのつながりから選ぶ必要がある。

① **文献資料の分析**：歴史的推移（時間）を問う研究や、国際比較（空間）を問う研究では、文献資料をデータとして扱うことができる。

② **質問紙調査による分析**：質問紙調査を実施することで、多数の調査対象に関する多様な情報を効率よく蒐集することが可能となる。得られる情報としては、過去の行動や経験もそうだが、態度や信念、価値観など主観的な内容にかかわるデータを蒐集することができる。

③ **フィールドワークによる分析**：フィールドワークは対象が限られるものの当事者のリアルな意見を聞くことができ、実際に現場に赴きその空気感を直接感じることができる。この方法は、データを観察やインタビューによって描き出していくという点に特徴がある。

2 研究テーマの一例

前述の通り社会科学系分野では、研究対象をどのように分析するかというのが、重要になってくる。ここでは「部活動」を対象に「文献資料の分析」「質問紙調査」「フィールドワーク」でどのような研究がなされてきたのかを見ていく。

中澤篤史[8]は、戦後の運動部活動を研究対象とし、「どのようにして大規模な運動部活動が成立しているのか」を、各種資料を蒐集・分析し、時間軸と空間軸の交点に日本の運動部活動が大規模に成立している状況が特殊であることを明らかにした。歴史的な推移の特徴ではなく、「現在の運動部活動が一体どうなっているのか」をテーマに顧問教員の意識について分析したのが内田良[9]で、運動部活動に対する教員のかかわり方について全国規模の質問紙調査を実施し、教員の多忙化やジェンダー問題、地域差などさまざま側面から運動部活動の実態について説明をした。下竹亮志[10]は、部活動の「規律」と「自主性」という相反する概念に焦点を当て、フィールドワークを実施することによって、部員たちが「規律」の効果を認識しながらも、「規律」に縛られることなく、「自主性」を発揮して活動している姿を描き出した。

3 自然科学系分野の概要

日常生活やスポーツにおける身体機能、および動きのメカニズムを明らかにするための自然科学系分野として、生理学、栄養学、解剖学、バイオメカニクス、測定評価、発育発達学などがあり、それぞれの研究が進められている。その中でもバイオメカニクス分野では、生理学、解剖学、力学的視点から身体機能や動きなどを定量化することで、人が健康に生きるため、またはスポーツで最高のパフォーマンスを発揮するための仕組みが研究されている。

1 自然科学系分野の主な領域

(1) 自然科学系分野の主な領域と研究対象

体育やスポーツにかかわる自然科学系分野には、運動生理学、バイオメカニクス、発育発達、測定評価、スポーツ解剖学、スポーツ栄養学、スポーツ工学などがある。それぞれの領域と主な研究対象は 表 2-3 の通りである。

スポーツパフォーマンスは自然科学系分野の研究と深いかかわりがある。例として「走ること」について考えてみよう。パフォーマンスを向上させる、すなわち速く走るためには、走るために必要とされる筋や腱の仕組みの理解（解剖学）、走動作中における筋の活動パターンや動作の分析（バイオメカニクス）、呼気ガスの解析によるエネルギー代謝系の分析とトレーニングによるその改善（運動生理学）、身体をつくりあげるための栄養補給の方法（スポーツ栄養学）といった分野がかかわっている。さらに、近年では競技者が使用するシューズやスパイクの選択がパフォーマンス（記録）へ大きく影響することから、ヒトとシューズやスパイクとのかかわりについて研究を行うスポーツ工学などの分野も発展してきている。このように「速く走る」とい

表 2-3　自然科学系分野の主な研究対象

運動生理学	運動による身体生理機能への影響（呼吸循環器系、代謝系、内分泌系など）
バイオメカニクス	日常生活およびスポーツにおける動きの仕組み（動作、身体に作用する力など）
発育発達	身体の発達と加齢変化（形態、体形、姿勢、身体組織、機能）、運動能力の発達と加齢変化
測定評価	測定・評価を通じた身体機能の状態の把握（体力測定とその評価法）
スポーツ解剖学	人体の構造（骨、靭帯、筋、内臓、感覚器、神経など）
スポーツ栄養学	スポーツと栄養との関係性（エネルギー、栄養素、水分など）
スポーツ工学	スポーツ用具に関する研究および開発

う行為一つとっても、複合的にさまざまな分野とのかかわりがみられる。

また、教員や指導者をめざす者には、走るために必要な体力を測定・評価し（測定評価）指導に活かすことや、発育に応じた走能力および動作の変化などを把握（発育発達）し、個々の成長に応じた指導を行うための知識も必要となる。これらの知識を学ぶことで、スポーツパフォーマンスの向上を図るためにさまざまな領域からアプローチすることができるであろう。このように、自然科学系分野の研究を通して生み出される知見を学ぶことは、スポーツ活動で身体に生じる現象を理解し、よりよい生活を営む、またスポーツをより楽しむために必要なことであると考えられる。

(2) バイオメカニクス分野の代表的な研究方法

自然科学系分野の中でも**バイオメカニクス**は、身体の機能や動きを定量化し、力学、生理学、解剖学などの基礎知識を応用して身体運動の仕組みをよりよく理解するための応用学であると考えられている。その対象には日常生活の動きから高度のスポーツ活動に至るまでの広範な身体運動が含まれることから、生活の質の向上、スポーツトレーニングや指導、スポーツパフォーマンスの向上、スポーツ障害の予防のための知識の提供をめざす応用科学なのである。

バイオメカニクスの代表的な研究方法としては、❶生体の組織構造に関する研究や、❷日常生活やスポーツ動作などの動作解析が挙げられる。❶に関しては、MRI（磁気共鳴画像：Magnetic Resonance Imaging）を用いて筋肉、靭帯、腱の画像を撮影し、筋量、身体の構造とスポーツパフォーマンスとの関係性について検討するもの、超音波を使用しランニングやジャンプ動作中における筋や腱の動きを観察し、動作中における筋や腱の役割について検討するものがある。

❷に関しては、高速度カメラやモーションキャプチャーなどを使用し、歩行などの日常動作、走る、跳ぶ、投げるなどのスポーツ運動動作の撮影、フォースプレート（地面反力計）などを用いて動作中に作用した力の測定、筋電図を用いてスポーツ動作中における身体各筋の活動を計測することで、動きのメカニズムを明らかにするための動作解析が行われている。

2 研究テーマの一例

自然科学系分野の研究は広範に及ぶため、ここではその中でもバイオメカニクス分野の研究テーマを紹介したい。この分野の研究テーマの代表例として、スポーツパフォーマンスの向上要因に関する研究がある。例えば、競技会でのレースパターンを分析するものから、優れた一流選手の動きや力発揮の特徴を明らかにし、力学的によい動きとは何かを検討する研究が挙げられる[11)]。さらに、優れた競技者の動作を平均化して作成した標準動作モデルを用い、スポーツ技術をバイオメカニクス的に評価する方法を提案し、スポーツ指導現場や学校体育現場で用いるための検討なども行われている[12)]。

4 体育方法分野の概要

体育方法は、学校体育における指導方法の提示を目的として発生した。その後、時代の変化とともに次第に社会体育を包含し、教科教育や学校教育の領域を超えて、スポーツの指導方法の研究（スポーツ方法学）へ拡大されるようになり、今日のコーチング学へと発展した。

1 体育方法分野の主な領域

（1）体育方法分野の主な領域と研究対象

わが国において体育方法と呼ばれている分野は、体育方法、スポーツ方法学、コーチング学へと変遷する中で、スポーツ科学者が、「基礎から応用」あるいは「分化と統合」という視点で運動課題を捉え、演繹的な手法で科学研究を展開してきた。例えば、サッカー方法論、バレーボール方法論、水泳競技方法論、陸上競技方法論などのように、個別のスポーツ種目の具体的な指導方法や理論は「個別理論」とされ、ここでの知識、経験、スキルはそれぞれのスポーツ種目を教える際の核になる高い専門性を有する[13)]。

他方で、これらそれぞれのスポーツ種目の個別理論、言い換えればある枠組みの中で特定の部分にしか当てはまらない「各論」は急激に増加したが、それらは一つのまとまりとして体系立てられずにいるという課題もある。

これに対し、コーチング学には総論としての「一般理論」が存在する。この一般理論は、1970 年代の東ドイツとソビエト連邦で発表されたトレーニング学に端を発する。トレーニング学は、個別のスポーツ種目の指導理論の中からそこに通底する問題とその解決方法を帰納的（複数の事実や事例をならべ、これらに共通する情報やルールを抽出して一般的・普遍的な規則や法則を見つけ出そうとする）に集約し、スポーツの「練習（学習）と指導に関する一般理論」として体系化をめざした[14)]ものである。それぞれの領域と主な研究対象は 表 2-4 の通りである。

表 2-4　体育方法分野の主な研究対象

スポーツパフォーマンス構造論	多数の諸要因（技術、体力、メンタルなど）の抽出と構造化
トレーニング目標論	目標設定、現状分析（目標との比較）、問題形成、原因分析、課題提示
トレーニング手段論および方法論	体力（筋力・パワー、持久力・スタミナ、コーディネーション）、技術、戦術、メンタルなどのトレーニング手段の選択、創造、設計とそれらの手段の組み合わせ方、導入手順、相互関連性
トレーニング計画論	マクロ・メゾ・ミクロ周期による期分け、ピーキング、コンディショニング
トレーニング実践論	指導行動、育成行動、マネジメント行動
トレーニングアセスメント論	目標試合とテスト試合、トレーニング日誌、フィールドテスト、ラボテスト、医・科学テスト
試合論	試合行動戦略、試合当日の行動戦略、試合へのアプローチ戦略

出典　図子浩二「コーチングモデルと体育系大学で行うべき一般コーチング学の内容」『コーチング学研究』27 巻 2 号　2014 年　p.155 の図表をもとに筆者改変

(2) 代表的な研究方法

体育方法・コーチング学は、「その時点あるいは状況において最適と思える方法でアプローチして体育・スポーツ現場の運動課題の解決をめざそうとする」[15] 分野である。したがって、その研究手法は、スポーツバイオメカニクス的であり、スポーツ生理学的であり、スポーツ心理学的であったりする。それらが、スポーツバイオメカニクス、スポーツ生理学、スポーツ心理学と何が違うのかといえば、これらはその母体科学（バイオメカニクス、生理学、心理学）で確立された研究手法を体育・スポーツに応用することで、複雑で難解な人間の運動そのものの理解を深めようとするのに対し、体育方法・コーチング学は、それらの研究手法を頼りに、「体育・スポーツ実践において発生した運動問題をどのように考えたら解決できたのか、或いは失敗したのかといったプロセスを説得的に記述していくことが重要」[16] との立場に立っているという点で、アプローチの仕方が異なる。

2 研究テーマの一例

戸邉直人らは、セルフコーチングを実施する 1 人の走高跳選手を対象に、コントロールテストによる体力の変化やスポーツバイオメカニクスの手法を用いた跳躍動作の定量的分析に加え、1 年 8 か月に渡るトレーニング日誌の記述や跳躍動作の連続写真の観察などの定性的分析を併用することで、パフォーマンス獲得の機序の解明を試みた [17]。このように、コーチが自身の活動内容を省察することで、当事者にしか残せないコーチング活動の知を科学的に研究しようとするのがコーチングの学問的独自性である。

5 保健科教育・体育科教育分野の概要

保健科教育、体育科教育の分野では、各科目の授業実践を改善するために、カリキュラム論、教授・学習指導論、教師教育論、科学論・研究方法論の領域で研究が進められている。研究対象に迫るアプローチには、現象を数量化し、統計的に分析する量的研究と、言語的に記述し、直感を含めた検討を行う質的研究がある。

1 保健科教育・体育科教育分野の主な領域

(1) 保健科教育・体育科教育分野の主な領域と研究対象

保健体育科の教師は、保健および体育の教科特性に基づいて、また、取り扱う内容によっては相互に関連づけて授業を実施することが求められる。日々の授業実践を改善するために、保健および体育の教科教育の分野では、❶カリキュラム論、❷教授・学習指導論、❸教師教育論、❹科学論・研究方法論の領域を設けて研究が進められている。それぞれの領域と主な研究対象は表2-5の通りである。

カリキュラム[*3]論は、保健や体育のめざす目標と、その目標を達成するために、いつ、何を、どのような順序で教え学ばせるのかを研究課題とする領域である。教授・学習指導論は、教科の内容を児童生徒に学ばせる意図的・計画的な方法としての学習指導法を研究課題とする領域である。主に、教師の効果的な意思決定を支える学習指導理論、教材、学習評価等の研究がある。教師教育論は、「教師の養成、採用、研修をはじめ、その実践、力量、地位を高めること」[18]にかかわる課題を研究する領域である。主に、教師に望まれる知識や能力、教師の成長モデル、力量形成等の研究がある。科学論・研究方法論は、授業実践の改善に向けた課題を究明するための方法および方法を下支えする科学論を研究課題とする領域である。

＊3　カリキュラム
教育の目標を達成するために教育の内容を意図的に配列・組織した計画。

表2-5　保健科教育・体育科教育分野の主な研究対象

カリキュラム論	教科の目的・目標、内容、役割、カリキュラムの開発・評価、国際比較　等
教授・学習指導論	学習指導理論、学習指導モデル、指導方略、技術、教材、学習評価、教師行動、学習者　等
教師教育論	教師に望まれる知識・能力、教師の成長、力量形成、教師教育者の教育、制度、国際比較　等
科学論・研究方法論	歴史、原理、理論、研究方法　等

(2) 代表的な研究方法

研究対象に迫る主なアプローチとして「量的研究」「質的研究」がある。量的研究は、授業で生じる現象を数量化し、統計的に処理することで、現象が成立する条件の因果関係の解明がめざされる。代表的な方法である質問紙調査は、回答データを統計的に処理し、モデルの有効性を検証する。また、授業中の活動を観察し、教師や児童生徒の行動や発言を数値化することで、学習指導モデルと行動変容との因果関係を実証的に検証する方法もある。質的研究は、現象の詳細を主に言語的に記述し、直感を含めた検討を行うことで、その現象を解明することがめざされる。インタビュー調査は、対象者の個人的な経験や志向に関する情報を言語によるやり取りを通じて入手・検討するための代表的な方法である。また、授業中に生じるさまざまな出来事の意味を当事者の視点から理解・解明するために、当事者と同じ状況に参与しながら、観察を行う参与観察がある。

2 研究テーマの一例

保健科教育分野では、睡眠教育を題材にした教材を開発・評価した研究がある。例えば、安永太地ら[19]は、中学生を対象として、睡眠教育におけるメディアの長時間利用を防止するための教材を開発し、保健授業において実施した。授業実施の前後で質問紙調査を実施したところ、メディア使用時間に関する理解や、平均利用時間が減少傾向にあったことから、当該教材の効果が検証された。

体育科教育分野では、体育授業に活用するために、当事者の「語り」を分析した研究がある。吉野聡ら[20]は、学校の休み時間の運動遊びに繋がる体育授業の特徴を明らかにするために、当事者である児童・教師にインタビュー調査を実施し、データを分析検討した。学習成果に関する発言について分析した結果、「運動の行い方やゲームの進め方が理解される」「運動の試行欲求(やってみたい)が喚起される」等々が、休み時間の運動遊びに繋がる体育授業の特徴として導き出された。

6 アダプテッド・スポーツ科学分野の概要

近年、障害の理解浸透にともない、障害のある児童生徒と健常児童生徒を包括した学校活動の取り組みは、決して特別な出来事ではなくなり、今まで以上に個々の特性にあわせた配慮が求められている。アダプテッド・スポーツ科学分野は個々の特性に対し施設・用具・方法を修正や変更など工夫し、その人に適合させて取り組む分野である。

1 アダプテッド・スポーツ科学分野の主な領域

(1) アダプテッド・スポーツ科学分野の主な領域と研究対象

2016（平成 28）年の障害を理由とする差別の解消の推進に関する法律[*4]の施行に伴い、教育の場では合理的配慮[*5]の提供が求められている。障害のある児童生徒が通う学校は、特別支援学級だけではなく小学校、中学校、高等学校にも開かれており、障害のある児童生徒に対して体育授業を展開する可能性がある。体育におけるアダプテッド・スポーツ[*6]科学分野[21)]の研究領域は非常に多様である。その中でも❶教育・心理領域、❷体育・スポーツ領域、❸医療・健康福祉領域についての研究が多い。それぞれの領域と主な研究対象は表 2-6 の通りとなる。

教育・心理領域は、授業を通じての心理面の変化や学習の理解度をもとに学習指導方法や教材開発などについて研究する領域である。体育・スポーツ領域は、コーチングやトレーニングによる心理や体力面の変化をもとに、指導効果および方法について研究する領域である。医療・健康福祉領域は、外傷予防策の提案や使用装具の改良、生活・運動習慣や地域・施設環境の現状や課題に対する改善、提案などを研究する領域である。

表 2-6　アダプテッド・スポーツ科学分野の主な研究対象

教育・心理領域	障害理解、相互理解、学習指導方法、学習評価方法、教材開発　等
体育・スポーツ領域	コーチング、体力・トレーニング測定・評価、動作特性　等
医療・健康福祉領域	外傷予防、義肢装具の改良、生活・運動習慣、地域・施設環境、社会参加　等

(2) 代表的な研究方法

教育・心理領域では、障害のある児童生徒と健常児童生徒に合同で同じ運動に取り組ませ、質問紙調査やインタビュー調査、参与観察[*7]によって行

＊4　障害を理由とする差別の解消の推進に関する法律（障害者差別解消法）
全ての国民が、障害の有無によって分け隔てられることなく、相互に人格と個性を尊重し合いながら共生する社会の実現に向け、障害を理由とする差別の解消を推進することを目的とした法律。

＊5　合理的配慮
障害のある者が日常・社会生活で制限を受ける原因となるさまざまな社会的障壁を取り除くために個別の状況に応じて行われる配慮（障害の状態に応じた適切な施設整備、ルールや使用する道具の変更や工夫など）のこと。

＊6　関連するものとして、パラスポーツ（身体・知的機能などの障害がある人を対象としたスポーツ）、インクルーシブ・スポーツ（障害の有無や年齢、性別にかかわらず全ての人が参加できる包括的なスポーツ）がある。

＊7　参与観察
当事者と同じ状況に参与しながら観察する方法。

動の変化を数値化し、授業中に生じるさまざまな出来事に対する当事者間の相互理解の相違をはじめ、学習指導および教材提供方法の修正や変更などの提案、検証をする研究方法がある。体育・スポーツ領域や医療・健康福祉領域では、障害のある児童生徒の体力や身体組成など、運動生理学やバイオメカニクス的視点による動作特性を同世代の健常児童生徒と比較し、障害の特性による運動能力の違いやトレーニング指導方法および効果、外傷予防策の提案などについて検証する研究方法がある。

2 研究テーマの一例

近年、学習面や行動面で著しい困難を示すとされた児童生徒数は増加しており[22]、教育の場では、個々に適した配慮が求められる中、体育の授業では、学級もしくは小集団による学習活動が展開される。このような学習環境に対し、個々の特性を配慮した学習指導方法についての研究も行われている。例えば齋藤まゆみら[23]は、通級に在籍する聴覚障害のある生徒を対象として、授業担当教員の指示に対する理解度について、体育授業の動画記録および授業後のインタビューから調査を行った。結果、教員からの情報発信には気づいておらず、外見上ではクラスメイトと同様に動いているが情報不足のため、クラスメイトの行動を見て間接的に情報の内容を得ていることが明らかとなった。このことから、指導の際には間を設け、周りを見ることができる環境を整える必要があると示している。このように、障害のある児童生徒と健常児童生徒が混合した集団活動でも、参加する人の特性に配慮した指導や支援の工夫を行うことで、障害の有無にかかわらず平等に参加できる取り組みが可能となる。

引用文献

1）久保正秋「意味生成としての「身体教育」の可能性」『体育学研究』第63巻第1号　日本体育学会　2018年　pp.33-48
2）神野周太郎「体育学における成長概念の検討：デューイの教育学を中心として」『体育・スポーツ哲学研究』第37巻第1号　日本体育・スポーツ哲学会　2015年　pp.29-44
3）田中愛「身体的可能感についての現象学的考察：〈できる〉と〈できない〉の相互作用に着目して」『体育学研究』第65巻　日本体育学会　2020年　pp.997-1014
4）鈴木明哲「学習指導要領から削除された組体操に関する考察：1950年代から1960年代を中心に」『体育史研究』第40巻　体育史学会　2023年　pp.29-40
5）中須賀巧・阪田俊輔・杉山佳生「体育学習における動機づけ雰囲気、目標志向性、生きる力の因果関係の推定」『体育学研究』第63巻第2号　日本体育学会　2018年　pp.623-639
6）橋本公雄「体育実技授業における心理社会的要因を媒介変数としたメンタルヘルス改善・向上効果のモデル構築」『大学体育学』第9巻　全国大学体育連合　2012年　pp. 57-67

7 ）日本学術会議第一部 人文・社会科学の役割とその振興に関する分科会「学術の総合的発展をめざして―人文・社会科学からの提言―」2017 年　p.1
https://www.scj.go.jp/ja/info/kohyo/pdf/kohyo-23-t242-2.pdf
8 ）中澤篤史「学校運動部活動の戦後史（上）：実態と政策の変遷」『一橋社会科学』第 3 巻　一橋大学大学院社会学研究科　2011 年　pp.25-46
中澤篤史「学校運動部活動の戦後史（下）：議論の変遷および実態・政策・議論の関係」同上書　pp.47-73
9 ）内田良編『部活動の社会学―学校の文化・教師の働き方―』岩波書店　2021 年
10）下竹亮志「規律訓練装置としての運動部活動における『生徒の自由』を再考する：A 高校陸上競技部を事例にして」『体育学研究』第 60 巻第 1 号　日本体育学会　2015 年　pp.223-238
11）伊藤章・市川博啓・斉藤昌久他「100m 中間疾走局面における疾走動作と速度との関係性」『体育学研究』第 43 巻第 5-6 号　日本体育学会　1998 年　pp.260-273
12）阿江通良「動きの標準値とバイオメカニクス的評価法」日本体育学会編『体育の科学』第 60 巻第 3 号　杏林書院　2010 年　pp.151-156
13）図子浩二「コーチングモデルと体育系大学で行うべき一般コーチング学の内容」『コーチング学研究』第 27 巻第 2 号　日本コーチング学会　2014 年　pp.149-161
14）朝岡正雄「ドイツ語圏における発展過程から見たコーチング学の今日的課題」『体育学研究』第 56 巻第 1 号　日本体育学会　2011 年　pp.1-18
15）関朋昭編『体育・スポーツ・健康概論』ナカニシヤ出版　2023 年　p.89
16）青山清英「体育方法学およびコーチング学に関連する名称は統一できるのか？」『コーチング学研究』第 26 巻第 2 号　日本コーチング学会　2013 年　pp.231-233
17）戸邉直人・林陵平・苅山靖他「一流走高跳選手のパフォーマンス向上過程における事例研究」『コーチング学研究』第 31 巻第 2 号　日本コーチング学会　2018 年　pp.239-251
18）日本教師教育学会編『教師とは―教師の役割と専門性を深める―』学文社　2002 年　p. I
19）安永太地・近藤悠香・酒井郷平他「メディアの長時間利用を改善する『メディアの上手なやめ方スキル』教材の開発と評価：中学校保健科『休養及び睡眠と健康』の実践的研究」『保健科教育研究』第 7 巻　日本保健科教育学会　2022 年　pp.5-42
20）吉野聡・金川瑞希・飯島悠輔他「休み時間における児童の運動遊びに繋がる体育授業の探索：経験を有する児童及び教員へのインタビューを通して」『体育学研究』第 63 巻第 1 号　日本体育学会　2018 年　pp.341-353
21）佐藤紀子「わが国における「アダプテッド・スポーツ」の定義と障害者スポーツをめぐる言葉」『日本大学歯学部紀要』第 46 号　2018 年　pp.1-16
22）文部科学省「通常の学級に在籍する特別な教育的支援を必要とする児童生徒に関する調査」2022 年
https://www.mext.go.jp/content/20230524-mext-tokubetu01-000026255_01.pdf
23）齊藤まゆみ・犀川桜「中学校におけるインクルーシブ体育に関する事例研究（2）～聴覚障害のある生徒の行動に着目して～」『アダプテッド体育・スポーツ学研究』第 1 巻　日本体育・スポーツ・健康学会　2015 年　pp.2-5

参考文献

・深代千之・川本竜史・石毛勇介他『スポーツ動作の科学』東京大学出版会　pp.230-231
・金子公宥・福永哲夫編『バイオメカニクス―身体運動の科学的基礎―』杏林書店　2004 年
・宮西智久編『スポーツバイオメカニクス』化学同人　pp.2-15

学びの確認

①本章で学んだ体育学の各分野・領域の中から、最も興味・関心をもち学んでみたいと思ったものを選び、その理由をまとめてみましょう。

②現在（もしくはこれまでに）、部活動などで取り組んでいるスポーツ種目について、どのような研究が行われているのかを調べてみましょう。

③本章の引用文献で紹介されている学術論文を探して読んでみましょう。

④論文検索サイトで興味のある学術論文を探して読んでみましょう。

CiNii Research（https://cir.nii.ac.jp）

J-STAGE（https://www.jstage.jst.go.jp）

学術機関リポジトリデータベース（https://irdb.nii.ac.jp）　など

column

木もみて森もみる視野をもつこと

岡山大学／髙橋徹

体育学の範疇の拡大と専門分化傾向

ここまでの章で見てきたように、体育学で取り扱われる研究の領域は非常に広範囲に及びます。そして、体育学に関連する研究については専門分化の傾向が一層進んでいる状況にあります。このように、体育学が学問の範囲の拡大と専門分化という性質を抱えていることについては第１章で紹介した通りです。

研究分野の進歩に伴う弊害

科学を進歩させるためには研究領域の細分化が不可欠といわれています。なぜなら、研究対象を限定し、より厳格で厳密な研究方法を採用することによってこそ、個々の研究は深まっていくものだからです。しかし、個々の研究が専門的になればなるほど、その研究に携わる者は自分が専門とする分野以外の分野と触れ合う機会を失ってしまうことにもなります。そしてそれは結果として、総合的解釈という視点からの乖離を生じさせてしまうことになります。スペインの思想家オルテガ（J. Ortega y Gasset）は、このような自分の専門分野にだけ精通し、広く総合的解釈ができない者のことを「無知な知者」という独特の言い回しで表現しました。

> かれは、自分の専門領域にないことを知らないたてまえだから、知者ではない。しかし…中略…自分の専門の微小な部分をよく知っているから、無知ではない。かれは無知な知者であるとでもいうべきであろう（オルテガ，2002，p.139）。

この指摘を体育学に引き寄せてみるならば、日々の体育実践や研究の進展によって体育学の全体像は発展し続けているものの、そこに携わる者自身はその全体像を把握できていない可能性があるということがいえるかもしれません。

体育学に携わる者に求められる態度

この本を手に取っている読者のみなさんの多くは、今まさに体育学を学んでいる学生であり、体育学の初学者にあたると思います。しかし、みなさんの中には、体育学の全体像が把握できていないまま、一つ一つの授業を受講している人も少なくないはずです。体育学がどのような学問なのかも知らずに、体育学を学んでいるという状態になっている人もいるのではないでしょうか。

専門分化の一途を辿っている体育学の知見の一つ一つを学びつつも、一方では体育学の全体像を把握するという、いわば「木もみて森もみる」とさえいえるような二つの作業を同時に進めていくことは非常に困難な課題です。しかし、未来の体育学を支えることになるみなさんの中で、自分たちが寄って立つ体育学の成り立ちや、その全体像を把握する態度が失われてしまうとすれば、それはオルテガが批判する「無知な知者」へと近づいていくことを意味します。

そのような状況に陥らないためにも、みなさんには是非、体育学の全体像を見渡すという視野を持ち合わせてほしいと思います。そしてこれはもちろん、みなさんにだけ求められているのではなく、体育学に関わる全ての人たちに求められている態度であることに違いありません。

引用文献

J. オルテガ（寺田和夫訳）『大衆の反逆』中央公論新社　2002 年

第3章 体育の定義とスポーツの定義

なぜこの章を学ぶのですか？

スポーツを楽しんだり競ったり指導を引き受けたりする際、体育との違いを知っておく必要があるからです。スポーツは真剣に打ち込む遊びと言えます。体育はスポーツを教材とする教育活動です。また体育は、自分が納得する生き方を歩むために生涯にわたって必要な身体活動でもあります。

第３章の学びのポイントは何ですか？

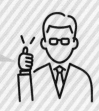

３つあります。①狭い意味での「体育 P.E.」とは、「身体教育 Physical Education」とも呼ばれる教育活動であること。②広い意味での「体育 Taiiku」とは、生涯にわたり人の生活を支える身体活動のすべてを指すこと。③スポーツは、①の体育の教材として位置づくとともに、面白さが本質であること。

考えてみよう

① 起床から就寝まで自分の身体をどのように使っていますか。また、いま習得しているスポーツの技術や技能にはどのようなものがありますか。

② かつてスポーツの範囲として含まれていたものには裁判、戦争、芸術品の創作、学問、論争、なぞなぞ遊びなどがあります。なぜこれらを「スポーツ」に含めていたと思いますか。

1 狭い意味での体育

体育には狭い意味での体育と、広い意味での体育の計２種類がある。このうち「狭い意味」での体育とは、体育を「教育」の意味に限定して用いる考え方である。この教育としての体育はさらに「生きるために必要な体育（実存的体育）」「時代や文化によって異なる体育（制度体育）」、そして「それぞれの教育現場における体育（体育実践）」の計３種類に分かれる。

1 「体育」の考え方

「体育」には狭い意味での体育と、広い意味での体育の計２種類がある。狭い意味での「体育 Physical Education」とは、私たちによく知られている意味での教育としての体育である。具体的にいうと、この狭い意味での体育とは、明治時代初期に外国から輸入された“Physical Education”という英単語が「身体教育」と翻訳され、その後に「体育」と短縮されたものである。もっとも、この身体教育と呼ばれていた語が「体育」と短く呼ばれて日本の教育に定着するまでには、さまざまな紆余曲折がある[*1]。

他方、広い意味での「体育 Taiiku」とは次節で述べる通り、教育の意味を含みつつ、人間が生きるために必要かつ重要な身体活動のすべてを指す。はじめにこの２つをしっかりと区別しておきたい。本節では狭い意味での、つまり教育としての「体育」について要点と考え方を述べていき、次の第２節では広い意味での「体育 Taiiku」について述べていく。

まずこの狭い意味での「体育」を定義しよう。本書では狭い意味での体育、つまり教育としての「体育 Physical Education」を「ヒトの身体面からの人間化」と定義する。もう一度いうと、教育としての体育は「ヒトの身体面からの人間化」と定義できる。この定義は『身体教育を哲学する』という本に書かれてある。そしてこの定義は、体育やスポーツの専門家のあいだで広く認められている。しかしながら、この『身体教育を哲学する』という本は哲学書なので、読むのが非常に難しい。したがって以下では、この本で述べられた教育としての体育の定義のなかでも、特に重要な点だけをかみくだいてまとめていく。

先に結論から述べると、教育としての体育はさらに「生きるために必要な体育」「時代や文化によって異なる体育」、そして「それぞれの教育現場における体育」の計３種類に分かれる。この３つは専門用語として漢字でそれぞれ「実存的体育」「制度体育」、そして「体育実践」と名前がついている。

＊1　詳しい経緯については、日本体育学会編『最新　スポーツ科学事典』平凡社　2006 年や中村敏雄他編『21 世紀スポーツ大事典』大修館書店　2015 年などその経緯が詳しく書かれてある書物をご覧いただきたい。

以下、順々に見ていこう。

2 生きるために必要な体育（実存的体育）

乳幼児がいわゆるハイハイをして四つん這いで進んだり、成長とともに立ち上がって少しずつ前に歩いたりする際には親の助けが必要となる場合が多いが、これも親の教育に基づく体育である。また食事の際にスプーンやフォークを握ったり使ったり、あるいはドアを開ける際や椅子に座る際にもその方法を学ぶのであれば、それは体育である。さらに気持ちよく走ったり跳んだり、公園でボールを投げたりといった身体活動を適切に行うには保護者である親や、指導役となる多くの人々の助けを借りて子どもは身体の動かし方を学ぶ。

こうして身体の動かし方を学ぶのは、単に今の生活に役立つから、というだけではない。一生を生きる上で常に身体の動かし方を学び続ける必要があるからだ。つまり、体育とは場所がどこであろうと人間として生きていくために生涯にわたり必要である。「姿勢よく立つ」「パソコンのキーボードを打つ」「トイレの便座に座る」、あるいは歯磨きや顔を洗うことも生活において自分独りで、あるいは誰かから教わって身につけたものである。

いま確認してきたように、「生きていくために必要な」意味での身体活動も、自分で自分に教えたり他者から学んだりする教育である限り、体育である。生きるために必要十分な身体能力を獲得するには、誰でも学校内外における「体育」が必要である。こうした体育が「生きるために必要な体育」であり、専門用語では「実存的体育」と呼ばれている。体育というのは決して幼稚園や小学校、また中学校や高校での体育の授業に尽きるものではない。人間が生まれてから亡くなるまでの生涯すべてにわたって身体が動く限り、身体の動かし方を学び続ける身体教育がある。これを「生きるために必要な体育」つまり「実存的体育」と呼ぶ。

3 時代や文化によって異なる体育（制度体育）

次に、こうした「生きるために必要な体育」というのは、時代や場所によってもその内容が大きく変わる。例えば21世紀の日本では、少なくとも小学校や中学校そして高校の体育授業では「学習指導要領」と呼ばれる教師用のマニュアルによって、教育内容や指導上の注意点が決まっている。具体的に言うと、この学習指導要領に記された「体育科の目標」の達成をめざしてアレンジされたスポーツ種目やダンス、そして行進や整列といった集団行動によって体育科の授業が行われる。しかし、こうした日本における体育科の授業内容は、21 世紀の日本国という時代、都道府県といった地域の制約、そして教材として使われる各スポーツ種目は教材として適切かといった専門家による事前のチェックを受けている。そしてこのチェックに合格して初めて体育の授業が成立する。日本の学校で行われている体育の授業内容や教材は、決して世界共通というわけではない。

視点を変えて、21 世紀の南米の奥地に行ってみるとしよう。そこでは私たちの文明との交流を閉ざした部族が生活していて、狩猟生活を送っていることがたまにメディアなどで取り上げられる。こうした部族にとって必要な身体活動とは、弓を射たり密林を迅速に移動したりといった狩猟に役立つ身体活動である。サッカーのシュートや鉄棒の逆上がりやバットの鋭い振り方を学ぶことはなく、また必要でもない。つまり部族の人々にも体育は必要であり重要だが、日本人にとって必要な体育とはその内容が大きく異なる。

さらに、時代が違っても体育の中身は大きく変わる。現在の教育学や哲学の専門家が、教育を論ずる際によく引用する古代ギリシャの事例を考えてみよう。古代ギリシャでも子どもをその社会で一人前の人間に育てるため、体育に相当する教育が行われている。例えば古代ギリシャの哲学者であるプラトン（Plato）という人が書いた『法律』という本では、ダンスやレスリングが体育の教育内容として挙げられている。しかしこの時代は奴隷制度が公認されていたり、また戦争の相手国であるスパルタやペルシアとの戦争に備える必要にあったりといった時代状況など、教育としての体育の内容や目標は、21 世紀の日本とはやはり異なる。

以上をまとめよう。人間が生きるために教育としての体育は必要だが、どんな身体の使い方を身につけるかといえば、自分が育った社会の習慣や文化のなかでほぼ決まる。だから 21 世紀の南米の部族でも、紀元前 5 世紀の古代ギリシャでも、教育としての体育は存在する。しかしその内容や学習目標、また身体活動の習得方法は、21 世紀の日本の場合とは全く違う。「時代や場所によって異なる体育」、これを専門用語では「制度体育」という。

4　それぞれの教育現場における体育（体育実践）

最後に、それぞれの教育現場で体育が行われている状況を指して、「体育実践」と呼ぶ。これも時や場所を選ばずに発生する。例えば家庭のなかで、また地域のスポーツ教室やクラブチームの活動のなかで、そして学校の体育授業や運動部活動のなかで教育としての「体育実践」が行われる。また運動競技と呼ばれることはなく認められてもいないが、複雑な身体活動を学んで仕事や勝利を達成するという意味で、楽器の演奏や肉体労働の方法を学ぶことも論理的には体育に含まれる。これらはすべて、**「それぞれの教育現場における体育」**という意味で**「体育実践」**である。

ところで、なぜここまで広い範囲を教育としての体育はカバーできるのか。その理由として、体育が教育として成立する以上、時代や状況がどこまで変わっても「教える人」と「教わる人」、さらに「教材」を用意のうえ、「さまざまな条件」のなかで「目的」に向かって教育活動を行うということで体育は成立するからだ。今のところ、この考え方が体育の専門家のあいだで広く認められている。別の言い方をすれば、生きるために必要で重要な身体活動を教師と生徒、コーチと選手、また自分が教える人と教わる人の両方を兼ねる場合など、目的をもって教えたり教わったりする場合、教育としての体育が成立する。学校で行われる体育は、主に「体育科」と呼ばれる授業科目や「特別活動」として位置づく運動部活動の中で行われる。それゆえこうした**体育の授業や運動部活動、あるいは時間や場所で区切った「体育の時間」だけを体育のすべてと考えることは、間違いである。**

こうして教育としての体育は時代や場所を問わず、人間が生活する時空のすべてに存在する。法律や習慣、つまりルールやマナーを確認しながら人間はその時々に必要で重要と言われる身体活動を他人から、また自分で学んでいく。その場合に生じる個々の身体教育、つまり体育実践はいつの時代もどこかで行われているのだ。

2 広い意味での体育

広い意味での体育とは、「体育 Taiiku」と表記する。狭い意味での体育、つまり教育としての体育（身体教育）の意味を含みつつ、「体育 Taiiku」とは生きるために必要で重要な身体活動のすべてを指す。さまざまなスポーツ活動、健康増進を目的とした軽運動、さらには日常生活に必要な身体活動も「体育 Taiiku」に含まれる。「体育 Taiiku」とは、私たちが生涯を快適にすごすために必要で重要な身体活動のすべてである。

1 「体育学」のはなし

広い意味での「体育 Taiiku」とは、教育としての体育（身体教育）の意味を含みつつ、生きるために必要で重要な身体活動のすべてを指す。言い方を変えると、私たちが生きるために必要かつ重要な身体活動のすべてが、「体育 Taiiku」に含まれる。英語の表記ではそのままローマ字で「Taiiku」となるが、身体教育の意味での「体育 Physical Education」と区別するために「体育 Taiiku」と漢字の横にただし書きをする場合もある。

ところでなぜ広い意味での「体育 Taiiku」という発想が必要なのか。この問いに答えるには、「体育学」という学問について先に見ておく必要がある。

日本で体育やスポーツの研究を行う専門家の会として、「日本体育・スポーツ・健康学会」と呼ばれる「学会」がある。大学で体育の授業を担当する教員やスポーツ研究の専門家が集まるこの学会では、人間の身体活動に関わる最新の研究成果が研究発表や論文の出版という形で行われている。いわば「体育研究・スポーツ研究の総本山」がこの学会である。

ところがこの学会は過去に「日本体育学会」と名乗り続けていたことで、問題が生じていた。具体的にいうと、「体育」と名乗りながらも教育としての体育とは無関係の競技スポーツやコーチングの研究、さらには健康増進のための運動プログラム開発、また地域のスポーツ活動を発展させるための研究も「日本体育学会」で行われてきた。端的にいえば、狭い意味での体育（＝身体教育）とは関係ない発表や研究が「日本体育学会」を支える重要な部分となっていたのである。そこで実情にあわせて「日本体育・スポーツ・健康学会」と名前を変えたわけだが、この「体育・スポーツ・健康」をひっくるめて「体育 Taiiku」と呼び、その中身や意義を考える動きが生じた。これが広い意味での体育、つまり「体育 Taiiku」の生まれた背景である。

では、この「体育・スポーツ・健康」をすべてカバーする「体育 Taiiku」とは、一体何なのか。この学会では今も教育としての体育だけでなく、人間が生きるために必要で重要な身体活動が幅広く研究され、その成果が社会に発信されている。教育だけではなく、一生にわたる人間の身体活動の意味を「体育 Taiiku」という言葉からもう一度考え直そう。こうした発想から広い意味での体育、つまり「体育 Taiiku」が生まれるに至ったといえる。

2 「体育 Taiiku」の内容とは

「体育 Taiiku」とは具体的にどのような身体活動をカバーしているのか。図3-1 をご覧頂いてわかるように、「体育 Taiiku」は広い範囲にわたる。結論を述べると、学校での授業を含めた教育として行われる「**身体教育 Physical Education**」としての体育はもちろん、競技スポーツや全国各地

図 3-1 「体育 Taiiku」の内容と範囲

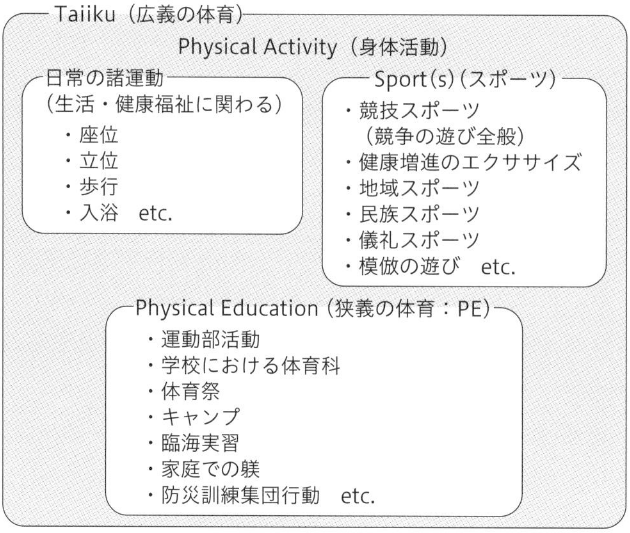

出典　林洋輔『体育の学とはなにか』道和書院　2023 年　p.28

で行われる交流目的のスポーツ活動、さらには健康目的のエクササイズといった楽しさ重視の身体活動、さらに洗顔や歯磨きや怪我のリハビリといった生活に必要な身体活動までを「体育 Taiiku」はカバーする。

ここで考察の眼を世界各地のスポーツ活動に転じると、オリンピックや世界選手権などで実施種目に採用されていない身体活動も多く見られる。例えばヨーロッパのフランスとスペインにまたがるバスク地方で行われるさまざまな身体活動、あるいは日本の綱引きやタイの伝統的な遊びなど、その地域に深く根付いた身体活動が見られる。こうした活動は地域の安定や季節行事、あるいはその地方に住む人びとを活性化させる手段としても不可欠の役割を果たしている。こうした地域特有の身体活動もまた、「体育 Taiiku」の中に含めることができる。

また私たちによく知られている競技スポーツで必要な技術の習得を考えてみよう。私たちはこれらの技術を試合で勝利するために学ぶのであり、これらの技術を習得するのも「体育 Taiiku」に含まれる。アスリートとしての活動に必要かつ重要な技術を身につける身体活動もまた、生活の充実に必要な身体活動という意味で「体育 Taiiku」の範囲に含められる。

さらに日々を健康に過ごすための日常の身体活動も「体育 Taiiku」の一部と見なせる。動作の機敏さやタイミングなど、身体活動において必要な要素は競技スポーツだけに必要なものではない。日常生活に必要な「立つ」「座る」「歩く」「走る」といった身体活動は、筋肉や腱、あるいは関節が相互に機能して成り立つ。これらの身体活動は幼児期から意図的に訓練されることで初めて身につくものである。

そして学校の体育授業ではスポーツやダンス、集団行動を通じて自分の身体の動かし方を学び、自分の生活の中にさまざまな身体活動を取り入れる意味と方法がわかる。加えていえば、エクササイズと呼ばれる健康増進を目的とした身体活動、つまり健康であるために自分の身体の動かし方を学ぶのも「体育 Taiiku」の一部であり、「体育 Taiiku」に触れる機会である。

こうしてある時はスポーツで勝つために、ある時は仲間と楽しむために、またある時は自分が健康であるために必要で重要な身体活動のすべてを「体育 Taiiku」と呼ぶことができる。

3「体育 Taiiku」がめざすもの

以上のように広い意味での「体育 Taiiku」とは、人間として生きるために必要で重要な身体活動のすべてを含んでいる。ところで、こうした「体育 Taiiku」と呼ばれる身体活動は、最終的には何をめざして行われるのだろうか。私たちにとって「体育 Taiiku」にはどんな意味があり、この「体育 Taiiku」を今後どのように考えていけばよいのだろうか。

この問いを考えるために、体育とスポーツの専門家が集まって作成した次の文書タイトルに共通するものが何か、考えてみよう。次の①から③に共通するものは何だろうか。

①子どもを元気にするための運動・スポーツ推進体制の整備
②子どもを元気にする運動・スポーツの適正実施のための基本指針
③子どもの動きの健全な育成をめざして～基本的動作が危ない～

①から③は、「日本学術会議」といってさまざまな学問の専門家が集まる研究者集団のうち、体育やスポーツの専門家が集まって作った文書のタイトルである。①②③のすべてに「子ども」というキーワードが先頭にある。21 世紀に入ってから作られたこの①②③の文書は、子どもの健やかな身体づくりに「体育 Taiiku」の専門家が強い興味を抱いていることを表している。別の言い方をすると、人間の一生を支える基礎としての子ども期の身体を適切につくるため、「体育 Taiiku」は必要かつ重要である。もちろん、子どもだけでなく大人の身体を健康で丈夫に育てたり維持したりするには、適切なスポーツ活動が生涯にわたって必要かつ重要である。子どもたちの身体が適切かつ健全に成長し、また成人となっても健康に生活するために「体育 Taiiku」とその研究が社会から強く求められている。

また現在のスポーツ活動における注意点については、注意すべき理由が「科学的な根拠（エビデンス）」に基づいて説明されている。先に述べた日本学術会議における「体育 Taiiku」の専門家たちは、この「体育 Taiiku」に含まれる様々なスポーツ活動を適切に行うために以下の文書も作成している。

④科学的エビデンスに基づく「スポーツの価値」の普及の在り方
⑤科学的エビデンスを主体としたスポーツの在り方

これらの文書では、スポーツが教育や健康、地域の発展やスポーツ科学の発達、さらに国際交流の促進などさまざまに役立つことが科学的な根拠とともに示されている。こうしたスポーツ活動は、私たちが生涯を特に身体面で健康かつ健やかに過ごすために必要な身体活動であり、「体育 Taiiku」の重要な部分である。

人間が人間らしく生きていくためには自分の身体が適切に育つこと、またスポーツ活動に参加して仲間と交流することでつながりの輪を広げることが私たちに期待されている。そしてこの「人間が人間らしく生きていく」ために必要かつ重要な身体活動の全てが「体育 Taiiku」であり、この「体育 Taiiku」を考える学問が「体育学」である。私たちがこの社会で自らの生活を有意義に生きる限り、「体育 Taiiku」という身体活動は主に身体面から私たちを支えていく。

3 スポーツの定義

スポーツの定義はさまざまであり、一概に決定できない。国際的に通用する事典や辞典をみると、スポーツの項には「気分転換」や「気晴らし」といった意味が載っている。専門家による研究の歴史をふまえ、スポーツを「真剣に打ち込む遊び」と仮に定義する場合、この定義の裏づけとして、スポーツの定義を考えるために重要な書物『ホモ・ルーデンス』、および『遊びと人間』がある。さらに言えば、「真剣に打ち込む遊び」としてのスポーツに打ち込むエネルギーによって、人間はさまざまな文化を創る。

1 スポーツの定義を考える

(1) スポーツを定義することの難しさ

スポーツの定義にはこれまで多くの研究者や専門家が決着をつけるべく挑

んできたが、誰もが納得する答えは今なお出ていない。また今後もこうした専門家たちが頭をひねり続けるだろうが、関係者全員が納得する答えはおそらく出てこない。それゆえ以下で登場する「スポーツの定義」も、あくまで現段階での有力な答えに留まるということをまずお断りしておく。

ところで、なぜ誰もが納得する**「スポーツの定義」**は出て来ないのだろうか。その理由を１つだけ挙げると、**「スポーツ」**という言葉で指し示す範囲が状況によって色々に変わりすぎることが背景にある。つまり、どこまでの範囲をスポーツと呼んで良いのかについて、常に議論が生じることになる。たとえば、勝敗をつけなくても楽しめるキャッチボールやジョギングはスポーツなのか。あるいは座ったままで頭脳を用いて勝敗を競う将棋や囲碁、チェスやトランプは競技スポーツなのか。こうした議論が世界のどこかでいつも、いつでも、そしていつまでも続いている。それゆえスポーツの厳密な定義や範囲の決定はほとんど不可能であり、その都度関係者のあいだで或る程度納得のいく「スポーツの定義」をとりあえず定めるしかない。

(2)「スポーツの定義」を考える：事典、辞典、ことば

敢えてスポーツを定義しようとする専門家たちは、スポーツという言葉の「成り立ち」そして「移り変わり」からスポーツを定義していこうとすることがある。そこで以下では、次の２つの方法を紹介する。

① 語形の歴史的な変化を大事典で調べ、スポーツの定義を考える

「スポーツ Sport」という単語の大元は、古代ローマの言語であるラテン語で「運ぶ、持ち去る」などを意味する単語「デポルターレ Deportare」である。この「デポルターレ Deportare」が時代を下って 15 世紀から 16 世紀頃に、一方では当時のフランス語「デスポルテ Desporter」に、他方では同じ時代の英語「ディスポート disport」という単語に変わる。すでにこの「デスポルテ」あるいは「ディスポート」なる単語には、「楽しみ、遊び、気晴らし」といった現代のスポーツに通ずる意味が入っている。さらにこのあと 18 世紀ごろには、いま述べた流れを継承して現在の「スポーツ sport」という単語が成立する。

要約すると、「『持ち運ぶ、取り去る』という意味の単語であるラテン語『デポルターレ deportare』が、時代とともに変化して『楽しみ、遊び、気晴らし』という意味の単語『スポーツ sport』になった」といえる。

② 単語の意味を大辞典で調べ、スポーツの定義を考える

国際的に流通している大辞典のうち、「オックスフォード英語辞典 Oxford English Dictionary」で「スポーツ Sport」の項を見ると、名詞の用法と動詞の用法に分けて色々書いてある。このうち名詞の意味として載っ

ているのは、主に次の通りである。

名詞の用法の一番上に載っている意味は「(気分) 転換、娯楽、面白さ Diversion, entertainment, fun」、そして「気晴らし a pastime」である。2番目には「楽しみや娯楽を提供してくれる事柄 A matter providing amusement or entertainment」、3番目に「身体的な力や技術の発揮に関わる活動で、特に或る個人が最良の成績を得るために他の人びとと競う活動 An activity involving physical exertion and skill, *esp.* one in which an individual competes against another or others to achieve the best performance」である[1)]。動詞の意味についてもおおよそ似た意味が載っている。

今述べた内容をまとめると、スポーツにはもともと「気晴らし」あるいは「楽しみ」といった意味がある。そして気持ちよく今を楽しみ、気分転換や気晴らしのために全身を用いた身体活動に参加する、といったイメージでひとまず「スポーツの定義」を考えることができる。

③ スポーツを定義してみる—真剣に打ち込む遊び

上記の①と②以外にもスポーツの定義やその定義を考えるための方法はある[*2]が、ここでは①と②で解したスポーツという言葉の意味をあらためて確認しながらスポーツの定義を考えてみたい。最初に、方法は違えど①と②のどちらにも「気晴らし、楽しみ、遊び」の意味が入っていることに注目してほしい。その上で次の3つを指摘しておく。

＊2 スポーツの定義については、髙橋徹編『スポーツ文化論』みらい 2022年の第1・2章を参照してもらいたい。

1つめには上に挙げた「気晴らし、楽しみ、遊び」のうち、「気晴らし」として楽しく遊ぶスポーツに参加する人がどの時代、どの地域にもいること。2つめには、スポーツの「楽しみ」の実現にはルールを守る、他者を尊重するなど参加に際していわば誠実な態度が求められること。3つめには、「遊び」といっても子どもたちのように「真剣に遊ぶ」場合もあることだ。

こうして本章でのスポーツの定義については、ひとまず「真剣に打ち込む遊び」と定義してみる。くり返すと、**本章ではスポーツを「真剣に打ち込む遊び」と定義する。**

「真剣に打ち込む」というのは、現代ではスポーツへの参加に際して「真剣に打ち込む」態度、いうなら他者やゲームと誠実に向きあう態度が求められるからだ。

また「遊び」であるとは、スポーツは「勝敗」や「表現」など伝統的に遊びの形式と呼ばれるものの中で楽しむもの、との考え方が古今東西に確認できるからである。本章では以上を合わせ、「真剣に打ち込む遊び」としてスポーツを定義しておく。

ただし、こうして「真剣に打ち込む遊び」としてスポーツを定義するには、もちろん学問による裏づけもある。次に述べる『ホモ・ルーデンス』、そして『遊びと人間』という書物の裏づけのもと、スポーツの定義を一応「真剣に打ち込む遊び」として考えておきたい。

2『ホモ・ルーデンス』、および『遊びと人間』

(1) ヨハン・ホイジンガ　『ホモ・ルーデンス』

『ホモ・ルーデンス』は、20 世紀オランダの学者であるホイジンガ（J. Huizinga）という人が 1930 年代に書いた本である。タイトルの『ホモ・ルーデンス Homo Ludens』は「遊ぶ人間」という意味である。付け加えると、タイトルにある「ルーデンス Ludens」という言葉は、ラテン語で「遊び」を意味する「ルドゥス Ludus」の現在進行形である。そしてこの「ルドゥス Ludus」の意味を辞書で引いてみると、「遊び play」のほか「スポーツ sport」[2] と出ている。それゆえこの本のタイトル「ホモ・ルーデンス Homo Ludens」は、「遊ぶ人間」「遊んでいる人間」と訳せるだけでなく、「スポーツしている人間」と訳すこともできる。

この本の要点は次の２つである。第１に、「真剣に打ち込む遊び」としてのスポーツに熱中するエネルギーは、人間の文化を創る原動力になること。第２に、勝利や真剣さばかりに重きを置くために「気晴らし」「楽しみ」「気分転換」といったスポーツの元々の魅力がどんどん失われてしまい、その傾向はなお続いていることである。

現代のスポーツ界におけるさまざまな問題を見ると、およそ 100 年前に書かれた『ホモ・ルーデンス』の主張は今も説得力を保っている。スポーツの楽しみ方は人それぞれだが、「スポーツの魅力とは何か」、あるいは「スポーツの楽しさとはどんなところにあるか」「なぜスポーツに熱中することが人間の文化を作ることになるのか」といったことを考えながら読んでみるのもよいだろう。

(2) ロジェ・カイヨワ　『遊びと人間』

ホイジンガによる『ホモ・ルーデンス』の足りないところを批判し、発展的に受け継ごうとしたのが 20 世紀の序盤から中盤に活躍したフランスの社会学者、カイヨワ（R. Caillois）である。このカイヨワの書いた『遊びと人間』という本は、上記の『ホモ・ルーデンス』と並んでスポーツの定義を試みたり、スポーツを深く考えたりする上で欠かせない書物である。

この本の特徴は、人間による「遊び」のすべてが次の４つの要素の１つ以上の組み合わせから説明できると主張したところである。具体的には①競争の遊び（アゴン)、②賭けごとの遊び（アレア)、③模倣の遊び（ミミクリ)、④「めまい」の遊び（イリンクス）の計４つである。補足すると、現在の競技スポーツは主にアゴンの遊び、ギャンブルや宝くじなど「どうなるかわからない」スリルを楽しむのが主にアレアの遊び、仮装したり映画や小説などに感情移入したりして「なりきる」のが主にミミクリの遊び、ジェットコースターや大人の飲酒など自分の感覚に訴えて「目が回って気持ちいい」といった快楽に浸るのが主にイリンクスの遊びになる。重要なことは、「主に」と但し書きを付けたようにアゴン、アレア、ミミクリ、イリンクスの４要素は、いずれも各々の「スポーツ」に含まれることだ。例えば競技スポーツの魅力は単に勝ち負け（アゴン）だけでなく、「どうなるかわからない」ゲーム展開を楽しむ（アレア)、競技者が自らの「役割」に徹してプレイしたり試合の観客が競技者に感情移入して喜怒哀楽を共にしたりする（ミミクリ)、熱狂のなかで普段の生活とは違う雰囲気を楽しむ（イリンクス）といった要素の組み合わせから説明できるだろう。

確認しておきたいのは、このカイヨワの『遊びと人間』もホイジンガの『ホモ・ルーデンス』と同様、「遊び」として非常に広く「スポーツ」を考えていることだ。人間が面白さを感じるものはすべて「スポーツ」に入るといっても過言ではない。こうして「遊び」としてのスポーツが人間の文化を創っていくとする主旨は、カイヨワの『遊びと人間』においても基本的な立場をつくっている。

3 まとめにかえて

スポーツはいろいろに定義が出来るため、最終的な答えを出すのは難しい。しかし本章では、さまざまな見解を踏まえてスポーツを「真剣に打ち込む遊び」と定義した。そしてこの裏づけとしてホイジンガの『ホモ・ルーデンス』、そしてカイヨワの『遊びと人間』の内容をごく簡単に紹介した。

ホイジンガはスポーツを「遊び」として捉え、面白くかつ真剣に打ち込める「遊び」が結果として人間の文化を創ると説いている。そしてこの考え方は、ホイジンガの後のカイヨワでもはっきりと打ち出されている。

まとめとして言いたいのは、スポーツが単にアスリートによる真剣勝負の世界に留まるものではないこと、そして人間の文化を根底で支える位置に「遊び」としてのスポーツがある事実である。スポーツを深く考えるためにホイジンガの『ホモ・ルーデンス』、そしてカイヨワの『遊びと人間』という２冊の本が、考える材料を様々に提供してくれることに間違いはない。

引用文献

1) Lesley Brown, et.al. (eds.) *Shorter Oxford English Dictionary*. Oxford: Oxford University Press, 2007, 2970
2) P.G.W.Glare. (eds.) *Oxford Latin Dictionary Second Edition*. Oxford: Oxford University Press, 2012, 1153

参考文献

・阿江通良「知性、身体性、感性の育つ街を目指して：体育・スポーツを通じた街づくり」『CROSS T&T』第 53 号　総合科学研究機構　2016 年
・W. ベーリンガー（髙木葉子訳）『スポーツの文化史―古代オリンピックから 21 世紀まで―』法政大学出版局　2019 年
・R. カイヨワ（多田道太郎・塚崎幹夫訳）『遊びと人間』講談社　1990 年
・Chandler Timothy, Cronin Mike, and Vamplew Wray (eds.) *Sport and Physical Education: The Key Concepts*. New York: Routledge, 2007.
・福永哲夫・山田理恵・西薗秀嗣編『体育・スポーツ科学概論―体育・スポーツの新たな価値を創造する―』大修館書店　2011 年
・B. ジレ（近藤等訳）『スポーツの歴史』白水社　1952 年
・林洋輔「学問における体育 Taiiku の概念：『体育学研究』総説論文の結集に観るその抄出と変遷」『体育学研究』第 65 巻　日本体育学会　2020 年
・林洋輔『体育の学とはなにか』道和書院　2023 年
・星野公夫「動作法から見たスポーツ選手の心身の自己コントロール」『体育学研究』第 42 巻第 4 号　日本体育学会　1997 年
・J. ホイジンガ（高橋英夫訳）『ホモ・ルーデンス』中央公論新社　2019 年
・金原勇『二十一世紀体育への提言』不昧堂出版　2005 年
・文部科学省「高等学校学習指導要領（平成 30 年告示）解説　保健体育編　体育編」
https://www.mext.go.jp/content/1407073_07_1_2.pdf
・森朋昭『スポーツ原論―スポーツとは何かへの回答―』ナカニシヤ出版　2023 年
・中村敏雄他編『21 世紀スポーツ大事典』大修館書店　2015 年
・日本学術会議、健康・生活科学委員会、健康・スポーツ科学分科会「提言　子どもを元気にするための運動・スポーツ推進体制の整備」2008 年 8 月 28 日
https://www.scj.go.jp/ja/info/kohyo/pdf/kohyo-20-t62-10.pdf
・日本学術会議、健康・生活科学委員会、健康・スポーツ科学分科会「提言　子どもを 元気にする運動・スポーツの適正実施のための基本指針」2011 年 8 月 16 日
https://www.scj.go.jp/ja/info/kohyo/pdf/kohyo-21-t130-5-1.pdf
・日本学術会議、健康・生活科学委員会、健康・スポーツ科学分科会「提言　子どもの動きの健全な育成をめざして～基本的動作が危ない～」2017 年 7 月 11 日
https://www.scj.go.jp/ja/info/kohyo/pdf/kohyo-23-t245-1.pdf
・日本学術会議、健康・生活科学委員会、健康・スポーツ科学分科会「記録　ユネスコ『体育・身体活動・スポーツに関する国際憲章』の監訳及びシンポジウムの開催」2017 年 9 月 22 日
https://www.scj.go.jp/ja/member/iinkai/kiroku/2-20170922.pdf
・日本学術会議、健康・生活科学委員会、健康・スポーツ科学分科会「回答　科学的エビデンスに基づく『スポーツの価値』の普及の在り方」2020 年 6 月 18 日
https://www.scj.go.jp/ja/info/kohyo/pdf/kohyo-24-k290.pdf
・日本学術会議、科学的エビデンスに基づく「スポーツの価値」の普及の在り方に関する委員会「提言　科学的エビデンスを主体としたスポーツの在り方」2020 年 6 月 18 日
https://www.scj.go.jp/ja/info/kohyo/pdf/kohyo-24-t290-5.pdf
・日本体育学会監『最新　スポーツ科学事典』平凡社　2006 年
・大築立志「予測とタイミングからみたヒトの随意運動制御」『体育学研究』第 43 巻第 3-4 号　日本体育学会　1998 年
・プラトン（加来彰俊・森進一・池田美恵訳）『法律』（上・下）岩波書店　1993 年
・佐川哲也「子ども遊びのフィールドワーク」『体育学研究』第 46 巻第 5 号　日本体育学会　2001 年

・佐藤臣彦『身体教育を哲学する―体育哲学叙説―』北樹出版　1993 年
・寒川恒夫「与那原大綱引にみる文化変化」『体育学研究』第 43 巻第 1 号　日本体育学会　1998 年
・高橋徹編著『はじめて学ぶ体育・スポーツ哲学』みらい　2018 年
・高橋徹編著『スポーツ文化論』みらい　2022 年
・竹谷和之「バスク・スポーツ文化研究史」『体育学研究』第 47 巻第 3 号　日本体育学会　2002 年
・為末大『新装版「遊ぶ」が勝ち』中央公論新社　2020 年
・R. トマ（蔵持不三也訳）『スポーツの歴史［新版］』白水社　1993 年
・友添秀則・岡出美則編著『新版 教養としての体育原理―現代の体育・スポーツを考えるために―』大修館書店　2016 年
・Tomlinson, Alan. *Oxford Dictionary of Sports Studies*. Oxford: Oxford University Press, 2010.

学びの確認

①「身体教育」としての体育には「生きるために必要な体育」「時代や文化によって異なる体育」「それぞれの場面での体育」があります。各々の内容を簡単にまとめてみましょう。

....

....

....

②「体育 Taiiku」（広い意味での体育）とはどのようなものであり、どんな活動を含んでいますか。またどのような学問が「体育 Taiiku」を研究し、何をめざしていますか。

....

....

....

③「教育」は「真剣に打ち込む遊び」としてのスポーツから説明することができますか。自分の意見を説明したり文章に書いたりしてみましょう。

....

....

....

column

英語で読むスポーツ

大阪教育大学／林洋輔

英語があなたの得意科目か否かはどちらでも構わない。しかし日本語に翻訳されていない情報にアクセスできるという意味において、英語ができることは明らかに「有利」ではある。また翻訳は訳者の力量やボキャブラリーに左右されるため、思わぬ誤訳や当の翻訳が意図的に加工されてしまう可能性も無視できない。さらに専門家が議論するレベルや自分の専門競技種目について深く知りたいのであれば、英語を多少でも使えた方がよいだろう。

こうして英文を読むことで、単にあなたの世界が広がるだけではない。英語圏でスポーツがどのように考えられているかを知るためにも、「英語でスポーツが読める」ことには高い価値がある。以下では私が面白いと思ったスポーツ関係の入門書を何冊かすすめておく。

オックスフォード大学出版局（Oxford University Press）から出ているマイク・クローニン（Mike Cronin）の“Sport: A Very Short Introduction”は良書である。スポーツの起源や現代に至る競技スポーツの発展、プロスポーツ競技者の位置づけとスポーツの国際化、オリンピックの話題や解決すべき様々な問題のとらえ方などを著者は平易な英語で説明していく。スポーツの歴史やスポーツの社会的な側面の話に多くの紙面が割かれるが、スポーツが時代を問わずして社会のなかで生まれ、そのスポーツが社会と相互に影響を与え合いながらも発展する様が描かれる。世界でスポーツがどのように認知されているのかを知るのに最適な１冊として強くすすめたい。

次にケンブリッジ大学出版局（Cambridge University Press）から出版されているシュテファン・マンフォード（Stephen Mumford）の“A Philosopher looks at Sport”を英文で読むスポーツ哲学の優れた入門書として紹介する。たまに勘違いしている学生がいるので先に言っておくが、「スポーツ哲学」とは試合に勝つための戦術とか技術の極め方などを考えるものではない。スポーツとはそもそも一体何であるか、何をどこまでスポーツといってよいのか、スポーツ界の発展とは一体何を指すのか、などといった問題を考える分野である。この本でも著者はスポーツに打ち込む競技者の強靭な身体について考えたり、スポーツの定義やさまざまな倫理上の問題について考えたりしている。「スポーツを考える」という言い方を聞くと、スポーツ界の不祥事をなくすにはどうしたらよいかとか、スポーツと政治との関係はどうあるべきかなど眼の前の深刻な問題にばかり話をもっていく人もたまに見かける。が、目下の勝敗とも社会問題の解決とも関係なくスポーツの実質とかスポーツの価値について没頭して考えてみるのもよいだろう。

最後にもう１冊、いや２冊、ペンギン・ブックス（Penguin Books）から出ているジョン・セラーズ（John Sellars）の“Lessons in Stoicism”、あるいは同内容の再販で、同じ John Sellars による“The Pocket Stoic”（Chicago University Press）を薦める。「これは哲学の本であってスポーツの本ではない」と思うかもしれないが、この２冊は間違いなくスポーツについて考えたり論じたりする際の文献資料として役立つ。結論を先に言うと、「競技者の心構え」とでも言うべきものを考えるに、この本は必要になる。優れたアスリートを讃える際、ほぼ必ず引用される言葉に「ストイック」がある。その「ストイック」の起源や内容は、今紹介した２冊で解説されている「ストア哲学」に由来する。単に欲望や享楽を抑えて頑張るという意味を超え、充実した人生を送るために「ストイック」がどんなに貢献するか、といったことにも多くの示唆が含まれている。「競技者のひたむきな姿は人々に感動を与える」と時に言われる。その理由は、ほぼストア哲学の考え方を結果的に体現した競技者の生き方が人々に感動を与えるからである。このストア哲学、特にスポーツの意味や魅力を語る上でも今後の重要な論点である。

第4章 体育教師の立脚点

なぜこの章を学ぶのですか？

心外ではありますが、体育教師は簡単な職業だと思われることがあります。「ボールを与えておきさえすればOK」な職業とでも見られているのでしょうか。答えはNOだと言えるように、体育教師という専門職にプライドをもって臨むための態度・心構えを学びましょう。

第４章の学びのポイントは何ですか？

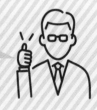

体育教師の仕事は誰にでもできるものではなく、また、単にスポーツを教えることが仕事ではないことを理解します。この理解を裏づけるために「教育／体育」「教師／コーチ」「ティーチング／コーチング」など、混同しやすい概念を確認しつつ、違いを噛み締めながら読むことが大切です。

考えてみよう

① 体育教師の存在意義はどのようにして認められるのでしょうか。また、専門家として何を追求しなければならないのか、その姿を具体的に考えてみましょう。

② 学習者は、指示された運動をいつも完璧にこなすことはできません。このような場面に遭遇する体育教師は、学習者が失敗から学ぶことができるように、どのようなサポートが可能でしょうか。

1 専門職としての体育教師

「教育は人なり」という言葉がある。これには多くの解釈があるが、少なくとも学校教育の成否は教師の資質・能力に負うところが大きい。ひとりの人間としても、正しく信頼できる体育教師の話は強く言わなくても聞くが、信頼できない人の話は強く指導したり命令したりしても誰も聞かないということが起こり得る。教育は人なりならぬ、体育も人なり。

それでは、体育教師に求められる資質・能力とは一体何を指しているのだろうか。

1 体育教師という存在を際立たせる

(1) 体育教師とは

体育教師というあり方についてはさまざまな研究者が指摘しているが、まずはその中でも、体育哲学の研究者である阿部悟郎の主張に目を向けてみたい。

「体育教師とは、学校において児童・生徒の体育教育に責任を持つ教師である」[1)]。わが国には「国民の三大権利」として、生存権、参政権とならび、**教育権（教育を受ける権利）**がある。体育教師を教育権に紐づけて考えてみると、体育教師は教師である以上、私人ではない。**教育権の現場に携わる公人**という立場にある。体育教師は、国民の権利に対する保証という役割を職業とする。そこには教育にかかわる大きな責任を担い得るだけの資質・能力の高さが要請されるだろう。そのため、当たり前のことであるが、体育教師は誰にでもできる職業ではない。

それでは、体育教師はどのようにして教育に責任をもつための資質・能力の高さを維持するのか。このテキストを読まれる多くの方は教員養成課程で学ぶか、興味・関心のある方だと思う。制度的には、もし、あなたが教育職員免許法に基づく教員免許状（保健体育）を取得すれば、体育教師として業務にあたる能力を修めたことを公的に証明されたことになる。

しかし、教員免許状という「資格」の取得によって業務にあたる能力を公的に認められたとしても、体育教師としての資質の素晴らしさまでをも獲得したことを担保されているわけではない。**「『資格』はゴールなのではなく、スタートなのである」**[2)]。体育教師は、世間一般からの期待や信頼に応えるため、**授業能力を常に向上させること**によってはじめて、その資質が担保されるということを肝に銘じる必要があるだろう。

(2) 体育教師とコーチでは仕事が異なる

はじめに、体育教師はスポーツの先生（コーチ）ではないことを理解してほしい。

体育教師、あるいは体育教師を志す学生は、その多くのものが高度なスポーツ競技活動を行っており、個々人のスポーツパフォーマンスは職人と賞賛されるほど卓越したものもあるだろう。しかし、それはスポーツの専門家や職人であっても、やはり専門職*1とは呼べない。この相違こそが、体育教師に自覚されなくてはならない[3)]。

＊1　教師という「専門職」
ここでは教職を、近代に確立した他の専門職（医師や弁護士など）と同様に、該当する専門領域の基礎科学と応用科学（科学的技術）の成熟に支えられて専門化した領域と見なし、専門的力量を教育学や心理学にもとづく科学的な原理や技術で規定する考え方に基づいている。

アスリートとしての競技力がいくら高かろうとも、素晴らしい実績をいくらもっていようとも、体育教師という専門職に求められている専門性とは別モノである。スポーツの世界ではしばしば「名選手、名監督にあらず」[4)]といわれるが、アスリートとして活躍することと指導者として活動することは全く別の仕事として捉えたほうがよいだろう。

体育とスポーツの定義や概念の相違については前章で学ばれたと思うが、あくまで体育教師は、体育という教育に携わる。「体育は他の教科・科目ではできない身体運動を通しての『経験』ができる教科・科目である」[5)]とも指摘されているように、体育教師は体育の授業を通して、学習者に身体を通した学びを提供することにプライドをもつ。体育教師はこうした専門職に携わる人間として、体育授業を担当しているのである。

(3) 体育授業とスポーツ授業の違い

ここで一度、小学校・中学校・高校時代の体育授業に対するあなたの態度や周りの風景を思い出してもらいたい。「次は体育だよー」の二言目には、「あー、今日はサッカーかー」「得意だー」「苦手だー」……といった声が周りから聞こえてきたり、自分自身も言っていたりした経験はないだろうか。

こうした学習者たちの言動や態度は、体育授業に向かっているというよりも、スポーツをするために授業へ向かっているといっても過言ではない。こうした状況から見えてくるのは、本来は別モノである体育教師の授業とスポーツを指導する（コーチ的）先生が行う授業を、学習者が同一視していることである。そもそも学習者は、体育授業の時間では一体何を学ぶのかということをしっかりと理解していない可能性がある。

もし、あなたがこの授業を担当する体育教師の立場ならばどうだろうか。学習者は体育授業を受けにきている（と思っている）が、実は単にスポーツを楽しむ時間になってしまっている。あまつさえ「絶対に勝つぞ」とか、「上手いからずっと出て」「下手は交代しろ」という声が飛ぶ。こうした勝敗を争うことをめざすスポーツ的な授業において、あなたは体育教師としての仕事が適切に遂行できているといえるだろうか。もはや、体育という授業が成立しているのかさえ疑わしい事態である。体育授業で扱うスポーツとは、あくまで教材、方法、道具である。こうした体育授業におけるスポーツの位置づけは、念頭に置いておく必要があるだろう。

2 体育教師の独自性を炙り出す

(1) 体育教師に求められる態度と心構え

体育教師のみならず教師一般にもいえることだが、授業をはじめとする教育的活動を学習者に展開するということは、未来の社会を生きる子どもたちに影響を与えるということにほかならない。子どもも歳をとれば当然ながら教師と等しく大人になる。そして未来においても、教育という営みがなくなることはないだろう。

こうした状況から想定すれば、上の世代から学んだことや自らの経験・体験から学んだ知識を、いずれは下の世代に向けた教育的活動のなかにおいて展開するであろう。この意味で、教育という営みに携わる体育教師にはその責任の重大さ[*2]が指摘できる。

こうした責任の重大さを考えると、体育教師という上記の職業的性質が理解されたうえで、職務が遂行される必要がある。それでは、職務遂行のために、どのような態度や心構えが必要とされるのか。ここでもう一度、阿部の指摘を引用する。

> 不断の努力・向上である。体育教師の努力とは何であるのか。それは、教育者として「よい授業」を追求する努力である。それでは、体育授業の「よさ」とは何なのか。…（中略）…自らの頭脳で思考し、それを追求していくことこそ、専門職者としての体育教師に要請される姿勢である。「よさ」の追求、それを欠いて社会に対する貢献など成し得ないのである[6)]。

体育教師における態度・心構えとは、人間的な不断の努力・向上に努めることにある。積極的にいうなれば体育という学問、つまり体育学を追求し、体育学を背負いながら「よい体育授業」を追求し続ける姿勢が必要なのである。そしてそれは、他の教科ではなく体育の教師にこそ課せられた独自の課

＊2　体育教師の「責任の重大さ」
次の指摘も参照されたい。「体育教師の一つ一つの指導行為は、つきつめていけば社会に対する貢献であること以外のなにものでもない。体育教師は、体育の授業における目の前の児童・生徒に対する指導を通して、社会の進歩や発展に寄与しているのである」。
阿部悟郎『体育哲学―プロトレプティコス―』不昧堂出版　2018 年　p.61

題なのであり、これこそが代替不能な体育教師の独自性でもある。

(2) 教育者としての体育教師の拠り所

ドイツの教育者であるディースターヴェーク（F. Diesterweg）は、次の言葉を残している。

> 教師は、自分自身を本当に教育し、陶冶すべくみずから努力している間だけ、他人を本当に教育したり陶冶することができる[7)]。

教育者としての体育教師をめざす人には、この意味をよく吟味されることを願いたい。また、意味合いを同じくする訓辞として**「進みつつある教師のみ人を教うる権利あり」**[*3] という言葉もある。教師は誰にもできる職業なのではない。学び続ける教師だからこそ、はじめて教育に携わることができる。体育という教育の「よさ」を追求し続けようとする私たちにとって、こうした訓辞は、常に態度・心構えを見つめ直すための大切な拠り所になるだろう。

ところで、次に論じるべきはこの「よさ」とは何かということになるのだが、「よさ」は自分自身で追求し続けなければならないものである。というのも、「体育教師は、ただの授業者やスポーツコーチ、あるいはスポーツ技術指導者ではなく、専門職として『よい体育授業』を通じて、人類に奉仕していく立場にある」[8)] からである。このような人間のあり方（主体的に生きる人間）に対して、「こうすべし」と上から押し付けるような主張をすることはできない。関係各位が**体育教師の代替不可能な職能**[*4] を考えていくことが、専門職としての体育の未来を形作ることにつながるからである。

(3) 専門科学としての体育学の現在

体育教師にとっての専門科学は「体育学」である。そして、体育教師は体育学に立脚しながら「よい体育授業を行う」という点で独自の存在である。そのため、体育教師には不断に体育学を追求することが求められている。

さて、体育学と類似するものとしては「体育科学」や「スポーツ科学」などが挙げられるが、ここではいったん科学（Science）として比較的最近（19世紀頃）から誕生した、欧米における「体育学」の歴史的段階をおさえておこう。この作業によって「体育学」の現在という輪郭が際立ち、私たち体育教師が立つ歴史上の現在地を知ることができるだろう。

その流れは大まかに、次のようにまとめることができる[9)]。

＊3 「進みつつある教師のみ人を教うる権利あり」
この言葉は、ドイツの教育学者ジステルエッヒが教師を諭した言葉として知られている。出典は教育学者でドイツの教員養成学校の初代校長であったディースターヴェーク『ドイツの教師に寄せる教授指針』にある。

＊4 代替不可能な職能
職能とは「職務を果たす能力」のことを指す。この「よさ」を常に考えていくことが体育教師にとって大切な仕事になる。そうした体育教師の姿について、阿部はシーデントップ（D. Seidentop）の言葉を借りて、physical educator として「よい体育授業」をとことん探究し続けていかなくてはならないと述べている。

①教育論にあらわれた体育論
（教育という営みのなかで体育に注目が生まれて、はじめて論じられる段階）
②体操家による体育論
（「近代体育の父」と呼ばれるグーツムーツ（J. C. F. Guts Muths）*5 の体育思想が勃興した、体育理論と方法論の黎明期の段階）
③医学者による体育の科学的研究
（医学的な興味から身体運動が注目され、その運動効果などが研究され始めた段階）
④体育研究者による体育研究
（体育や身体運動全般が科学的研究の対象となり、体育教育への知的関心も高まって初めて大学に体育学科ができた段階）

そして現在、学問としての期待や科学としての高まりを経て、世界中の大学で体育学を学ぶことができるようになっている。

上記の通り、はじめて体育に関心が向けられ論じられてから、時間と共に「体育学」としての体系化が進み、先人の研究者たちによって発展・継承されてきた歴史の上に私たちが立ち、学ぶことができているのである。繰り返しになるが、私たちが体育という教育上の「よさ」を追求・研究することは、体育学の専門科学としての発展のみならず、体育教師の専門職としての発展にも直結するのである。

＊5　グーツムーツ
ドイツの体育学者。実践に基づく体育理論と方法を著述した「青年のための体育」により、近代体育および学校体育の理論を確立した。人間に「精神的文化と結合した身体の完全」を主張する。「体操は身体の完成を究極の目的とする身体運動の一系列で、身体の完成は持久力と力と敏捷さと美しさによってなされる」と述べた。第 6 章 p.83 参照。

2　体育教師の存在意義を問うために

体育教師の仕事は、教育という文脈から捉えると誰にでもできる仕事ではない。そして、体育教師に求められる態度・心構えとは、体育という教育の文脈上にある「よさ」を追求し続けることにあった。「よさ」を具体的に考えていくには、「教育／体育」「教師／コーチ」「ティーチング／コーチング」などの同じような概念を混同せず、それぞれの違いを意識しながら体育教師の役割を考えられるようにすることが重要である。

1　教育者としての体育教師

（1）教育／体育

「教育とは子どもたちを『善く』しようとする働きかけである」[10)]。このように述べたのは教育学者の村井実であるが、この意図は次の通りである。

わが子をよくしようと思わない親はいない。若者たちがよく育つことを願わないおとなはいない。獣を追い山野に自生する天然の食用植物を採集して生きていた自然民の時代から、現代にいたるまで、人間は親としても社会人としても、一貫してこの同じ意欲をもちつづけてきた。この意欲に支えられたもろもろの活動を私たちは教育とよんでいる[11)]。

教育という営みの根底には、こうした意欲が満ち溢れている。一度想像していただきたい。あなたが教育者であるなら「理解できるようになってほしい」「気づいてほしい」など、**よく育ってほしいという意欲に従いながら働きかけ（教育）をする**だろう。少なくとも「もっと下手になってほしい」「このままダメなままでいてほしい」と願い、子どもたちと向き合うことはしない。

ところで、体育授業の具体的場面においては、こうした意欲がどのような働きかけ（教育）となって現れるのだろうか。よく育つという文脈を、体育授業に引き寄せて考えてみよう。すると「生まれもった身体を満足に動かせるようになってほしい」「状況に合わせ、臨機応変に対応できるようになってほしい」「健康な状態でいてほしい」などの意欲が働きかけ（教育）となって現れてくるのではないだろうか。教育者としての体育教師にとってみれば、それは全く自然な働きかけ（教育）の姿として捉えることができるだろう。

(2) 教師／コーチ

ここでひとつの問題を提起したい。もし、体育教師が子どもたちに「もっと強く、もっと速くなってほしい」「もっと技術を高めてほしい」といった思いを先行させてしまった場合はどうだろうか。競技スポーツの文脈において期待されるような意欲が先行する体育教師を想像していただきたい。

こうした意欲に燃える体育教師は、子どもたちの「勝利や成功」を最優先に願ってしまっているのではないだろうか。一見すると悪いことには思えないかもしれないが、教育の文脈上にある体育授業では、勝つことだけが目的ではないし、成功することだけが全てではない。**むしろ、失敗から学ぶことも体育授業においては大切なエッセンスになる。**そのため、体育教師は競技スポーツの論理に染まった意欲に燃える事態には注意する必要がある。体育教師の役割とコーチの役割を混同させないようにすることが大切である。

だが、体育教師の多くは「教師としての顔」と「部活のコーチとしての顔」をもっているという現実が指摘できる。こうした状況から混同が生まれるのではないかという議論に関連するものとして、スポーツ哲学の研究者である久保正秋は「コーチは教師である」論を展開する。この議論では、体育教師とコーチの違いについて、次の説明がなされている。

> 「コーチは教師である」と主張するためには、その行為の目的が検討されなければならない。また「教師／コーチ」には､その「コーチ」と「教師」の役割の両立において多くの矛盾が存在する。具体的には「役割葛藤」*6「役割過負荷」*7 の問題がある[12)]。

体育教師の現実的な立場に立脚したとき、実際には「教師／コーチ」という２つの仕事を掛けもつことになる。そのため、ダブルバインド*8 に陥ってしまい、結果的に困難に苛まれるという指摘である。特に、久保は役割葛藤によって本来的な体育教師の役割を果たすことが困難となる事態を指摘する。

(3) ティーチング／コーチング

「教師／コーチ（teacher/coach)」論に関連して、その具体的な指導のあり方について少し掘り下げてみる。久保は「体育」の授業はティーチング、運動部活動の指導はコーチングと呼び、「教師／コーチ」はこれらをそれぞれ自らの役割として選択するという[13)]。それでは、両者には、どのような違いがあるのだろうか。

辞書的な意味にみるティーチングは、教師が授業を行うように経験豊富な人が、経験が浅い人を相手に自分の知識やノウハウを教える（指導する）ことを指す。こうしたティーチングでは、指導者から学習者への一方通行となりやすく、いわば“教え込み”的な指導とさえいわれることもある。

これに対してコーチングは、最終的に学習者が答えを知ることを目的とするのではなく、学習者自らが答えを導き出せることを目的にしている。学習者に答えを与えるのではなく“支える”という点が強調され、「サポート」や「援助すること」に主眼を置いているといえよう。

このような一般的な理解について、コーチング哲学の研究者である佐良土茂樹は次のように展開する。

> ティーチングは教える・指示的行動という観点から、初心者を指導する場合やスキルが不十分なプレーヤーを指導する場合に有効であり、コーチングは引き出す・支援的行動という観点から、プレーヤーの自発性を引き出し、成長を促す方法として有効だとされる[14)]。

それでは両者の違いを教師の具体的場面に準えて考えてみよう。例えば、

＊6　「役割葛藤」
教師としての役割とコーチとしての役割が異なることがある。この役割が相互に矛盾する状況下では、心の中に違った、相反する方向が現れ、葛藤を生じる。「教師／コーチ」では特に、試合の勝敗に関する考え方において選択に迷う状態となる。

＊7　役割過負荷
教師とコーチのふたつの役割をこなしていくために、教師としての仕事と同時にコーチとしての仕事を実践しなければならない。そうなると、ふたつの仕事が重なり、負わされた任務（負荷）がある数量、程度の水準を超えることとなる。これらの仕事をうまくこなしたといえども、仕事の総量は増加し、負担となる。

＊8　ダブルバインド（Double Bind）
グレゴリー・ベイトソン（Gregory Bateson）が提唱した概念であり、直訳すると「二重拘束」を意味する。端的には２つの矛盾した命令が与えられている状態を指す。文脈に準えれば、体育教師には「教師としての顔」と「部活のコーチとしての顔」という役割が与えられるが故に、体育授業において部活のように指導をしても授業が展開できてしまうが、一方で「果たしてこれでいいのか」と指摘されれば、そのあり方に苛まれることになるだろう。

教師と学習者間における「ティーチング」と「コーチング」では、どのような働きかけ（教育という文脈）の違いがみられるだろうか。

ティーチングという働きかけにおいては、体育教師はたしかに「知識を授ける」のであるが、ここでは学習者が理解できているかどうかに最大の関心がある。一方通行的といわれる所以でもあるが、教師と学習者の関係において「共に」学ぶことは重要視されておらず、学習者が理解することに焦点が当てられる。そのため、**学習者が知識を「学ぶ」ことと、教師が学習者に理解してもらうために「学ぶ」ことは、同じくらいの高さで釣り合いをもつ必要はなく､共に歩みを進め合うようなニュアンスをもっているわけではない。**

対して、コーチングという働きかけは、単に「教える」ことを超えた意味をもつとされている。ここで指摘できるのは、教師が学習者をある到達地点へと送り届けること、「共に」成就するような関係である[15)]。つまり**学習者の学びが「成就」することと、学習者を成就（目的地）へと送り届ける教師の「成就」は、共に歩みを進め合うようなニュアンスをもっており、それぞれの成就の形は違えど等しい価値を共有する関係にある**と理解できる。

2 教育という営みから学ぶ

（1）教育現場にある学びの瞬間

体育教師になるための教職課程では、教育実習や教職インターンシップ、職業体験などに参加する機会が設けられている。こうした機会は大学構内では味わえない、貴重な現場体験の機会となるだろう。

ところで、あなたは体育の授業を行うためにどのような準備をするだろうか。おそらく、学習指導案や単元計画書の作成からはじまり、学習者に何をどのように行ってもらうのかに考えを巡らすことであろう。そして興味をもって取り組んでもらうために、時間配分を調整して授業に山場を設けようと計画することもあるだろう。つまり「よい体育の授業」を行うために準備万端で臨むのである。しかし、面白いことに**「よい体育授業」をいくら準備しようとも、教授方法に王道（あるいは正解）はないのである。**

例えば逆上がりを指導する場面を考えよう。あなたは学習者に対して「ここを気にして」「もっと顎を引こう」などとさまざまなアドバイスを行う。そして学習者の反応を受けて「次はこれに気をつけよう」とか「こっちに気をつける方が大切かな」と指導場面においては臨機応変に対応している。こうしたインタラクション（相互作用的な瞬間）では、個別の状況に応じて柔軟に対応していくことが求められるため、正解のない働きかけ（教育）が常に要求される。その時・その場所・その瞬間において、こうすれば正解といったハウツー対応というものはない。**むしろ、とりあえずこのように対応しておけば問題ないと考えること自体が問題である。**だからこそ、体育教師は「よい体育授業」を常に追求する姿勢が求められたのである。

現役の体育教師に目を向けてみよう。学習者とのインタラクションには王道がないからこそ、常に新たな準備と勉強を重ねている。こうした教育実践者の姿は「よき体育教師」であり、教育実践経験を通した自己の省察によって専門的力量を高めていく「**反省的実践家**」[16)]と呼ばれている。

（2）反省的実践家としての体育教師

教育学者である佐藤学は、「**反省的実践家**」としての具体的実践の状況について、次のように説明する。

> 反省的実践（reflective practice）としての教育実践とは、教師と子どもの双方が、教育の過程において、**反省的思考**（reflective thinking = Dewey 1910）*9 を展開し合う授業を意味している。教師と子どもが、相互主体的に探究活動を展開し合う授業である[17)]。

専門職としての教師は「反省的実践家」としての成長が求められており、この中核をなすものが「**省察（リフレクション）**」である。そして、この理論の提唱者である哲学者**ドナルド・ショーン（Donald.A.Schön）**は、「省察」のあり方を２つに分類している。それは「**行為の中の省察**」と「**行為についての省察**」である。それでは、両者はどのような関係にあるのだろうか。

「行為の中の省察」をするとき、教師は実践の文脈における研究者となる。そこでは、すでに確立している理論や技術のカテゴリー（すでにあるもの）に頼るのではなく、行為の中で省察を通して、独自の事例についての新しい理論を考察するのである[18)]。ショーンは実践から切り離された理論は行為を簡単に操作することができず、**行為の中で生起する知が次なる行為を導く**と考える。そのため、実践の過程で行為そのものを吟味しながら新たな知を生み出そうとする「行為の中の省察」を重要視する[19)]。

不確実な個別の状況に柔軟に対応することが求められる教師にとって、「行為の中の省察」が大切であることは当然のことのように思われる。しかし、「**行為の中の省察」は実践中のものになるため、それに直接働きかけていくことは困難**である。そのため「**行為の中の省察」を有効に働かせていくためには、後者の「行為についての省察」を行うことも重要**になる。こうした両者にまたがる「省察（リフレクション）」の往来を繰り返すことによって、体育教

＊９　反省的思考
ジョン・デューイ（John Dewey）が提唱した概念である。この定義は現在も多くの研究者が研究しているが、本節の具体例に当てはまるひとつの考え方として「特定の問題の解法だけでなく、その解法からより一般的な内容を考察すること。自らの学習の変容を客観的に記述すること」などが想定できる。

師は「反省的実践家」として成長することができるだろう。

(3)「よい体育授業」を追求し続ける「よき体育教師」であるために

ショーンは「省察（リフレクション）」する過程おいて、暗黙的な「実践知（practical knowledge）」に焦点を当て指摘する。

例えば優れた指導技術[*10]をもつ体育教師がいるとしよう。この体育教師は何も考えずとも、優れた指導技術を用いて学習者と接することができる。身体に染みついているような彼の優れた指導のふるまいは、もはや意識せずとも身体が自然に動いているようである。彼はそれを簡単にやってのけるのだが、同僚がそのやり方を尋ねたとき、いざ言語化したり明示化しようとすると不思議と難しい。この場面でいえるのは、**自分の実践のなかで自然に行った優れた指導は実は直感的な行動であり、そして同時に、自然に行った指導（実践）方法は同僚にうまく伝えることができないという事実に気づいたのである。**

当然ながら、優れた指導技術であるならば、同僚と共有できることに越したことはない。だが、その指導技術は、本人にとっては暗黙的な実践知であった。そのため、本人自身が振り返り、意識するためには「行為の中の省察」を働かせる必要があったのである。この事例は、当たり前に過ぎ去っていた指導場面を同僚から尋ねられたことによって初めて光が当たり、そして意識するきっかけとなったことを表している。ショーンの表現を引用しよう。

> その現象を理解するにつれてひとは、行為の中で暗黙のままになっている理解についても振り返るようになる。暗黙のままではなく表に出してそれを批判し、再設定し直し、将来の行為の中で具体化する理解についても省察するようになる[20)]。

体育教師としての仕事という点だけをみれば、実際には優れた指導技術を用いた指導ができているのだから、とりわけ大きな問題はないのかもしれない。しかし、同僚や仲間たちとの**同僚性コミュニティ**[*11]によって「よい体育授業」の追求を共有するという点を踏まえるならば、自分の優れた指導技術を伝えるために、暗黙的な実践知もまた、省察によって拓かれる必要がある。

「よい体育授業」を追求し続ける「よき体育教師」であるために、そして「よい体育授業」を同僚や仲間たちと共に考えていくために、今から仲間たちと語ること、そして聴くことによる対話をもって自己の省察が習慣づけられることを願う。自らが反省的実践家としての体育教師であることを願うならば

＊10　優れた指導技術
ここでは高橋健夫が展開した「4大教師行動」をイメージしたい。上述のインタラクション（相互作用：教師と学習者との間で交わされる発問やフィードバックなど）のほか、インストラクション（導入：取り組みの説明や指示など）、マネジメント（管理：説明時間の短縮や授業上の隊列・グルーピングなど）、モニタリング（巡視：学習者を監督するための見回りや観察行動など）が含まれる。

＊11　教師の専門性を高める上での「同僚性（collegiality）」
教育実践を通じて学びあうという教師文化を育てるためには同僚性の構築が不可欠である。佐藤学によれば、同僚性とは「自らの教室を開き、同僚と学びあうかかわり」のことである。授業公開や研究授業なども含まれる。

是非、学びの展望とその探求の過程を共有する仲間たちと、「よい体育授業」とはなにか？と語り合うことから始めてほしい[21)]。

引用文献

1 ）阿部悟郎『体育哲学―プロトレプティコス―』不昧堂出版　2018 年　p.57
2 ）同上書　p.60
3 ）同上書　pp.58-59
4 ）佐良土茂樹『コーチングの哲学―スポーツと美徳―』青土社　2021 年　pp.71-75
5 ）文部科学省中央教育審議会：2．体育の目的の具体的な内容―すべての子どもたちが身に付けるべきもの―（健やかな体を育む教育の在り方に関する専門部会これまでの審議の状況―すべての子どもたちが身に付けているべきミニマムとは？―）
https://www.mext.go.jp/b_menu/shingi/chukyo/chukyo0/toushin/attach/1395089.htm
6 ）前掲書 1）　p.62
7 ）宮寺昌男編『教育名言辞典』東京書籍　1999 年　p.476
なお、原典はディースターヴェーク『ドイツの教師に寄せる教授指針』である。その他、出典訳として F. A. W. ヂーステルウェッヒ（立柄教俊訳）『教育要義：教育学研究資料』三育舎　1899 年　p.6 がある。
8 ）前掲書 1）　p.64
9 ）前掲書 1）　pp.66-67
10）村井実『人間のための教育―閉鎖制から開放制へ』東洋館出版社　1997 年　p.30
11）海後宗臣・吉田昇・村井実編『教育学全集：第 1 巻　教育学の理論』小学館　1967 年　p.2
12）久保正秋「第 9 章　体育と指導者―体育教師とコーチ、何が違うのか―」『教養としての体育原理　新版―現代の体育・スポーツを考えるために』大修館書店　2016 年　p.77
13）久保正秋『体育・スポーツの哲学的見方』東海大学出版会　2010 年　pp.251-259
14）佐良土茂樹『コーチングの哲学　スポーツと美徳』青土社　2021 年　pp.60-61
15）久保正秋「『教師』か、『コーチ』か：『運動部活動の指導』と『コーチング』の問題点」『体育学研究』第 47 巻第 5 号　日本体育学会　2002 年　p.489
16）藤澤伸介『「反省的実践家」としての教師の学習指導能力の形成過程』風間書房　2004 年　p.184
17）佐藤学「教師の省察と見識＝教職専門性の基礎」『日本教師教育学会年報』第 2 巻　日本教師教育学会　1993 年　pp.20-35
18）D.A. ショーン（柳沢昌一・三輪健二監訳）『省察的実践とは何か―プロフェッショナルの行為と思考―』鳳書房　2007 年　p.70
19）久保研二・木原成一郎「教師教育におけるリフレクション概念の検討：体育科教育の研究を中心に」『広島大学大学院教育学研究科紀要　第一部 学習開発関連領域』　第 62 号　広島大学大学院教育学研究科　2013 年　p.91
20）前掲書 18）　p.51
21）秋田喜代美「実践の創造と同僚関係」佐伯胖他編集委員『岩波講座 現代の教育 危機と改革 6　教師像の再構築』岩波書店　1998 年　pp.235-259

参考文献

・片岡暁夫『新・体育学の探究―「生きる力」の基礎づけ―』不昧堂出版　1999 年
・久保田祐歌「D・ショーンの『行為の中の省察』とデューイの『反省的思考』」『名古屋大学哲学論集特別号』名古屋大学哲学会　2021 年　pp.103-117
・D.A. ショーン（佐藤学・秋田喜代美訳）『専門家の知恵―反省的実践家は行為しながら考える―』ゆみる出版　2001 年
・清水紀宏・朝倉雅史・坂本拓弥編著『探究 保健体育教師の今と未来 20 講』大修館書店　2023 年

学びの確認

①体育教師には「よい体育授業」を追求することが求められています。おそらく今日も多くの体育教師が研鑽を積んでいます。それでは体育授業における「よい」の部分について、あなたはどのようなことを指していると考えますか。

②「教師／コーチ」における役割葛藤について、どのような困難が想定できるでしょうか。具体例を示しながら説明してみましょう。

③「反省的実践家」としての体育教師に求められる具体的な行動とは何か、その理由も含めて、説明してみましょう。

column

他者・人生・教育に対する雑感

明星大学／佐藤洋

他者を賞賛する裏側で！

世の中には本当にすごい人だなと思える人がたくさんいます。幸運にも、そのような人と出逢う機会もあります。おそらく、皆さんもこの人はすごい人だなと思った経験はあるのではないでしょうか？このとき、私は自分がなぜ「すごい」と評価してしまったのだろうか、と考えます。

一般に、自分には不可能な事だと感じたり、それを成す事の難しさを自分が理解しているからこそ、他者の「すごい」が評価できるのでしょう。しかし、自分がその人と同じ世界で活動していて、同じ目的をもっている場合はどうでしょう。この人には絶対に敵わない！という場合を除いては、案外「すごい」と評価していないかもしれません。なぜなら悔しいから、自分はまだやれるから、負けていないから。

なんだか素直に讃えられない卑しい人間性を感じるかもしれませんが、私はそう思う事自体については悪い事だと思いません。むしろ、そういった面持ちこそ、見返してやろうとするような、負けまいとするような、未来において達成するための原動力になっていると思うからです。

もちろん、他者の「すごい」事を卑下したり、振る舞いに表してはいけません。それでも、トゲのある人間が丸くなる過程においては、誰しもが通っている道であるようにも思われます。

人生の当たり前と向き合う！

なぜ、私たちは体育やスポーツをするのでしょうか。また、生まれた瞬間には、望んでもいないのに体育・スポーツがある世界に放り出されています。するとどうも、体育やスポーツがある世界を疑ってもしょうがないでしょ？　やらなきゃいけないんだから取り組む事は当たり前でしょ？と、無意識に体育・スポーツの実践を受け入れてきた自分がいるような気がします。

確かに子どもの頃は、こんな事は考えず体育やスポーツを実践してきました。そのときの最大の関心は「自分に何ができるか？」という事にあったと思います。だからこそ、“アレ・コレがしたい！（できない！）”という欲望に苛まれる事もあったし、“出来る（上手い）事がエラい！”という価値観に一喜一憂したり、ときにはクラスやチームという集団のなかで悩んできたのかなと、しみじみと思い返します。

同じように、私たちは生まれながらに身体と生涯を過ごします。自分の身体を好きか嫌いかなんてはお構いなしに、一生はどんどん過ぎていきます。私たちの身体は時間の流れに沿っていよいよ生活が習慣づけられてくると、気にしていた事も意識しなくなり、無自覚に生きる時間も多くなります。こんな事を考えていると、私たちは音や風や光を感じられる機能を身体に備えているのだから、身体との対話をもっと大切にしても良いのかもしれません。

教育制度に物申す！

私は「人間／主体の生」にかかる問題意識をもち、身体と共に生きるとはどういう事か、これが体育（教育）の文脈ではどう位置づくのか、そして、人生で出会うスポーツにはどのような意味があるのかについて考えています。

勤務校は教員養成に力を入れているということもあり、学生は「体育嫌いをなくしたい！」とよく口にします。もちろん、この思いは大切です。しかし、誠に勝手ながら私はいつも「どうしたら根本的な解決になるのか」と考えます。

現在、小学校に体育専科教員がいても、低学年から保健体育に強みをもつ教員に必ず当たるとも限らず。それだと、保健体育の教職課程を修めて中学校・高等学校で働き始めた卒業生は、小学校で「体育嫌い」が固まった生徒を相手にするという現実のなかで今後も働き続けるのです。こうした体育・スポーツ業界の社会的な問題について、また、子どもたちの未来の教育の姿について、一緒に考えていただけることを切に願っております。

第5章 身体教育の萌芽

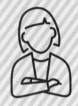

なぜこの章を学ぶのですか？

本章では、古代ギリシア・ローマと中世ヨーロッパを舞台に身体教育的営みの萌芽を見ていきます。「体育（physical education）」という言葉が存在しない世界の身体教育的営みを知ることは、私たちにとっての体育の「当たり前」を考え直す一つのきっかけとなります。

第５章の学びのポイントは何ですか？

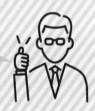

現代に生きる私たちの基準から過去を見るのではなく、当時の文脈を踏まえた上で過去の身体教育的な営みについて考えてみてください。本章での学びを手がかりに、これからの学校体育のあり方について、複数の可能性を思考してみましょう。

考えてみよう

1. もし自分が古代ギリシア・ローマや中世ヨーロッパに暮らしていたら自分の身体とどのように向き合っていたか想像してみましょう。

2. 現代の学校体育で暗黙の前提となっていることは何か、その原因も踏まえて考えてみましょう。

1 古代ギリシアにおける身体教育

古代ギリシアでは、運動競技が盛んに行われ、理想の教育の一環として身体教育的営みが位置づけられていた。しかし、理想とは裏腹に現実では、過度に競技に取り組むプロフェッショナルの競技者や、積極的に運動を行わない市民たちが多く見られた。私たちは古代ギリシアの哲学者プラトンのように、現実と向き合いながらこれからの理想の体育について考えていく必要がある。

1 古代ギリシアにおけるアゴン（競争）文化

古代ギリシアは、基本的には複数のポリス（都市国家）からなる小国分立状態にあり統一国家をつくることはなかった。しかし、文化的側面においては、共通の言語であるギリシア語や４年ごとに開催される**オリンピア競技祭**等を通じて、同一民族としての意識を共有していたとされる。ギリシア人たちは自らを「神話上の美女ヘレネの子孫たち」を意味するヘレネス、ペルシア人やそのほかの異民族をバルバロイ[*1]（わけのわからない言葉を話すもの）と呼んで区別し、自分たちの文化に対しても誇りをもっていた。

古代ギリシアの文化は、オリンピア競技祭をはじめとする運動はもちろんのこと、合唱・演劇・弁論・音楽等あらゆる場で優秀性を競い合ったことから、**アゴン（競争）文化**であったといわれる。実際にオリンピア競技祭では、競技の開催を妨げるような戦闘行為を禁じる**エケケイリア**[*2]と呼ばれる休戦協定を結び、全ギリシア世界から各ポリスの代表が集って卓越性を競い合った。ポリス間の戦争が絶えなかった古代ギリシアで約1200年にわたってオリンピア競技祭が開催されたことに鑑みると、この競技祭が古代ギリシアの人々にとって最大の競争の場であったことは疑い得ない。古代ギリシアの成人男性である市民たちは、各ポリスが建設したギュムナシオン（体育場）やパライストラ（レスリング場）において運動競技の練習に熱心に打ち込んだ。競争を愛したギリシア人たちは、競技の技能や力量以外の条件で勝敗が判定されないように、出自がわかってしまう服は脱いで運動競技に取り組んだといわれている。競技への愛ゆえに裸体で運動競技に取り組むギリシア人たちの姿は、バルバロイと呼ばれた異民族たちには滑稽に映ったようだ。

＊１　バルバロイ
「バルバロイ（βάρβαροι）」という語は「ギリシア語を話さない人々」という意味であったが、ペルシア戦争（前500～前449年）でのギリシアの勝利を契機として、徐々に「ギリシア人的ではない」ペルシア人やそのほかの異民族に対して否定的価値を付与するような言葉になっていった。

＊２　エケケイリア
「エケケイリア（ἐκεχειρία）」というギリシア語は、「手を置く」を意味する。オリンピア競技祭の休戦協定の期間は当初は１か月だったが、参加国の増大に伴って徐々に延長され、最終的には３か月に延長されたといわれている。

2 教育（パイデイア）の理想像としてのカロカガティア

ポリスの住民は、自由人である市民とそれらに隷属する奴隷とに分けられていた。そのため、古代ギリシアでは基本的に市民のみが政治に参与し、土地を所有し、教育を受ける自由をもっていた。

古代ギリシアの哲学者プラトン（Plato）の最晩年の著作である『法律』では、自由人の教育は、商人や船乗りといった職人になるための技術を学ぶような、いわゆる職業教育ではなく、人間が端的に人間として善くなること、すなわち「**徳（アレテー）をめざしての教育（パイデイア）**」でなければならないと記されている。また、教育（パイデイア）でめざされる理想的な人間像は、「**カロカガティア（美にして善）**」という概念で表された。この語は、形容詞の“kalos（美）”と“agathos（善）”を接続詞の“kai（と）”でつなぎ合わせた合成語であり、教育（パイデイア）の文脈においては心身の善と美とが調和された状態を求める意味で用いられていた。すなわち、古代ギリシアでは、心身が調和され、それぞれの善と美とを兼ね備えた者が理想的な人間として位置づけられていたのである。

3 身体教育的な営みとしてのギュムナスティケー

古代ギリシアには、今日の「身体教育（physical education）」に対応する言葉は存在しなかった。しかし、前述の通り、古代ギリシアでは、アゴン（競争）文化として運動競技が発展し、教育（パイデイア）においては心身の善と美とが調和されたカロカガティアがめざされていた。実際に、プラトンは『国家』という著作において、魂の教育であるムーシケー（文芸）と身体の教育である**ギュムナスティケー**を２本の柱にして理想の教育を論じている。

プラトンにとってギュムナスティケーの究極的な目的はポリス的人間の形成にあった。そのためには、ギュムナスティケーとムーシケーによって勇気ある魂と節度ある魂との調和が図られる必要があった。

ギュムナスティケーでは、質素な食生活と厳しい身体修練によって、強壮（エウエクシア）*3、身体美、体力、戦闘能力といった身体の善の獲得がめざされる。しかし、身体の善のみを求める人の魂は、勇気ある魂が支配的になり、自分の目的を暴力で達成しようとするか、あるいは、あらゆる快楽だけを求めるようになってしまうため、節度ある魂を欠いてしまうのである。

＊3　強壮（エウエクシア）
「エウエクシア（εὐεξία）」というギリシア語は、ラテン語で“bonus habitus”と表記され、直訳すると「良い状態」となる。しかし、プラトンはこの語を、身体の「良い状態」すなわち健康を指すだけのものとはせず、ギュムナスティケーによる魂の厳しい修練によって獲得される身体の最善の状態を指す概念として用いている。
高橋幸一「プラトンの『ゴルギアス』における強壮」『スポーツ史研究』第20号　スポーツ史学会　2007年　pp.117-123

節度ある魂を獲得するためには、ホメロスの叙事詩の暗唱・解読・習字等からなるムーシケーによる教育が必要とされた。しかし、ムーシケーのみでギュムナスティケーを欠いてしまっても、人は勇気ある魂を欠いて臆病になってしまうのである。

プラトンが理想の教育について語らなければならなかったのは、彼が生きた時代の現実がそれとは異なっていたからである。当時のギリシアは、過度な食事、練習、睡眠に明け暮れ、競技一辺倒の生活を送るプロフェッショナルの競技者や、競技の見物には熱狂するが自らは運動を行おうとしない市民が増えてきた時代でもあったのだ。

オリンピア競技祭の影響もあり、古代ギリシアの体育・スポーツ的実践を美化する人は体育学の研究者であっても多いかもしれない。しかしながら、時代やポリスに応じて古代ギリシアの現実は多種多様であり、一枚岩のように語ることはできない。現代に生きる私たちもプラトンにならい、体育・スポーツが抱える負の側面にきちんと向き合った上で、これからの体育のあり方について考えていかなければならないだろう。

2 古代ローマにおける身体教育

古代ローマの市民たちにとって、運動競技は「する」ものから「みる」ものへと変化した。また、身体教育として行われていた軍事訓練も傭兵の増加に伴って不要となった。古代ローマは身体教育を軽視した時代であったかのように映るかもしれない。しかしながら、真の人間的教養として位置づけられていた弁論術において、発声や身ぶりといった身体表現の教育が重要視されていた事実については見逃してはならない。

1 古代ローマにおける教育

古代ローマは、高度な精神文化においては古代ギリシアの模倣の域を超えることがほとんどなかったと考えられている。しかし、ギリシアから学んだ知識を帝国支配に応用する実用的文化においては優れた力を発揮した。例えば、ローマ字は今日のヨーロッパの多くの言語で用いられており、ローマ人が話したラテン語は、近代に至るまで学術界や教会での国際的な公用語であった。

教育についても同様で、古代ローマに独自の教育なるものは存在せず、もっぱら古代ギリシアの教育を受容したに過ぎないと考えられている。古代ローマ人にとって、教育は基本的には個人あるいは家族の問題であり、国家が直接教育に干渉することはほとんどなかった。そのため、教育制度に関する史料もほとんど残されておらず、ラテン文学の記述に頼るほかない状況となっている。

2 古代ローマにおけるスポーツのショー化

前節で述べた通り、古代ギリシアの文化はアゴン（競争）文化であり、運動競技を行うこと自体が市民の特権と考えられてきた。そのため、ギリシアでは裸体と美と競技とは一体のものとみなされていた。一方で実用的な考えをもつローマ人にとって裸体は快楽と罪悪の象徴であり、裸体競技は不道徳なものとして捉えられた。そのため、ローマ市民の常識に照らすと、競技祭はギリシア出身のプロフェッショナルの競技者が行うものであり、自らが参加すべきものではなかった。

しがたって、古代ローマの市民たちにとって、運動競技は「する」ものではなく「みる」ものであった。さらにそこから発展して、アゴン（競争）よりもルドゥス（娯楽）の方がローマ人にとって刺激的で好まれるようになり、スポーツのショー化が進んだ。円形闘技場で行われた剣闘士競技をはじめ、多くの見世物が、選挙運動の一環として政治家たちによって市民に提供されるようになっていった。

3 古代ローマにおける身体教育の軽視？

共和政時代のローマ人は、農民であると同時に兵士でもあった。そのため、現実的な必要性から軍事訓練としての身体訓練を行っていた。平民が重装歩兵として戦争で活躍するようになると、民主化もすすめられたが、長期にわたる戦争の結果、無産市民[*4]に没落する者も多くなり、それに伴って傭兵も増加していった。その結果、ローマ人は徐々に軍事訓練も必要ではなくなっていった。

一方、ローマの公衆大浴場であったテルマエは、単なる浴場ではなく、プール、食堂、図書館、戸外遊技場、庭園等が備わった社交場であった。ここでは、多くのローマ人たちが種々の球技を楽しんでいたとされる。しかし、これらの活動は教育的な営みとしては位置づけられていなかった。

以上を踏まえると、古代ローマは身体教育が軽視された時代であったよう

＊4　無産市民
ローマは地中海西方のカルタゴとの対立から、3度のポエニ戦争（前264～前241年、前218～201年、前149～146年）を引き起こした。ローマの中小農民たちの多くは、長期間の戦争による農地の荒廃で没落し、土地などの財産を喪失したという。

に思われるかもしれない。しかしながら、古代教育史研究では、古代ローマの教育的な営みにおいては身体運動よりも身体表現の指導がより重視されていたことが示唆されている。具体的には、古代ローマにおける真の人間的教養として位置づけられていた弁論術では、優れた弁論家の構成要素として、発声や身ぶりといった実演（actio）が位置づけられていたのである。

現代の視点から見ると、発声や身ぶりの学習が体育に含まれるとは思えないかもしれない。しかし、近代体育の父と称されるドイツのグーツムーツ（J. C. F. GutsMuths）や、彼に影響を与えたルネサンス期の人文主義者で医師のメルクリアリス（H. Mercurialis）の著作を確認すると、彼らの体育論に発声や身ぶり、朗読が含まれていることが見て取れる。したがって、古代ローマにおける身体教育は古代ギリシアのギュムナスティケーとは異なった形で展開され、後世に受け継がれた可能性もあるかもしれない[1)]。ただし、このような視点から古代ローマの身体教育的営みを詳細に分析した研究はほとんど見られず、今後の研究の進展が待たれる。

3　中世ヨーロッパにおける身体教育

中世ヨーロッパを生きた人々は、祈る人（聖職者、修道士）、戦う人（貴族、騎士）、働く人（農民）の三身分に分けられていた。本節では、意図的かつ意識的に身体訓練を行っていた騎士の教育に着目して、中世ヨーロッパにおける身体教育の一端を概観していく。中世ヨーロッパにおける身体教育的営みの可能性はこれまで十分に問われてきたとは言い難く、体育（思想）史領域の研究によって「中世暗黒史観」の再考が求められている。

1　騎士の誕生

騎士は、馬に乗って戦う兵士を指しているが、中世ヨーロッパにおいて封建社会が形成される過程で名誉的な称号となり、貴族階級の仲間入りを果たす者もいた。彼らは戦場においては馬と一体になって主君と祖国のために勇敢に戦い、宮廷では貴婦人に誠心誠意尽くした。

騎士が名誉ある称号として認められていくうちに、彼らの礼儀作法や立ち振る舞いが規範化され、いくつかの美徳としてまとめられていった。具体的には武勇、忠誠、大度（気前のよさ）、礼節（社交での礼儀や婦人への奉仕の心）、率直等が挙げられる。この中でも武勇は騎士の随一の徳目として位置づけられていた。

オランダの歴史家ホイジンガ（J. Huizinga）は『中世の秋』で、こうした騎士の徳目の総合を騎士道思想として捉え、皮肉も込めて「美にまで高められた自負心」[2)] と表現している。騎士たちは教育によってこの「自負心」を体得していくことが求められたのである。

2 騎士の身体訓練

騎士の第一の徳目が武勇であることから、騎士の教育において身体教育は重要なものとして位置づけられていた。騎士の教育の実態については史料も少なく不明な点も多いが、7 歳頃までは家庭教師のもとで学び、そこから 5 年程度は父から馬術、剣術、レスリング等を教わったとされる。12 歳頃には、城や宮廷に預けられ騎士の見習いとして教育を受け、読み書き、音楽、舞踊、宮廷作法、遊戯等を学ぶ。これらと並行して、レスリング、乗馬、水泳、弓射、槍投げ、剣術といった騎士として必要な身体訓練も行われるようになる。14 歳頃からは、年長の騎士のもとでさらに厳しい訓練が行われ、戦争にも加わった。ほかにも、重装備の乗馬や馬術の訓練を行い、模擬的な戦争である**馬上槍試合**に備えた。この試合は、集団戦のトーナメントと一騎打ちのジューストに分けられ、騎士教育の理想的な形態の一つとして、**騎士道精神**を高揚させる場であった。

以上の訓練を経て 21 歳頃になると、叙任式によって武器を授かり、正式に騎士として認められた。叙任式の終了後には盛大なトーナメントが開催され、新しい騎士たちは叙任後初となる試合に臨んだ。

3 「中世暗黒史観」の再考

体育史の体系的な記述は、18 世紀末にドイツの研究者フィート（A. Vieth）によって初めてなされたと考えられている。彼は、体育の理想の姿を古代ギリシアに求めており、古代ギリシアのギュムナスティケーのような営みがほとんどなされていなかった中世については、体育の暗黒時代として捉えていた。実際に、中世はキリスト教が支配した時代であったことから、肉体を蔑視し精神を優位に置く考えが中心にあったと考えられていた。このことが中世を体育の暗黒時代と捉える論拠とされ続け、19 世紀後半頃までの体育史研究では、いわゆる「**中世暗黒史観**」が通説となっていた。

しかし、20 世紀以降になるとドイツの研究者を中心に近代スポーツの萌芽を中世に見いだし、中世を「近代への胎動期」として捉える見方が示され、「中世暗黒史観」が修正されてきている。このように、スポーツ史研究においては「中世暗黒史観」の再考が促されている。しかしながら、体育（思想）史研究においては「中世暗黒史観」の修正が積極的に試みられてきたとは言い難い状況にある。

本節においても騎士の身体訓練のみの記述に終始してしまったが、中世ヨーロッパにはほかにも聖職者、修道士、農民など、様々な身分や階級の人々が暮らしていた。当時の人々は身分や階級に応じて、現代社会に暮らしている私たちとはまったく異なる論理で自らの身体と向き合っていたことが推察される。そのため、当時の文脈を踏まえた上で、中世ヨーロッパの身体教育的営みを分析する体育（思想）史的研究によって、今後「中世暗黒史観」は再考されていくことになるだろう。

中世ヨーロッパに限らず、「いま・ここ」に生きる私たちの基準を意図的・意識的に取り払って過去の身体教育的営みを見ていくことで、私たちは身体教育の豊かな可能性を（再）発見できるかもしれない。

引用文献

1 ）根本想「古代ローマ体育思想史研究序説」『現代スポーツ評論』第 44 号　創文企画　2021 年　pp.123-129
2 ）J. ホイジンガ（堀越孝一訳）『中世の秋（上）』中央公論新社　2018 年　p.162

参考文献

・藤井千春編著『時代背景から読み解く西洋教育思想』ミネルヴァ書房　2016 年
・J. C. F. グーツムーツ（成田十次郎訳）『青少年の体育』明治図書出版　1979 年
・橋場弦・村田奈々子編『学問としてのオリンピック』山川出版社　2016 年
・Hieronymus Mercurialis, *De Arte Gymnastica*, OLSCHKI, 2008.
・廣川洋一『ギリシア人の教育―教養とは何か―』岩波書店　1990 年
・池上俊一『図説 騎士の世界』河出書房新社　2012 年
・金澤周作監　藤井崇・青谷秀紀他編『論点・西洋史学』ミネルヴァ書房　2020 年
・木村吉次編著『体育・スポーツ史概論［改訂 3 版］』市村出版　2015 年
・岸野雄三『改訂 体育の文化史』不昧堂書店　1959 年
・岸野雄三・小田切毅一『レクリエーションの文化史』不昧堂書店　1972 年
・岸野雄三『体育史―体育史学への試論―』大修館書店　1973 年
・岸野雄三編著『体育史講義』大修館書店　1984 年
・岸野雄三・成田十次郎・山本徳郎他編『体育・スポーツ人物思想史』不昧堂出版　1979 年
・眞壁宏幹編『西洋教育思想史』慶應義塾大学出版会　2016 年
・H. I. マルー（横尾壮英他訳）『古代教育文化史』岩波書店　1985 年
・村川堅太郎『オリンピア　遺跡・祭典・競技』筑摩書房　2020 年
・中村敏雄他編『21 世紀スポーツ大事典』大修館書店　2015 年
・Nancy Kane, *History and Philosophy of Physical Education and Sport* Cognella Academic Publishing, 2019.

・プラトン（加来彰俊訳）『ゴルギアス』岩波書店　1967 年
・プラトン（藤沢令夫訳）『国家』（上・下）岩波書店　1979 年
・プラトン（森進一他訳）『法律』（上・下）岩波書店　1993 年
・桜井万里子・橋場弦編『古代オリンピック』岩波書店　2004 年
・寒川恒夫編『図説 スポーツ史』朝倉書店　1991 年
・高橋幸一『スポーツ学のルーツ―古代ギリシア・ローマのスポーツ思想―』明和出版　2003 年

学びの確認

①プラトンが理想の教育について語らなければならなかった理由について説明してみましょう。

……………………………………………………………………………………

……………………………………………………………………………………

……………………………………………………………………………………

②古代ギリシアとは異なる古代ローマに特有の身体教育的な営みと考えられるものにはどのようなものがあったか挙げてみましょう。

……………………………………………………………………………………

……………………………………………………………………………………

……………………………………………………………………………………

③身体教育の豊かな可能性を（再）発見するためには、どのような態度で過去の現象と向き合えばよいか説明してみましょう。

……………………………………………………………………………………

……………………………………………………………………………………

……………………………………………………………………………………

column

メルクリアリスによるギュムナスティケーの復興

育英大学／根本想

はじめに

第5章では、古代ギリシア、古代ローマ、中世ヨーロッパにおける体育（思想）について概観してきました。本章の内容に興味をもたれた方はぜひ引用・参考文献に挙げられた本や論文を読んでみてください。

体育（思想）史の教科書や論文を読み進めていくと、近代以前の時代の記述のほとんどが古代ギリシアに占められていることや、ヨーロッパ以外の地域がほとんど触れられていないことなどに気づかされると思います。体育（思想）史研究は、まだまだ研究の余地が残された分野です。文献資料の読解・分析だけでも研究を成立させることができるので、もしかしたらインドア派の方にぴったりの卒業論文のテーマになるかもしれません。

以下では、近年著者が研究している16世紀イタリアの医師・人文主義者で1569年に出版された体育学の古典“*De Arte Gymnastica*”の著者でもあるメルクリアリス（H. Mercurialis）について簡単に紹介していきたいと思います。

メルクリアリスの生涯

メルクリアリスは、1530年9月30日にイタリアのフォルリで生まれました。パドヴァ大学で医学を学び、生涯にわたって医学の研究や実践を行いました。1562年から約7年間、ローマ教皇パウルス3世の孫であるフォルネーゼ枢機卿の侍医を務め、彼の宮廷サークルに参加しながら古典古代の文献を研究します。この頃の研究成果が、体育学の古典“*De Arte Gymnastica*”の出版につながります。

メルクリアリスは医師としてだけではなく、大学教員として医学教育にも携わります。パドヴァ大学では実践医学、ボローニャ大学では理論医学を教え、ピサ大学では医学部長も務めました。

主著“*De Arte Gymnastica*”

メルクリアリスの主著“*De Arte Gymnastica*”（以下“*DAG*”）は、1569年に初版が出版され、その後も版を重ねていき、体育学の古典として後世に読み継がれていきました。「近代体育の父」と称されるドイツのグーツムーツ（J. C. F. GutsMuths）も*DAG*に大きな影響を受けた人物の一人です。

*DAG*は、全6巻全71章からなる大著で、第1巻〜第3巻が古代編、第4巻〜第6巻は現代編となっています。前半の古代編では、第1巻で医学の起源や“Gymnastica”の定義の説明、第2巻で古典古代に行われた運動の紹介、第3巻で古典古代のより日常的な運動（歩行、呼吸、発声等）の紹介がなされます。後半の現代編では、前半の各巻の記述内容の現代的な意義や効果について順に説明されていきます。

メルクリアリスは、古代ギリシア・ローマで実践されていた“ars gymnastica”の復興をめざして*DAG*を執筆したようですが、当時のイタリアの体育実践に与えた影響については研究者によって意見が分かれている状況です。

現代イタリアにおける*DAG*の受容

*DAG*が16世紀のイタリアに与えた影響については不明ですが、現代のイタリアでは*DAG*が教育実践に影響を与えている事例もあります。

フィレンツェにあるデュシェンヌ研究所では、体育教師を対象として、メルクリアリスの考えた“ars gymnastica”の指導者を育成しています。イタリア体育協会会長（2024年1月現在）でデュシェンヌ研究所の教員も務めるバローニ（C. Baroni）は、近年のイタリアにおける学校体育の「スポーツ教育化」に対する問題意識から、メルクリアリスが考えた“ars gymnastica”の実践が現代のイタリアにおいてこそ重要なものであると考え、指導にあたっているようです。

第6章 教育思想に現れた体育の姿

なぜこの章を学ぶのですか？

現代に生きる我々が受けてきた体育授業は、誰かがその必要性を主張し、それが社会に受け入れられた結果、学校での教科に組み込まれたのです。その歴史を学ぶことは今日の学校体育をより良く理解するためのきっかけを与えてくれます。

第６章の学びのポイントは何ですか？

体育が教育に組み込まれていく過程を学ぶことで、今日の学校教育において体育が行われている意義を理解することがポイントとなります。

考えてみよう

1. 体育はどのような経緯で学校教育に組み込まれていったのでしょうか。
2. 現在、スポーツを教材とした体育授業が多い理由を考えてみましょう。

1 近代体育につながる思想の出現

ルネサンス期に入りギリシアの思想に影響を受けた人たちが、当時の体育に関心を持ち始める。啓蒙時代の 18 世紀に入り、体育は人間の教育に離れがたく深く結びついていることを指摘したルソーの体育思想は、後代の教育家や体育実践家に影響を与えることになった。

1 ギリシア的体育への関心

人間の身体に特別な視線が注がれるきっかけとなったのが、**ルネサンス**である。ルネサンスは古代ギリシア、ローマの文化を復興する運動であった。15 世紀から 16 世紀のイタリアでは、**メルクリアリス**（H. Mercurialis）の『体操術』（De Arte Gymnastica）をはじめ、多くの身体教育に関連した書物が出版されるようになった。

すると、人文主義者[*1]や啓蒙思想家[*2]が**ギリシア的体育**[*3]に対して関心を寄せるようになった。中世では人間の教育と身体運動との関連に特別な注意が払われていなかった。ルネサンス期に入り、両者の結びつきに着目した書籍が次第に出版されるようになる。フランスで出版された**ラブレー**（F. Rabelais）の『ガルガンチュワとパンタグリュエル』や**モンテーニュ**（M.E. Montaigne）の『エセー』が代表例である。また、イギリスにおいては、**ロック**（J. Locke）が『教育論』において、当時の因習的で古典的な知識の詰め

＊1　人文主義を掲げる人。人文主義は一般的に人間性を尊重する立場・思想。ヒューマニズム・人道主義・人間主義とも言う。ルネサンス期に古典研究をもとに展開された。

＊2　啓蒙主義を掲げる人。啓蒙主義は合理主義の考えに基づき、教会の権威や封建的な考えを否定し、人間の理性によって社会の進歩をめざした。

＊3　古代ギリシアで行われていた体育（ギュムナスティケー）。第 5 章を参照。

表 6-1　15 世紀から 16 世紀までの身体教育に関連する代表的な書籍

人物	書籍名	出版年
ヴェルゲリウス（1394–1428 ?）	自由人の道徳と自由学芸について	1404
アルベルティ（1404–1473）	家政論	1433
パルミエリ（1406–1475）	市民生活論	1435–1440 ?
グァリーノ（1434–1513）	教授と学習の方法について	1459
ヴェギウス（1406 ? –1458）	児童の教育と実践	1460 ?
グリソネ（不明）	馬術書	1550
アグリッパ（1535 ? –1595 ?）	剣術書	1553
スカイノ（1524–1612）	球戯書	1555
メルクリアリス（1530–1606）	体育書	1569
カロソ（1526/1535–1605 ?）	ダンス書	1581
ツカロ（1535–1602）	体操書	1599

出典　世界教育史研究会編『世界教育史大系 31 体育史』講談社　1975 年を参考に筆者作成

込み教育を批判し、「健全な身体に宿る健全な精神」を人間の理想として掲げている。ドイツでは**フィヒテ（J.G. Fichte）**がギリシアを規範とした体育観を表明した。彼は国民教育には精神教育と身体教育が重要であることを「ドイツ国民に告ぐ」という講演で訴えたのである。

2 ルソーの体育思想

聖書や神学といった従来の権威を離れ、人間に本来的に備わっている知的能力によって世界を把握することを目指した啓蒙時代に、身体運動が教育に必要であるという思想の形成に最も大きな影響を与えたのがフランスで活躍した**ルソー（J. J. Rousseau.）**である。

ルソーは『エミール』*4において、**子どもの教育を身体の側から組み立てることを課題として指摘**した。『エミール』の作中では、幼年期の子どもの身体は怪我と病気、安全と健康の間に置かれており、親は子どもの安全と健康を守るために、子どもの身体活動を制限しようとする。しかし、子どもが動き回るようになると、親は子どもに自由な身体活動を許すと同時に、子どもの安全と健康について計画しなければならなくなる。この時期の子どもの学習内容は端的にいって身体活動のみである。これが子どもの教育の第一歩であり、その中身は**体育**なのである。ルソーによれば、少年期の子どもの遊戯やスポーツ活動を行う際の大人の役割は、すでに子どもが行っている運動をしっかりと見守り、条件の設定に気を配ることであるという。この教育によって、子どもはやがて落ち着きのある慈愛に満ちた、たくましい青年へと成長すると考えたのであった。

ルソー（1712–1778）

また、ルソーは『社会契約論』*5において、**いかなる身分の人間であっても、人間が身体の面から育まれていくことは、普遍的な性質として避けがたいものであり、それをないがしろにしてはいけないことを指摘**している。

このように、ルソーは**人間の教育に体育が離れがたく深く結びついている**こと、そしてすべての国民が身分的差別なしに**等しく体育を受けるべき**であることを説いたのであった。ルソーの思想はフランス革命*6を通して広まり、国民教育の計画に組み込まれていった。**そして、彼の思想はヨーロッパ諸国の数多くの教育家や体育実践家に影響を与えたのであった。**

＊4　小説の形式をとったルソーの教育書。孤児エミールの誕生から結婚までの教育を描き、近代的・市民的人間教育の理念を表現した。

＊5　啓蒙思想の代表的著作。人民主権の思想を最初に明らかにした。

＊6　フランス革命
18世紀末にフランスで生じた市民革命。絶対王政を倒し、アンシャン＝レジーム（旧制度）の封建的制度を廃止した。

2 近代体育のはじまり

ドイツの汎愛学校の教師であったグーツムーツは、体育（ギムナスティーク）の理論づくりと実践を行う。この活動は彼を「近代体育の創設者」と言わしめるようになる。その後、体育は国民体育として各国で行われるようになるが、主に国防と結び付けられて発展したのであった。

1 ドイツにおける体育のはじまり

(1) ドイツにおける汎愛体育

18 世紀後半、ドイツではバセドウ（J. B. Basedow）が子どもの教育において体育を実践するようになる。バセドウはデッサウに新しい学校を設立し、汎愛学校と名付けた。この汎愛学校はルネサンス以降の新しい教育運動の成果であり、バセドウはルソーの影響を受け、**汎愛体育**[*7]**を導入した**のである。1784 年にザルツマン（Christian Gotthilf Salzmann）がシュネッペンタールに汎愛学校を設立し、**体育を最も重視**した汎愛体育の指導の理論化を推進した。このシュネッペンタールの汎愛学校の教師に「近代体育の創設者」と称されることとなる**グーツムーツ（J. C. F. Guts Muths）**がいたのである。

バセドウ（1724–1790）

＊7　18 世紀後半からドイツを中心に生じた汎愛教育派（Philanthropen）による合理的な教授理論や教授方法の一つ。汎愛教育派（Philanthropen）はギリシア語の Philanthropia（人間愛）に由来する。

(2) グーツムーツのギムナスティーク

グーツムーツはすべての階層の人々がともに幸福に生活できる「繁栄社会」を実現することをめざしていた。彼は、当時のドイツ人の生活や教育が古代ゲルマン人よりも身体的、体力的に衰退していることを憂慮し、この問題の原因が当時の教育において**体育（ギムナスティーク）を無視していることにある**と考えた。1786 年にグーツムーツがシュネッペンタールの汎愛学校の体育主任に命じられ、1796 年には体育授業をグーツムーツが指導することになる。なお、シュネッペンタールの汎愛学校は、グーツムーツの活躍によって、世界の「**近代体育発祥の地**」と呼ばれている。

グーツムーツ（1759–1839）

1793年の彼の主著『青少年の体育』において、身体教育は広く身体的資質の発達を目的とする教育的営みであり、**養生的領域**（食物、衣服、大気、情緒、散歩など）と**体育的領域**（遊戯、作業、体育的運動）に分かれることを述べている。そして、グーツムーツは**身体運動を中心領域とする教育として体育（ギムナスティーク）を確立した**のであった。

表 6-3 はグーツムーツが示した運動の身体への第一次的作用と精神への第2次的作用について示している。彼は**当時の人々が体育に関して全く無関心であったこと**を知っていたので、当時の医学や教育学の視点を用いることによって、運動の効果を示したのである。

グーツムーツが**体育で求めた人間像**は、生物的・身体的側面からは体力と技能と美、教育的・人格的側面からは明朗、克己、勇気、自信などを備えた人間であった。

以上のように、グーツムーツは子どもの誕生から6歳まで、7歳から15歳までの体育の基盤となる理論を提示し、学校での実践を行ったのであるが、国民体育の実現には至らなかった。**しかし、彼の理論は国民教育[*8]への体育導入を求めた体育実践家に受け継がれていったのである。**

＊8　国家の維持・発展を目的として、国民の資質・能力を育成する教育。

表 6-2　グーツムーツのギムナスティークの実践内容

実践内容			
・走・跳・投 ・レスリング ・登はん ・平均 ・腕で物を支えて運ぶ	・引き合う ・縄跳び ・輪跳び ・ダンスや歩行 ・軍事訓練	・水泳 ・火番 ・日直巡視 ・号令 ・朗読	・目測 ・音の聞き分け

出典　岸野雄三『体育の文化史』不昧堂出版　1964年を参考に筆者作成

表 6-3　グーツムーツが示した身体と精神との対比による運動の効果

1. 健康な身体	明朗な精神
2. 体力と技能	自信・沈着・勇気
3. 鍛錬	克己などの男性的気質
4. 活動的な身体	闊達な精神
5. 美しい身体	美しい道徳心
6. 鋭敏な感覚	正確な知覚、鋭敏な思考力
7. 運動すること	精神活動の気晴らし

出典　世界教育史研究会編『世界教育史大系31 体育史』講談社　1975年を参考に筆者作成

(3) 各国の国民体育

18 世紀末から近代国家を志向する段階で生じた国民教育が国民体育である。国民体育は市民体育論として自然で自由で多様な運動を国民に広めることに貢献したが、一方でナショナリズムや軍事目的として発展した国も多かった。

① ドイツ

ヤーン（1778–1852）

ドイツではフランス占領下の民族解放と国家統一の運動が展開された。身体運動の面からこの運動に貢献したのがヤーン(F. L. Jahn)である。ヤーンは「ドイツ体操（トゥルネン）の父」と称され、トゥルネンという活動を 1811 年から始めた。このトゥルネンは、身体運動を中心とする青少年の教育活動であった。ギムナスティークではなくトゥルネンと称したのは、この試みがドイツ的なものであり、ドイツのことはドイツの言葉で示したいとヤーンが考えたからであった。

この活動は祖国防衛を担う国民や集団を形成することに重きをおいた国民体育であった。運動の内容としては、歩行、走り、跳躍、木馬、平均台、水平棒、平行棒、登はん、引き、持ち上げ、押し、運搬、伸び、格闘、輪跳び、縄跳びなどであった。

② スウェーデン

リング（1776–1839）

スウェーデンでは、リング（P. H. Ling）が「スウェーデン国民体操の父」、「スウェーデン体操の創設者」と称されている。18 世紀末から 19 世紀前期のスウェーデンにおいて、ロシアやフランスとの戦争を背景にして、国家の危機と国民意識の高まりの中でスウェーデン体操は形成された。リングは祖国防衛をスウェーデン体操の理念に含め、軍隊訓練と結合することによって発展していった。スウェーデン体操は合理的体操とも呼ばれ、身体の組織の法則に基づいて行われる身体運動であり、運動の科学性や合理性に特徴があった。運動の内容としては、徒手運動や組体操、武器や用具を用いた運動が中心であり、号令に合わせて集団的一斉的に指導されていた。

なお、日本の大正時代は、教科体育（体操）で肋木や跳び箱、胸の運動を取り入れたことから、「スウェーデン体操時代」と呼ばれたのである。

③ デンマーク

デンマークにおいては、**デンマーク体操の父、ナハテガル（F. Nachtegall）**が1799年にコペンハーゲンに私設戸外体育場を開設した。彼の体育実践は公立学校に認められるようになり、その後軍隊に広まっていった。ナハテガルの努力の末、デンマークは体育を独立教科として採用したヨーロッパ最初の国であると同時に、教師養成のコースを設け、指導者用の手引書を配布した最初の国であった。

ナハテガルは**グーツムーツの汎愛体育を継承**し、これをデンマークの国民形成にふさわしい形に変革していった。運動の内容自体はグーツムーツのギムナスティークの修正版とヤーンのトゥルネンの部分的採用から成り立っており、彼の独創的な運動内容はほとんどなかったとされている。ナハテガルは1804年建設された軍隊体育学校の校長に就任し、彼のデンマーク体操は、軍事的訓練法として発展をみせたのであった。

④ フランス

19世紀初頭、スペイン人の**アモロス（F. Amorós）**は1816年にフランス国籍を得た。スペインにてペスタロッチ（J.H. Pestalozzi）の教育の方法で教育の実践を経験していた彼は、フランスの市民、軍人、消防夫、職人、女性と子ども、専門的体育人のために合理的かつ道徳的な体育を普及させることをめざした。彼の**体育（ギムナスティーク）の特徴は、身体能力を科学的な方法によって測定すること、ならびに道徳的な身体教育を重視した点**にある。彼の実践は、1820年代の後半から30年代にかけて、市民から軍人中心へ展開していくこととなる。最終的には、アモロスが目指したフランス人のための体育は、国民体育とはなれず、軍隊の中に「フランス軍隊体操」として残ったのであった。

⑤ イギリス

1822年**クリアス（P. H. Clias）の渡英**によってグーツムーツ流の体育がイギリスの軍隊や学校に導入された。そしてクリアスの理論と実践を継承したマクラーレン（A. MacLaren）が1861年に陸軍で英国式体操を指導し始める。また、スウェーデン体操をイギリスの学校教育に導入しようと努力したのがロース（M. Roth）であり、19世紀後半には特に女子の体育で受け入れられていった。他方で地主・貴族階級の師弟と新興中産階級の師弟が在学する学校であるパブリックスクールを中心とする中等学校ではスポーツが課外活動として成立した。

ここから**正課の体操と課外のスポーツの二重構造がイギリスの近代体育では成立していった**のである。

⑥　アメリカ

19 世紀前半から始まった**アメリカの組織的体育活動**は、これまで紹介したヨーロッパ諸国と異なり、**戦時を除いて国民国家的思想や軍事的要求が少なかったのが特徴**である。アメリカでは、1823 ～ 1830 年にかけてドイツ体操が紹介され、少し遅れてスウェーデン体操が移入された。また、ビーチャー（C. E. Beecher）のカリセニクス[*9]やルイス（D. Lewis）の新体操[*10]も登場し、それぞれ学校に導入されることとなった。**アメリカでは、体育の方法が単一の方式に統一されることはなかった。**

20 世紀に入ると、アメリカでは体操のような形式的な運動に対して不満が高まり、「新体育」運動が展開される。これによって、遊戯やスポーツを学校体育に導入する機運が高まっていった。

＊9　カリセニクス
女性向きの体操のこと。明治時代の体育学者である坪井玄道は、カリセニクスを「美容術」と訳した。

＊10　ルイスの新体操はドイツのシュレーバー（1808–1861）の『室内医療体操』の理論を基盤として発展させた体操である。実践に際しては、音楽の伴奏をつけたりするなどして、楽しく行わせるような指導の配慮がなされていた。

3 近代体育の発展

19 世紀の後半になると、スポーツの教育価値が認められるようになる。スポーツ教育はイギリスのパブリックスクールに端を発する。その後、アメリカにおける「新体育」運動が登場し、これまでの国家中心の体育から子ども中心の体育への転換が図られた。この理念は、今日の体育に大きな影響を与えている。

1 スポーツ教育のはじまり

アーノルド（1795–1842）

スポーツ教育発祥の地として有名なイギリスであるが、19 世紀中葉までは多くのパブリックスクールの校長はスポーツに批判的であった。19 世紀の初頭、この時期には生徒たちは自由時間にスポーツを行っていたが、その活動の教育的価値は認められていなかった。さらに言えば、他校との歴史あるボートレースやクリケットの対外試合を禁止していたこともあった。

このような流れを転換させたのが、ラグビー校校長の**アーノルド**（T. Arnold）である。当時のパブリックスクールは、生徒数の減少や校内秩序の維持に教師が苦しんでいた。生徒は学校の外に繰り出し、屋外で遊戯を行っていたようである。それによって、近隣住民とのトラブルが発生し、教師たちの悩みの種になっていた。アーノルドは、生徒たちが校庭でスポーツを行

＊11 特にチームス
ポーツの教育効果とし
て、男らしさ、忍耐力、
協調的集団精神、フェ
アプレイの精神、ゲー
ムの感覚、弱者保護の
精神、支配と服従の方
法などの資質が強調さ
れた。このようにス
ポーツに教育的価値を
見出す思想をアスレ
ティシズムと呼ぶ。

うことを学校側が公式に認めることにより、校内の秩序維持を図ろうとした
のである。ここに教育としてのスポーツの始まりがあるとされている。その
後、アーノルドの影響を受けた校長達によって、課外活動の教育的組織化が
進められた。スポーツは自己犠牲の精神でチームのためにプレーする態度や、
リーダーとしての資質を高めるための機会を提供できるものとして高い評価
を得るまでに至った＊11。この結果、パブリックスクールでは自主自立の精
神が涵養され、規則を守り責任を重んずるイギリス紳士を社会に送り出すよ
うになったのである。

2 アメリカにおける「新体育」運動

　アメリカにおいて、1923 年にウッド（T. D. Wood）とキャシディ（R. F.
Cassidy）は『新体育』を著し、ドイツ体操やスウェーデン体操に対して批
判的な見解を示したのであった＊12。この新体育では、体操教材に代わり、
スポーツ、ゲーム、ダンスを教材の中心とした体育授業が推進された。また、
これまでの国家中心の体育から子ども中心の体育への転換が図られたので
あった。

＊12 当時の体育は
「操り人形体操」や「人
為的硬直運動」と批判
されることもあった。

＊13 新体育の日本
への影響と展開に関し
ては第7章を参照の
こと。

　新体育＊13 では、体育を教育の一部分に位置づけ、その目的は教育全体の
目的から導かれるものとなった。つまり、体育は身体的側面の発達だけに関
心をむけるのではなく、身体的な領域以外の心理的・社会的な発達も重視す
るのである。このように発展したアメリカの体育は、これまでの解剖学・生
理学に基づいた合理性を求めた身体訓練から、人間の感情や表現を重視し、
教育学や心理学の視点からの人間教育をめざしたのであった。教師の号令に
従う一斉指導の体育ではなく、子ども中心の民主的な体育を目指したり、強
制力によって無理に運動させる体育ではなく、子どもが興味を持つような内

図 6-1 本章で取り上げた代表的な人物の思想や実践内容の概略図

～18 世紀
・メルクリアリス
・ラブレー
・モンテーニュ
・ロック
身体運動が教育に必要
であるという主張

18 世紀
・ルソー
体育は人間の教育
に離れがたく深く
結びついているこ
とを指摘

・グーツムーツ
近代体育の理論構
築と実践を行う

19 世紀
・ヤーン
・リング
・ナハテガル
・アモロス
・クリアス
国民体育に向けた
普及活動を展開

・アーノルド
スポーツの教育的
価値を重視

20 世紀
・ウッド
・キャシディ
子ども中心の民主
的な体育へ

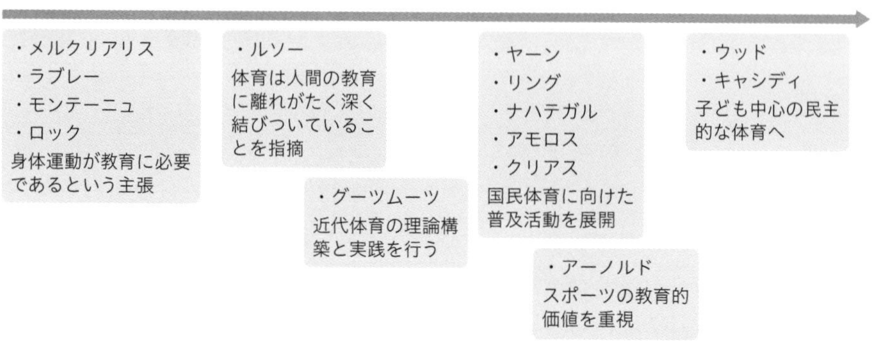

容で体育を行ったりすることは、今日の学校で行われている体育に通じているのである。

参考文献

・阿部吾郎『体育哲学―プロトレプティコス―』不昧堂出版　2018 年
・山本徳郎他監　阿部生雄他編著『多様な身体への目覚め―身体訓練の歴史に学ぶ―』アイオーエム　2006 年
・阿部生雄『西洋体育・スポーツ史講義資料ノート―筑波大学体育専門学群―』阿部生雄　2008 年
・浅見俊雄他編『現代体育スポーツ大系 2　体育・スポーツの歴史』講談社　1984 年
・木下秀明「リーランドと『女子体操術』」掛水通子監　山田理恵他編著『身体文化論を繋ぐ―女子・体育・歴史研究へのかけ橋として―』叢文社　2019 年
・岸野雄三『体育の文化史』不昧堂出版　1964 年
・岸野雄三・成田十次郎・山本徳郎他編『体育・スポーツ人物思想史』不昧堂出版　1979 年
・宮島健次「アスレティシズムは何をもたらしたのか」友添秀則責任編集『現代スポーツ評論』第 23 巻　創文企画　2010 年　pp.72-81
・成田十次郎『近代ドイツスポーツ史 1　学校・社会体育の成立過程』不昧堂出版　1977 年
・世界教育史研究会編『世界教育史体系 31　体育史』講談社　1975 年
・鈴木秀人「体育科教育の過去・現在・未来」『スポーツ社会学研究』第 21 巻第 2 号　日本スポーツ社会学会　2013 年　pp.51-62
・D. B. ヴァンダーレン他（加藤橘夫訳）『新版 世界の体育史』ベースボール・マガジン社　1976 年

学びの確認

①グーツムーツが近代体育の実践を行うに至るまでの体育思想の流れをまとめてみましょう。

②第２節の内容をもとに、各国の国民体育の内容をまとめ、特徴を比較してみましょう。

③体育教材としてのスポーツと体操の違いを、教育的観点から考えてみましょう。

column

近代オリンピックの父クーベルタンの思想に学ぶ

帝京大学／広瀬健一

私もかつて陸上競技の選手であり、10 年以上競技スポーツとして真剣に取り組み、競技力の向上をめざしてきました。気力・体力の限界を感じ、競技スポーツから退いてはや数年が経とうとしています。競技を引退した直後は、まったくスポーツをしないのは身体によくないのではないかと考えたり、せっかく厳しく身体を追い込む練習をしなくてよくなったのだから、しばらく何もしなくていいのではないかと考えたり、いろいろ逡巡していました。

体育の歴史や人物の思想を本章では紹介しましたが、体操やスポーツは教育にとって意味があると考えられたため、今日の私たちは学校で体育授業を受けているのでした。そこには人格形成の観点だけでなく、健康な身体を作り、それを維持していくことも考えに含まれているといえます。この健康という観点は、学校を卒業した大人世代の私には、恐ろしく意識的になってしまうのです。健康のために運動する（べきか）。痩せるために運動する（べきか）。子ども時代には考えもしなかった健康面での不安が襲ってくるというのがその理由です。本コラムでは、このことに関連して本章では取り上げていなかったクーベルタンの思想を取り上げてみたいと思います。

近代オリンピックの創設者として知られるクーベルタン（1863-1937）は、実は教育者として、スポーツによる教育を推進した人物でした。彼は、病気という強迫観念では自主的な定期的な運動は実現しにくいことを主張しています。つまり、運動しないと病気になりますよ、太ってしまいますよ、といった類の強迫観念では、その人自らの欲求によって運動を行う習慣が形成されにくいというのです。このように我慢しながらものごとを継続する難しさは、3 日坊主という言葉が端的に言い表しているのではないでしょうか。

クーベルタンはこの問題に対して以下のことを言っています。「身体訓練の実践を最も確実に促すのはスポーツ本能である。（中略）スポーツ本能は勝手に芽を出し伸びる」。クーベルタンの言う「スポーツ本能」は、彼自身曖昧な言葉として使っているようですが、ここでの意味はスポーツへの愛好心といってよいでしょう。また、クーベルタンは「半トレーニング」という考えも表明しており、青年期に身に付けた運動の技能を成人期まで持続させ、健全な疲労を感じる程度にコントロールされた運動を自然に継続できる人を「半トレーニングされた人」と呼んでいます。

以上、クーベルタンの 2 つのアイデアを紹介しました。本書が教員をめざす人達に向けて書かれていることを踏まえて考えてみますと、このようなクーベルタンが考える理想的な人生を送るために体育教師にできることは、子どものうちにスポーツを好きになってもらうことだと考えます。「スポーツ本能」が勝手に芽を出すのをいかに促すか、もし強制的な活動になってしまえば、「スポーツ本能」が失われ、子どもたちはスポーツの実践から離れてしまうでしょう。また、青少年期に基礎的な運動技能を身に付けられないと、成人した後に継続的な運動習慣を維持する「半トレーニング」の実現も困難であるといえます。ここでは、子どものころにスポーツを実践して好きになり、大人になっても好きな気持ちを持ち続け、無理のない範囲で継続的に続けていくことの重要性が説かれているように思われます。現在のオリンピックはチャンピオンを決めるスポーツ大会ですが、クーベルタン自身は生涯を通じたスポーツとの付き合い方を考えていたようです。温故知新という言葉があるように、過去の偉人に学ぶことは多いのです。

参考文献

・清水重勇『スポーツと近代教育―フランス体育思想史―［下巻］』紫峰図書　1999 年

第7章 日本における学校体育の変遷

なぜこの章を学ぶのですか？

体育教師の授業実践は、必ずしも自由に構想されているとはいえません。各時代の社会的な要請、教育制度、体育理念や教科論などの影響を意識的にも無意識的にも受けています。それに無自覚、無批判なまま、授業実践を構想することは、ときに危険でもあります。

第7章の学びのポイントは何ですか？

各時代の社会状況の中で、教育制度、体育理念や教科論などがどのように変化してきたかを押さえることが基礎となります。その上で、自らの授業実践や体育という教科の存在を支える原理を考えることが大切です。

考えてみよう

1. 自らが経験してきた体育授業を思い返し、体育教師は、授業実践を通して何をめざしていたのかを考えてみましょう。
2. 1で考えた体育教師の授業実践の目的設定の背景には何があるのかを考えてみましょう。

1 身体の教育

明治政府誕生以降、学校体育においては、富国強兵のため「身体の教育」がめざされた。当初は、体操科として保健的な性格の普通体操が実施されたが、軍事的な緊張感が高まる中で兵式体操が重視され、最終的には体錬科に改称された。他方、学校体育は、教育勅語を踏まえ、従順な精神や臣民的態度の形成という徳育の役割も果たすようになった。

1 近代教育制度の創始と普通体操

日本は、明治維新を経て近代国家への道を歩み始め、富国強兵政策を実施した。その重要施策の一つは、教育制度を整備することであり、1872（明治5）年に「学制」が公布され、小学校の教科として「体術」が示されたが、「学制」の実施方法を定めた「小学教則」（1872年）には「体術」の記載はなかった。「改正小学教則」（1873年）において「体操」に改められた上で、「樹中体操法図」や「東京師範学校板体操図」*1などの教科書を使用して、形式的な徒手体操*2を実施することが記された。1878（同11）年、文部省は、体操伝習所を設置、リーランド（G. Leland）*3を招聘（しょうへい）した。体操伝習所では、普通体操（軽体操）*4の指導と体操科の教員養成が実施された[1)]。

この時代において国家による公教育は、国家の政策目的を実現するための手段として位置づけられていた。当時の政策目的は富国強兵であり、学校教育（学校体育*5）はその手段となった。とくに、体育（身体教育）は限定詞の「身体」と基底詞の「教育」によって成り立つ複合語であり[2)]、その目的は身体と結びつきやすかった。つまり、強兵の基盤になる強健な身体を育成することが体育の目的であった。このように身体やその諸機能の発達を志向するような体育に対する考え方（体育理念）は、「**身体の教育**」と呼ばれる。ただし、ここで留意しておきたいのは、「身体の教育」が直ちに軍国主義を意味するわけではないことである。実際に明治初期における体操科は、保健的な性格の普通体操であり、必ずしも軍事的な性格のものではなかった[3)]。

2 教育勅語と兵式体操

(1) 兵式体操の導入

しかし、「『身体の教育』の前提には『何かのための身体』という図式が存

＊1　樹中体操法図はドイツのシュレーバーの『医療的室内体操』巻末付録を翻訳したものである。東京師範学校板体操図は、アメリカのメースンの『体操便覧』の挿絵だけをまとめたものである。

＊2　徒手体操
器械・器具や手具を用いないで行う体操のことである。

＊3　リーランド
アメリカのアマースト大学（1860年に体育科を設置し、アメリカの大学における体育活動について先駆的な役割を果たした）の卒業生である。また、ハーバード大学医学部を卒業、医師、医学博士としての一面ももつ。1878（明治11）年、日本に招聘され、アマースト大学式の体育を導入し、日本の近代体育の発展に大きな影響を与えた。

＊4　普通体操
普通体操（軽体操）とは、徒手体操や亜鈴（あれい）や球竿（きゅうかん）、棍棒などの手具体操のことである。

＊5　学校体育には教育課程内の教科のほか、教科外の活動、教育課程外の活動が含まれるが、本章では教科（いわゆる体育授業）を中心に説明する。

在する」とされる[4]。そのため、時代状況によっては、「戦争のための身体」になる可能性を内在していた。そして、それは1886（明治19）年の各種学校令および関連する教育制度の公布によって、より現実的になった。体操科の内容に小学校では隊列運動が、中学校では**兵式体操**[*6]が加えられ、徐々に軍事的な性格を帯び始めた。さらに、1894（同27）年に日清戦争、1904（同37）年に日露戦争へと至る時代状況においては、学校体育が軍事的な性格を帯びることは避けられなかった。

＊6　兵式体操
当時の森有礼文部大臣は、兵式体操によって、「従順」「友情」「威儀」の三気質を養成することを説き、徳育の手段としても位置づけ、兵式体操を学校教育へ導入することを推進した。

(2) 徳育の手段としての体育

一方、同時期は、1889（明治22）年の「大日本帝国憲法」公布、1890（同23）年の「教育ニ関スル勅語」発布があり、日本の近代教育制度の基礎が確立した時期でもあった。**教育勅語**は、明治天皇が文部大臣に下賜した言葉であるが、実質的には法令と同様の効力を発揮し、当時の公教育の内容を強く拘束した。教育勅語の趣旨は、日本が万世一系の天皇によって統治され、忠孝の徳を備えた臣民によって支えられてきた道徳的に優れた国であるという観念を根本に、教育が行われなければならないことを説くものであった[5]。

このような教育勅語の趣旨は、当然に学校体育の目的や内容をも規定することとなった。すなわち、学校体育は、精神の教育とも結びつき、「君主のための身体」を形成することが要請されたのである。当時の教育思想においては、スペンサー（H. Spencer）の「知育、徳育、体育」という**三育思想**に代表されるように、心身を二元論的に把握していた。さらに、徳育を重視する**ヘルバルト主義**と結びつき、身体は精神に従属するものとして理解された。それゆえ、身体の健全性（従順性）は、それを支配する精神の健全性（従順性）を表すものと理解された。つまり、体育は、従順な精神や臣民的態度の形成という徳育の役割をも担ったのである[6]。また、こうした考え方は、号令に従って画一的かつ形式的な体操を繰り返し実施するという当時の体操科の中心的な指導内容および方法をも規定することにつながっていた。

3 体操科から体錬科へ

日露戦争後、大正時代へと至る中で大正デモクラシーといわれる民主主義や自由主義を標榜する運動が台頭した。その影響を受けた**大正自由教育**における体育（大正自由体育）は、それまでの教師主導の画一的かつ形式的な一斉指導を改め、子ども中心的な理論と実践を標榜したが[7]、学校体育におけるメインストリームになったとまではいえない。むしろ、1914（大正3）

年の第一次世界大戦の勃発を受けて対外的な緊張感が高まる中で国家主義、全体主義や国粋主義の気運が高まっていく。

1913（大正2）年公布の**学校体操教授要目**では、体操科の教材は体操、教練および遊戯であり、その中心はいまだ体操（特に**スウェーデン体操**[*7]）であった。しかし、1918（同7）年の臨時教育会議答申「兵式体操振興に関する建議」や1925（同14）年の「陸軍現役将校学校配属令」によって、体操科は、徳育や国防能力のために教練（兵式体操）を重視する方向へ転じた。さらに、1931（昭和6）年には中学校以上で柔道および剣道が体操科の必修の教材となり、国民的（民族的）な精神修養が重視されるようになった[8]。

そして、1937（昭和12）年の日中戦争開戦、1941（同16）年の太平洋戦争開戦に至る中で、1941（同16）年に小学校が国民学校に改変されるなど教育制度にも大きな変更が加えられた。体操科は**体錬科**に改称され、「心身を育成し献身奉公の実践力を培う」ことが「国力発展の根基にして特に国防に必要」であることが強調され[*8]、**体錬科教授要項（要目）**に基づいて実施された。その後、戦争が激しくなるにつれて、中学校以上では、グライダー訓練や通信訓練、行軍、銃剣術などの戦技訓練が実施されるような状況になり、1945（同20）年8月15日の終戦を迎えた[9]。

＊7　スウェーデン体操
スウェーデン体操とは、スウェーデンのリングによって提唱された科学的な根拠を強調する体操である。リングは、解剖学と生理学を応用して合理的な体操を考案し、正しい姿勢の形成を強調した。第6章p.85参照。

＊8　当時の国民学校令施行規則（昭和16年3月14日文部省令第4号）第10条による。

2 身体運動による教育

戦後日本の教育は権利主体たる個人の「人格の完成」をめざすようになり、体育科は教育の一般目標を達成するため「身体運動による教育」に転換した。それは、経験を重視する新体育の受容でもあり、生活体育論が提唱され、子ども中心の問題解決学習が志向された。他方、1958（昭和33）年以降、日本の教育は系統主義に転換し、体育では運動技能や体力づくりが重視された。

1 経験を重視する体育

(1) 教育を受ける権利と人格の完成

戦後、日本は連合国軍の間接統治下に置かれ、非軍事化と民主化の基本方針に基づく諸改革が実施された。なかでも、戦後の教育制度を理解する上では、日本国憲法第26条第1項において「すべて国民は、法律の定めるところにより、その能力に応じて、ひとしく**教育を受ける権利**を有する」と規定されたことがなによりも重要である。すなわち、教育を受けることは、個人の権利として把握されたのであり、国家は個人の権利保障のために教育の条件整備を義務づけられたのである。戦前の教育が、国家にとって有為な人材育成を目的としていたことからの大転換であった。また、1947（昭和 22）年制定の教育基本法第 1 条*9 において、教育の第一義的な目的が個人の「人格の完成」に置かれたことも同様に重要であった。すなわち、戦後教育は、権利主体たる個人の「人格の完成」をめざしたのである[10)]。

（2）新体育の受容

学校体育の教科名は、新たに体育となり、戦前の軍事的性格の教材が排除されるとともに*10、教授の参考資料として**学習指導要領**が作成された*11。学習指導要領において、新しい体育科の性格は、他科目とは教育内容が異なるものの、「追求する一般目標は同一である」*12 と規定された。すなわち、体育の究極目的は、権利主体たる個人の「人格の完成」をめざすことになったのである。このように、身体運動を通じて、教育の一般目標を達成しようとする体育理念は、「**身体運動による教育**」と呼ばれる。つまり、戦後の体育は、戦前の「身体の教育」から「身体運動による教育」へと転換したのであった。

このような転換は、アメリカにおける**進歩主義教育***13（新教育）の影響を受けた**新体育**の受容でもあった。新教育は、子どもを独立した主体として認め、経験に基づく教育を重視する立場（≒**経験主義教育**）であった。ゆえに、新体育における教育実践は、教師中心から子ども中心へ、画一的指導から問題解決学習へ、体操中心からスポーツ中心へと転換されたのである[11)]。

（3）生活体育論

新体育の潮流の中で、前川峯雄によって、子どもの生活経験がそのまま体育としての意味をもつように指導することが提案された[12)]。すなわち、子どもの生活における運動経験を意図的・組織的に再構成することによって、子どもの現実的な生活課題を解決する能力を育てながら、体育の諸目標を達成しようとしたのである[13)]。このような生活と体育を一元的に捉える考え方は、**生活体育論**と呼ばれる。生活体育論においては、子どもの集団的かつ自主的な問題解決学習が主要な学習方法となり、**B 型学習***14 や**グループ学習***15 といった学習論が展開された。代表的な論者は、竹之下休蔵と丹下保夫であり、それぞれ小学校での実践研究や民間教育研究団体の創設をしながら*16、論争を展開していった[14)]。

*9 教育基本法第 1 条「教育は、人格の完成をめざし、平和的な国家及び社会の形成者として、真理と正義を愛し、個人の価値をたっとび、勤労と責任を重んじ、自主的精神に充ちた心身ともに健康な国民の育成を期して行われなければならない」。

*10 例えば、「終戦に伴う体錬科教授要項（目）取扱に関する件」「武道の取扱に関する件」「学校体錬科関係事項の処理徹底に関する件」「秩序、行進、徒手体操実施に関する件」などが通達された。

*11 1947 年の学校体育指導要綱のみ「要綱」という名称であった。

*12 文部省「学習指導要領小学校体育編（試案）」（1949 年）による。

*13 進歩主義教育
プラグマティズムを教育に適用したデューイの教育思想に代表され、1890 ～ 1920 年代までの時期を中心に展開された改革的な教育論である。

*14 B 型学習
1953（昭和 28）年の小学校学習指導要領体育編（試案）において、体育の目標は、(A) 身体的目標、(B) 民主的態度の目標、(C) レクリエーション的目標に区分され、目標・内容・方法の一貫性が強く打ち出された。B 型学習では、民主的態度の目標達成ため、団体的種目を教材とした異質的成員による小集団学習が用いられた。

2 系統を重視する体育

(1) 運動技能の重視

1958（昭和33）年の学習指導要領改訂においては、文部大臣告示の形式をとり、法的拘束力があると主張されたとともに、その思想や内容は、経験主義教育から系統主義教育への転換が図られた。

戦後の経済復興から高度経済成長社会へという時期において、教育には産業社会において役立つ、高度な資質と能力を備えた人材の育成が求められた。このことは基礎学力の重視につながり、これまでの経験主義は学力低下と結びつけられ、批判された。そして、教育内容を基礎から応用へ、計画的かつ合理的に指導することを志向する系統主義教育へと転換していった。このような文脈の中で体育も基礎技術から応用技術への系統的な学習を展開する方向へと転換したのであった[15]。

しかし、運動技能重視の体育においては、基礎技術の練習に時間を割いて、ゲームの時間が少なくなり、子どもがつまらないと感じたり、できる／できないが顕現化し、子どもが劣等感を抱いたりするような実践が生じた。

(2) 体力づくりの重視

1968（昭和43）年の学習指導要領改訂においては、「総則」に「体育」の項が設けられ、「体育に関する指導については、学校の教育活動全体を通じて適切に行なうものとする。特に、体力の向上については、体育科の時間はもちろん、特別活動においても、じゅうぶん指導するよう配慮しなければならない」と記された。ここで「特に」と強調されているように、「体力の向上」が体育科のみならず、当時の学校教育における重要な目標とされたのである。

この背景には、もちろん子どもの健康・体力問題が存在したが、それだけではない。スポーツ界が競技力向上との関係で、経済界が労働力との関係で体力づくりを求めたことや、これらを支える体力科学が発展したことなどが複合的に絡み合っている[16]。こうした動向の中で、体力づくりは、学校教育を超えて政府の重要な政策課題となり、**体力つくり国民運動**＊17 が展開された。上記のいわゆる総則体育は、こうした社会状況の帰結である。

また、実践レベルでは、文部省主導のもと、スポーツテストや体力つくり推進校などの事業が実施されたが、数値としての体力向上のためのプログラムやトレーニングは、体力向上の反面、「体育嫌い」を生み出した[17]。

＊15　グループ学習
B型学習への批判を受け、グループ学習として再構築された。ただし、その過程においてB型学習が民主的態度の育成を志向したことからは離れ、小集団による共同的な学習という学習形態や指導法を指すものに変化した。

＊16　竹之下は神奈川県大田小学校で実践研究を行い、1956（昭和31）年にグループ学習研究会（のちに全国体育学習研究会）を創設した。丹下は、茨城県太田小学校で実践研究を行い、1955（昭和30）年に学校体育研究同志会を創設した。

＊17　体力つくり国民運動
1964（昭和39）年12月、政府は「国民の健康・体力増強対策について」を閣議決定し、これを受けて、1965（昭和40）年3月に体力つくり国民会議が結成され、体力つくり国民運動が展開された。

3 身体運動の教育

1960年代以降、国際的にスポーツ・フォー・オール運動が広まり、スポーツ参加が権利として謳われた。学校体育では、手段としてのスポーツではなく、目的としてのスポーツという考え方が生まれ、「身体運動（スポーツ）の教育」へ転換し、運動文化論や楽しい体育論が提唱され、学習指導要領においても生涯スポーツが最上位の目標として志向された。

1 権利や目的としてのスポーツ

（1）スポーツ・フォー・オール運動

経済成長や脱産業社会化に伴う人々の生活水準の向上、余暇時間の増大によって、人々のスポーツに対する関心や要求が高まっていた。国際的には1960年代以降、ヨーロッパ諸国においてSport for all（みんなのスポーツ）運動が広まり、1970年代に一つの到達点を迎えた。1975（昭和50）年3月、ヨーロッパ評議会スポーツ大臣会議はヨーロッパ・スポーツ・フォー・オール憲章を採択、1978（同53）年11月、ユネスコは体育・スポーツ国際憲章を採択し、スポーツ参加をすべての人々の権利であると謳った。こうした国際的な動向は、日本国内におけるスポーツ権論やみんなのスポーツ運動にも影響を与え、さらには、学校体育をめぐる議論にも影響を与えた。

（2）運動文化論と楽しい体育論

「身体運動による教育」は、教育の一般目標を達成するための手段として身体運動を位置づけており、学校教育において体育という教科の有用性や存在意義を主張することにつながった。反面、体育に固有の目標を示す必要がなく、教科の独自性が曖昧であった。また、スポーツ参加を権利として捉えようとする時代にあっては、スポーツを手段としての位置に留める認識には懐疑が生じた。さらには、運動技能や体力づくりを重視した授業実践が体育嫌いを生み出したことも相まって、体育の固有性や目的・内容・方法をめぐる再検討がなされた。

こうした中で登場するのが運動文化論や楽しい体育論であり、従来の身体運動手段論から身体運動目的論へ、すなわち、「身体運動による教育」から「**身体運動の教育**」（スポーツの教育）への転換が生じた。**運動文化論**[*18]は、体育において運動そのものを自己目的、あるいは運動文化の追求を目的とすることを主張し、外部目的の手段としての体育のあり方を否定した。また、運

＊18　運動文化論
運動文化論は、丹下保夫によって提唱され、学校体育研究同志会の中心的な理論となった。同志会の実践においては、運動技術の系統的な指導が研究され、「ドル平泳法」などが開発された。

動文化の中核は、運動技術にあるとされ、運動技術の獲得が人間的な喜びを与え、人間形成につながると主張された[18]。他方、**楽しい体育論**＊19 は、**プレイ論**＊20 や**運動の特性論**＊21 を理論的な背景とし[19]、運動の楽しさを学習させることや運動を楽しく学習させることによって、運動への自発的な参加や生涯スポーツへの接続を企図した[20]。

このような動向と軌を一にするように、1977（昭和 52）年改訂の学習指導要領においては、従来の技能的目標、体力的目標、社会的目標に加えて、運動への愛好的な態度の育成が重点目標に位置づけられた[21]。

＊19　楽しい体育論
楽しい体育論は、全国体育学習研究会によって提唱された。全体研の実践においては、楽しい体育論の具体的な授業方法論として「めあて学習」が提唱された。「めあて学習」は、1990 年代に文部省の指導参考資料にも記載され、学校現場に広く普及した。

＊20　プレイ論
プレイ論について詳しくは、本書の 10 章で解説されているので参照されたい。

＊21　運動の特性論
運動の特性は、機能的特性、構造的特性、効果的特性に区分される。楽しい体育論は、運動がどのような欲求を充足するかという機能的特性に基づいている。一方、運動技能の重視は、運動がどのように成り立っているかという構造的特性に、体力づくりの重視は、運動がどのような効果をもたらすかという効果的特性に基づいている。

2 生涯スポーツ志向の体育

1980 年代は、本格的に生涯学習、生涯スポーツが謳われた時代であった。1988（昭和 63）年の文部省機構改革においては、文部省の筆頭局として生涯学習局が新設され、体育局内にも生涯スポーツ課が新設された。また、同年の学習指導要領改訂において、技能的目標、体力的目標、社会的目標が、生涯スポーツの能力と態度を育成するという上位目標を実現するための具体的目標であるという関係が示された。その後、現行の学習指導要領に至る過程において、具体的目標の記述の仕方には変化が見られるが、体育において生涯スポーツのための資質・能力を育成することを最上位の目標に据える構造は一貫している[22]。

他方、スポーツを目的に据え、生涯スポーツを志向する体育に問題がなかったわけではない。楽しければよい、自由放任でよいなど、楽しい体育論を誤解した実践が生じたり、楽しい体育論は社会変化に追従する現状肯定的な性格であるなどの理論的な批判がなされたりした[23]。さらには、生涯スポーツの強調は、誰もがスポーツを行うことを前提としており、スポーツをしない人を認めていないような印象を与えているという批判も存在する[24]。

4 現代の学校体育と体育原理

1980年代以降、国際的に新自由主義が台頭し、教育改革にも影響を及ぼし、学校体育はその存在意義が問われることになった。他方、日本国内では、2006年に教育基本法が改正され、新自由主義とともに保守主義的な改革も進んでいる。学校体育には、政府の諸改革に従属的にならないかたちで、その存在意義を示し、公教育制度の構築に資する原理が求められる。

1 現代の教育改革と体育

(1) 新自由主義教育改革と体育

1980年代以降、国際的に新自由主義が台頭し、教育改革にも影響を及ぼし、学校教育には急速な社会変化に対応でき、グローバルな競争に勝ち抜ける人材の育成が求められるようになった。こうした動向は知識基盤社会に対応した学力向上を重視したため、体育はその存在意義が問われるようになった。諸外国においては、体育の選択科目化、授業時間数の削減などがなされ、学校教育における体育の存在意義をめぐる危機が認識された[25)]。

他方、日本においては、「ゆとり教育」化の流れと合流しながら、学校週5日制の実施、それに伴う授業時数の縮減が実施され、1998（平成10）年の学習指導要領改訂において、体育は年間105時間から年間90時間に削減された。これは、全体的な授業時数の縮減の影響であり、体育だけが削減されたわけではない。しかし、上記の国際的な動向もあり、日本においても体育の存在意義をめぐる議論が少なからず喚起された。また、最近では教育DX[*22]による個別最適化のように教授実践のレベルにおいて新自由主義的な能力主義秩序の発露が指摘されている[26)]。新自由主義教育改革の時代における体育のあり方が問われている。

＊22　教育DX
教育デジタルトランスフォーメーションの略。教育現場においてデータやデジタル技術を活用してカリキュラムや教育手法、教職員の業務などを変革し、改善・最適化を図ることにより、現代に即した新しい教育を確立すること。文部科学省の取り組みについては以下のサイトを参照。
文部科学省ウェブサイト「教育DX（デジタルトランスフォーメーション）の推進について」
https://www.mext.go.jp/a_menu/other/data_00008.htm

(2) 保守主義教育改革と体育

2006（平成18）年、教育基本法が全面改正され、教育の目的を「人格の完成」に置くことは維持しつつも、新たに第2条（教育の目標）を新設した。そこでは、「豊かな情操と道徳心を培う」（第2条第1項）や「伝統と文化を尊重し、それらをはぐくんできた我が国と郷土を愛する」（第2条第5項）などの徳目が新たに掲げられ、保守主義的な性格を見せている。

このような保守主義的な教育政策の推進は、2007（平成19）年の学習指導要領改訂によって、日本の伝統文化である武道が中学校の体育において必修化されたことに影響を及ぼしたと見てよいだろう。かつて、戦前の体育が道徳教育に大きな役割を果たしたことを思い返すならば、保守主義教育改革に体育がどのように向き合うのかも問われている。

2 危機に抗するための体育原理の課題

学校体育の存在意義をめぐる危機が指摘される中で、その存在意義をどのように正当化することができるのだろうか。体育を政府政策の目的に資するものとして再定義すれば、正当化しやすいかもしれない。しかし、体育がその存在の正当化のために、政府政策の目的に積極的に従属しはじめれば、自らの存在を手段的立場に押し戻すことになる。それは、「身体の教育」や「身体運動による教育」が受けた批判を再度呼び起こすことになりかねない。他方、いかに学校体育が「身体運動の教育」として自己目的的にその存在を規定しようとしたところで、あくまで教育を受ける権利を保障しようとする教育制度の一部であるという前提から遊離することは許されない。

このような時代において、体育原理を考える我々は、学校体育について、現実から遊離した議論としてではなく、また、政府政策に従属的な手段論としてでもなく、現実の公教育制度の構築に資する原理としての体育原理を提示する必要があるだろう。

引用文献

1）大熊廣明「近代学校体育の成立と体操」中村敏雄他編『21世紀スポーツ大事典』大修館書店　2015年　p.517
2）佐藤臣彦『身体教育を哲学する―体育哲学叙説―』北樹出版　1993年　p.65
3）井上一男『学校体育制度史［増補版］』大修館書店　1970年　p.25
4）阿部悟郎『体育哲学―プロトレプティコス―』不昧堂出版　2018年　p.139
5）中川律『教育法』三省堂　2023年　p.168
6）友添秀則「学校カリキュラムにおける体育領域の位置と役割」岡出美則他編『新版 体育科教育学の現在』創文企画　2015年　pp.13-14
7）鈴木明哲『大正自由教育における体育に関する歴史的研究』風間書房　2007年　p.1
8）前掲書3）　p.104
9）前掲書3）　pp.133-134
10）前掲書5）　pp.18-19
11）前掲書6）　pp.15-17
12）髙橋健夫「前川峯雄の生活体育論」中村敏雄編『戦後体育実践論第1巻　民主体育の探求』創文企画　1997年　pp.189-190
13）佐伯年詩雄『これからの体育を学ぶ人のために』世界思想社　2006年　pp.46-47
14）友添秀則『体育の人間形成論』大修館書店　2009年　pp.109-141
15）菊幸一「体育のカリキュラムの社会的構成をめぐる諸相：その政治的性格を問う」岡出美則他編『新版 体育科教育学の現在』創文企画　2015年　pp.45-46

16) 岡出美則「体力づくり論の背景」中村敏雄編『戦後体育実践論第2巻　独自性の追求』創文企画　1997年　pp.71-78
17) 入口豊「体力づくりの実践」中村敏雄編『戦後体育実践論第2巻　独自性の追求』創文企画　1997年　pp.97-101
18) 高津勝「生活体育論から運動文化論へ」学校体育研究同志会編『体育実践とヒューマニズム―学校体育研究同志会50年のあゆみ』創文企画　2004年　pp.56-59
19) 近藤智靖「日本にみる体育科の学習指導論」岡出美則他編『新版 体育科教育学の現在』創文企画　2015年　pp.97-99
20) 前掲書15）　pp.52-53
21) 友添秀則「体育の目標と内容」岡出美則他編『体育科教育学入門［三訂版］』大修館書店　2021年　p.22
22) 同上書　pp.22-23
23) 菊幸一「楽しい体育の理論的・実践的問題」中村敏雄編『戦後体育実践論第3巻　スポーツと実践』創文企画　1998年　pp.111-118
24) 甲斐健人「学校体育と生涯スポーツに関する覚え書き」『奈良女子大学スポーツ科学研究』第14巻　奈良女子大学スポーツ健康科学コース　2012年　pp.77-79
25) ICSSPE編（日本体育学会学校体育問題検討特別委員会監訳）『世界体育サミット―優れた教科「体育」の創造をめざして―』杏林書院　2002年　pp.24-27
26) 福祉国家構想研究会編『教育DXは何をもたらすか―「個別最適化」社会のゆくえ―』大月書店　2023年　p.5

参考文献

・日本体育協会監　岸野雄三他編『最新スポーツ大事典』大修館書店　1987年
・中村敏雄・高橋健夫・寒川恒夫他編『21世紀スポーツ大事典』大修館書店　2015年
・宇土正彦監　阪田尚彦・高橋健夫・細江文利編『学校体育授業事典』大修館書店　1995年

学びの確認

①「身体の教育」「身体運動による教育」「身体運動の教育」について説明してみましょう。

②「生活体育論」「運動文化論」「楽しい体育論」について説明してみましょう。

③学校体育の存在意義についてあなたの考えを述べてみましょう。

column

学習指導要領と体育教師

奈良女子大学／平塚卓也

誰が教育内容を決定するのか？

第７章において、日本における学校体育の変遷について解説するうえでは、学習指導要領を適宜参照してきた。それは、先に触れたように1958年改訂以降、学習指導要領が法的拘束力を有すると主張され、教師の授業実践に少なからぬ影響を与えてきたからである。しかし、教育法学の領域を中心に、学習指導要領の法的拘束力をめぐっては、明確な法的根拠がなく、文部科学省告示という形式がどうして法的拘束力を有することになるのかという批判が根強くある。

ところで、学習指導要領が法的拘束力を有するか否かという論争は、結局のところ、何を争っているのだろうか。いくつか論点があるとしても、そのうちの１つの重要な論点は、誰が教育の内容を決定するのかということである。

国民の教育権と国家の教育権

日本国憲法26条１項は、「すべて国民は、法律の定めるところにより、その能力に応じて、ひとしく教育を受ける権利を有する」と規定している。ここでは、「すべて国民は、…教育を受ける権利を有する」と書かれているように、権利主体は、国民である。それゆえ、権利主体たる国民の側が、教育の内容を決定すべきであるとするのが国民の教育権という考え方である。

他方、同条文には、「法律の定めるところにより」とも書かれており、国会が立法によって教育に関与することを認めている。また、教育の機会均等や全国的に一定の水準を確保するためには、国家が少なからず関与する必要はある。それゆえ、国家が教育の内容を決定すべきであるとするのが国家の教育権という考え方である。

この対立は、教育権論争と言われ、裁判上の争点ともなってきた。紙幅の都合上、詳細は教育法学の専門書を参照してほしいが、いずれか一方が全面的に正しいという類いの話ではない。

教師の教育の自由

さて、論争はあるとしても、教育法学における通説は、国民の教育権説の立場である。そして、そこで教師は、専門家として教育について直接、国民に対して責任を負う存在として看做される。それと同時に、教師が国家から独立して教育内容を決定するという意味で、教師には教育の自由があるとされる。

もちろん、これは教師がなんでも自由にできるという意味ではない。子どもは、教育内容を批判する能力を有していないし、学校や教師を選択することも限定的にしかできないから、教師の教育の自由は一定程度制限されるものである。しかし、子どもと直接触れ合って、その個性に応じて教育することができるのは教師であるから、教師には教授の内容や方法を決定する裁量が与えられている。要するに、あくまで子どもの教育を受ける権利を保障するという意味において、教師の教育の自由が認められているのである。

以上、教育法学における重要な論点について、非常に簡単にではあるが触れてきた。ここで、筆者がやんわりと伝えたいことは何か。専門家たる体育教師（を目指す学生）として、学習指導要領の性格、学習指導要領との向き合い方について改めて考えてほしいということである。

【参考文献】
・中川律『教育法』三省堂　2023年
・植野妙実子・宮盛邦友編『現代教育法』日本評論社　2023年

第8章 体育が対象としてきた身体の諸相

なぜこの章を学ぶのですか？

体育はこれまで、時代や社会的状況によってさまざまな役割を担ってきました。しかし、それが子どもたちの「身体」に無関係であったことは一度もありません。そのため、体育の過去と現在を深く理解し、未来の体育を考えていくためにも、これまで身体がどのように捉えられてきたのかについて理解する必要があります。

第８章の学びのポイントは何ですか？

体育の目標や授業内容の変化に伴って、体育が育もうとする身体の姿も変わってきました。そのような変化が起きた理由や背景、さらには、実質的にその身体の何が変わり、何が変わっていないのかを見極めていくことが重要です。

考えてみよう

1. 数字（身長や体重、記録など）を用いないで、自分自身の「身体」について説明してみましょう。

2. これまで受けてきた体育の授業に、「身体の力を抜く」活動があったか振り返ってみましょう。

1 身体観：「身体の捉え方」という視点

「身体」という言葉は、日常生活でも学術研究でも多く用いられ、場合によっては「ブラックボックス」のように捉えられている。そのため、そこには多様なイメージと多義性を確認することができる。私たちが身体についてもっている捉え方は「身体観」と呼ばれる。私たちの身体観は、身体にかかわる事象の「感情的理解」「行動的理解」「理性的理解」、そして「マスコミ」によるさまざまな情報の影響によって成り立っている。

1 多様なイメージと多義性

みなさんは、「身体」と聞いて何を思い浮かべるだろうか。もちろん、それは人によってさまざまであろう。例えば、ある人はトレーニングによって肥大する筋組織のことをイメージするだろうし、またある人は、デスクワークによる肩こりや腰痛をイメージするだろうし、ほかにも、加齢に伴って発症するさまざまな疾病のことをイメージする人もいるだろう。そのいずれもが、確かに私たちの身体にかかわる事柄であり、個々人にとってリアルな実感を伴うものであることは、おそらく間違いがない。

このように、私たちの身体に対するイメージは多様である。その多様さを示すように、「身体」に類似する表現を挙げてみても、「からだ」「体」「人体」「肉体」「生体」「身」など、多くの類義語のあることがわかる。また、この多様さは、私たちが日常で用いる言葉に限られない。実際に学術研究、特に人文社会系の分野に限っても、身体は、「権力」[1)]、「模倣」[2)]、「学び」[3)]、「認知」[4)]、「精神」[5)] など、さまざまな事象と不可分のものとして論じられてきた。

さらに、体育原理と深くかかわる哲学研究においても、身体は古代から現代に至るまで、議論の対象であり続けている。例えば、ある哲学事典の「身体」の項目を引いてみると、小さな字で数ページにわたる記述を見ることができる[6)]。紙幅の関係上ここでその詳細には言及しないが、興味のある読者はぜひ一度覗いてみてほしい。

身体という概念をめぐるこのような状況は、私たちに次の２つのことを教えているだろう。１つは、身体が多様な領域や分野、またテーマやトピックにおいて重要な位置を占めており、それは身体という対象が豊かな可能性を有していることを示している。と同時に、ここから示されるもう１つのことは、身体という概念や言葉の意味を一義的に定めることが極めて困難だという事実でもある。この事実は、多くの人によって身体という言葉が「ブラックボックス」のように用いられ、実際に曖昧な対象として捉えられていることにもつながっているだろう。

このような状況を踏まえて、本章で試みたいことは、身体についての絶対的な定義を求めることではない。むしろ、身体に関するそのような多様なイメージの存在を認めながら、まずは、その多様な捉え方自体に目を向けていきたい。なぜなら、体育という営みが身体にかかわるものであるがゆえに、身体に対するこれまでの見方を知ることは、これまでの体育を深く理解し、さらにはこれからの体育を考えるためにも、不可欠だからである。本章ではこのような問題意識に基づいて、これまでの体育において身体がどのように捉えられてきたのかを整理してみたい。そのためにも、まずは、その「捉え方そのもの」について確認しておきたい。

2 身体はどのように捉えられるのか？

その手掛かりになるのが、「身体観」という概念である。これは、私たちが自らや他者の身体をどのように捉えたり理解したりしているかを意味するものである。つまり、身体という対象に対して持っている私たちの価値観が、身体観なのである。

例えば、私たちの身近には、**自然科学的な身体観**が溢れている。それは、私たちの身体を数値で計測し、それを記録したり分析したりするものである。健康診断における身長や体重などは、まさにこの自然科学的な身体観の現れである。もしかすると、ほかの身体観がすぐには思い浮かばないほど、この自然科学的な身体観は私たちに深く浸透しているかもしれない。

身体観そのものについて、体育哲学の研究者である滝沢文雄は、その成立要因を４つに分け、それらを次のように構造化している[7]（図 8-1）。滝沢によれば、身体にかかわる出来事を私たちが理解する仕方は、「**Ⅰ．感情的理解**」「**Ⅱ．行動的理解**」「**Ⅲ．理性的理解**」の３つに分けられる。また、「マスコミ」、つまりはメディアによるさまざまな情報の影響もある。それら４つの要因が複合的に影響し合うことによって、私たちの身体観は成立しているのである。

この４つの要因は、国や地域ごとの文化や宗教、さらには風土などとも関係している。だからこそ、身体観は間接的なかたちで、私たちの「人間観」、すなわち、私たちが人間をどのような存在として捉え理解しているのかにも関係すると、滝沢は指摘している。このことは同時に、私たちにとって身体がいかに重要な意味をもつのかを示しているともいえよう。

図 8-1　身体観の成立要因

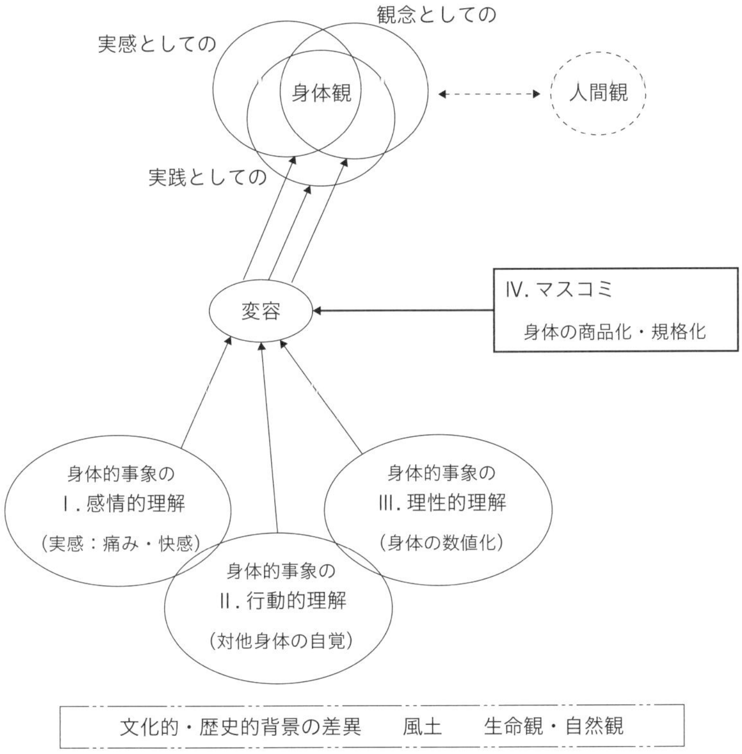

出典　滝沢文雄「身体観の生成過程（その 1）：身体観の成立要因およびそれについての質問紙」『体育・スポーツ哲学研究』第 27 巻第 1 号　日本体育・スポーツ哲学会　2005 年　p.67

以上のように、身体については、時代や場所によってさまざまな捉え方がありうることがわかる。それゆえ、本章の主題である体育が対象としてきた身体についても、それが国や文化、そしてその時々の社会状況に影響を受けてきたことが予想される。したがって以下では、日本におけるその移り変わりを大きく 3 つに分けて確認してみたい。それによって、体育における身体の諸相を描いていきたい。

2 体育が求めた身体の移り変わり

日本の体育が求めてきた身体は、時代や社会的状況の変化によって移り変わってきた。明治期から太平洋戦争終結までの期間では、諸外国に負けない強い「兵士の身体」が体育のめざす身体であったし、戦後はそれが強く巧みな「スポーツする身体」に変化した。しかし、それらに通底する強さへの反省から、直近の20年間では、柔らかく感受性豊かな「体ほぐしの身体」が求められるようになってきた。

1 兵士の身体：強さへの需要

体育が対象としてきた身体の移り変わりを描くために、ここでは検討の範囲を、今日の日本の学校体育とのつながりが明確な事柄に限定したい。ちなみに、体育を学校の体育授業に限定せず、より広く捉えた場合、それを古代から続く人間の営みとして理解することができる。そのような文脈における身体についての知見もあることを付言しておきたい[*1]。

＊1 一例として、次の研究を挙げておきたい。
佐々木究「「physique」と教育：ルソー著『エミール』に着目して」『体育学研究』第57巻第2号 日本体育学会 2012年 pp.399-414

日本における体育と身体の関係を考える際、まず想い起こされるのは、戦争との関係である。この場合の戦争とは、「第一次世界大戦」といったように固有名詞で表される特定の戦争ではなく、諸外国との軍事的な緊張関係などを含めた広い意味で捉えている。

すでに広く知られているように、日本は250年以上に及んだ江戸時代の世を終え、明治以降、西欧諸国の文化を積極的に取り入れてきた。それは同時に、そのように諸外国との関係を結ばなければ、ともすれば軍事的な侵略の憂き目にあう可能性があった歴史でもある。そして、そのように西欧諸国と対等に渡りあうためにも、それら諸外国に劣らない国民、より直接的に言えば、屈強な身体を持った兵士が必要とされたのである。

実際にこのことは、江戸時代の末期にはすでに認識されていたようである。例えば、1867（慶応3）年に招聘されたフランスの軍事教官団が、当時の「日本兵士の基礎体力の欠如を痛感し、「練体法」（gymnastique）の名で体操の必要を幕府に建白し、実際の指導も行なった」[8)] ことが指摘されている。

そのような背景を有しながら、明治に入ると**「体操」**を中心とした体育が展開された。その中でも**「兵式体操」**は、「人物養成の重要な気質、すなわち、従順、友情、威儀を備えるための方法であった」といえる半面、その「終局のねらいは富国強兵時代の軍人育成の準備」であったことが指摘されている[9)]。つまり、そこで求められた身体は、強い、**「兵士の身体」**だったのである。そのような身体への需要は、時代が昭和に移り、太平洋戦争下での体育の名称が「**体錬**」に変更されたことに象徴されるように、1945（昭和20）年の敗戦まで続いたと考えられる[*2]。

2 スポーツする身体：強さと巧みさの融合

太平洋戦争の敗戦後、周知のように日本では、アメリカによる民主化政策が進められていった。もちろん、それは体育でも例外ではなかった。体錬科という名称の廃止に顕著に示されるように、明治期から長く続いた軍事的な基盤を整えるための体育と身体の在り方は、少なくとも制度上は大きな変更を迫られることとなった。その象徴が、スポーツ種目の大規模な採用である。

このことは、体育における身体の捉えられ方にも、強い影響を与えたと考えられる。なぜならそれは、体育が対象とする身体が、体操によって育まれた「兵士の身体」から、多様なスポーツを実践し、その技術を身につける巧みな身体、すなわち「**スポーツする身体**」へと変容したことを意味しているからである。

もちろん、スポーツの諸種目と体操が、まったく異なった運動であるわけではない。このことは、体操競技がスポーツ種目の 1 つとしてオリンピック等に採用されていることからも明らかであろう。しかし、少なくとも太平洋戦争の戦前戦中の体育において行われていた体操と、戦後に行われるようになったスポーツ種目には、その多様さや自由さにおいて、明確な違いがあったことも事実である。そのようなスポーツの多様さや自由さは、戦前戦中の「規律・訓練」的な体操運動との比較において、まさに「民主的なもの」を象徴していたのである。

また、「スポーツする身体」は、近代スポーツの「**より速く、より高く、より強く**」という根本的な特徴を、その内側に宿してもいた。それは、多木が「**過剰な身体**」[10] と表現したように、私たちの自然なあり方を過度に超えていく身体のあり方であったといえる。多木が指摘したように、ドーピングに象徴されるスポーツのそのような指向によって、「ある種の過剰な力が身体を貫きはじめた」のであり、それは、「身体への異様な配慮が、健康を通り越して身体の形状へと移行しはじめたこととも無関係ではない」のである[11]。

以上のように、戦後の体育が対象とした「スポーツする身体」は、戦前戦中の体操による強い「兵士の身体」と完全に異なるわけではない。むしろ、「スポーツする身体」には、多様な運動を実践する巧みさの土台として、相変わ

＊2　ただし、体育史の研究者である鈴木明哲は、海軍において実施されていた「航空体操」では、「疲れない、自由自在で柔軟性に富むきびきびと作業する身体」が航空機の搭乗員に求められており、そこには「克己忍耐のような精神力は微塵も要求されていない」と指摘している。
鈴木明哲「太平洋戦争下の航空体育：戦争と体育の直接的関係」阿部生雄監　大熊廣明他編著『体育・スポーツの近現代―歴史からの問いかけ―』不昧堂出版　2011 年　p.189

らず「兵士の身体」に見られた強さが求められ続けていたと捉えることができる。このことを傍証するように、私たちはこれまで、さまざまなスポーツ教材を扱う体育の授業において、「楽しさ」や「面白さ」を必死になって強調してきた。それは裏を返せば、楽しさや面白さを強調しなければ、その土台に潜在している強さへの指向がすぐにでも顔を覗かせてしまうからであろう。つまり、スポーツ種目を中心的教材とする戦後の体育が、自覚せずとも求めてきた身体とは、巧みさと強さを併せ持った「スポーツする身体」だったのである。

3 体ほぐしの身体：自己と他者への気づき

今日でも、学校で行われる体育授業の多くがスポーツ種目を教材として展開されている。このことは、制度的にも経験的にも明らかだろう。したがって、そこに巧みさと強さを併せ持った「スポーツする身体」が、自覚的か無自覚的かを問わず求められ続けていることも、また事実である。しかし、そのことに対する反省が、これまでまったくなかったわけではない。しかもその反省は、本章の主題である身体にかかわってなされてきた。そのことは、例えば学習指導要領における小学校体育科の目標の変化に示されている。

1989（平成元）年改訂の指導要領における体育科の目標は、「適切な運動の経験と身近な生活における健康・安全についての理解を通して、運動に親しませるとともに健康の増進と体力の向上を図り、楽しく明るい生活を営む態度を育てる」と記されている。これと比較して、次の改訂が行われた1998（平成10）年版では、その目標が以下のように示されている。

> 心と体を一体としてとらえ、適切な運動の経験と健康・安全についての理解を通して、運動に親しむ資質や能力を育てるとともに、健康の保持増進と体力の向上を図り、楽しく明るい生活を営む態度を育てる。

ここで注目すべきは、冒頭の「**心と体を一体としてとらえ**」という文言の出現である。ちなみに、続く2008（平成20）年と2017（同29）年に改訂された目標においても、この文言を確認することができる[*3]。

体育科の目標におけるこの変化からわかることは、1998（平成10）年以前には、少なくとも指導要領の記載上は、「心と体を一体としてとらえる」という捉え方が見られなかったということである。この事実は、さらに次のことを示唆している。すなわち、そのような捉え方の必要性が公的に表明さ

＊3　体育哲学においては、安易に心身を一体として捉え、身体から心へのよい影響ばかりを論じ、逆方向の議論を等閑視してきたことへの批判もなされている。詳しくは、以下を参照されたい。
佐藤臣彦『身体教育を哲学する—体育哲学叙説—』北樹出版　1993年　p.193／滝沢文雄「現象学的観点からの「心身一体観」再考：「身体観」教育の必要性」『体育学研究』第49巻　日本体育学会　2004年　pp.147-158

れたということは、翻って学校や体育実践の現場においても、その捉え方が必ずしも一般的ではなかったということである。このことを証明するように、「『心と体を一体としてとらえ』という趣旨を最も象徴的に受けた内容」[12)]であると考えられる「**体ほぐしの運動**」が指導要領に初めて明記されたのも、同じく 1998（平成 10）年の改訂なのである。

体ほぐしの運動は、「**体つくり運動**」を構成する一つの運動である。村田芳子によれば、体ほぐしの運動の一つの特徴には、「友達との触れ合いや関わり合いなどの交流」によって、「**自分の体や他者の体への気付き**」が生まれてくることがある[13)]。つまり、そこに求められる身体とは、自己や他者の状態やその変化を、繊細かつ豊かに感じることのできる身体（以下「**体ほぐしの身体**」）であるといえる。それはいうまでも無く、強く巧みな「スポーツする身体」とは異質である。その異質さについて、村田は次のように指摘している。

> こうした「体ほぐしの世界」が提起しようとする世界は、これまでの体育観（教育観）や身体観に対する「アンチ」でもなければ、「サブ（準備・手段）」でもないと思う。これまでの学校体育（教育）の中で、意識はされてきたが明確に意図されてこなかった学びやからだのもうひとつの「ありよう」である[14)]。

ここで明確に述べられているように、体ほぐしの運動は、それまでのスポーツ種目を中心とした体育とは異なった身体観をもち、その実現をめざす実践である。そこでは、身体の強さや速さ、まして逞しさが求められることはない。むしろ、自己や他者の身体への「気づき」が重視される。そして重要なことは、その気づきの主体もまた、私たちの身体であるという点である。その気づきは、単なるイメージや想像の産物ではなく、私たちが身体として、実感を伴って感じている事象なのである。

それゆえ、体ほぐしの運動が有する身体観は、私たちの身体を「モノ＝客体」として捉えるのではなく、反対に、リアルな実感を伴った生身の存在、換言すれば「主体」として捉えるのである。この「**主体としての身体**」という捉え方は、戦前戦中の体操や戦後のスポーツ教材を中心に展開されてきた従来の体育が「モノ＝客体」としての身体や道具の操作を重視してきたことと、大きく異なる点であろう[*4]。

以上のように、「体ほぐしの身体」は、従来の体育がめざしてきたものとは明らかに異質である。だからこそ「体ほぐしの身体」は、体育の世界に新たな身体観を導き入れることになると考えられるのである。

＊4　体育・スポーツ哲学においては、主に現象学の立場から「主体としての身体」についての研究が蓄積されてきた歴史がある。例えば、以下の文献を参照されたい。
瀧澤文雄『身体の論理』不昧堂出版　1995 年

3 体育における身体のこれまでとこれから

体育が対象としてきた身体は、大枠では「兵士の身体」「スポーツする身体」「体ほぐしの身体」の３つの相をなしている。これらはそれぞれの特徴を有しながらも、完全に独立しているわけではない。むしろ、それぞれが重なりをもち、複層的な関係にある。そして、これからのデジタル時代の体育における身体についても、そのような身体の歴史を考慮しながら、検討や議論を重ねていく必要がある。

1 体育における身体の諸相

ここまでの検討から、日本の体育が対象としてた身体については、その捉えられ方を大きく3つに分類できることが明らかになった。それはすなわち、明治期から太平洋戦争の終結まで見られた、国民と兵士を強くするために求められた「**兵士の身体**」。戦後の民主化政策によって体育がスポーツ種目中心になっていく中で求められた、強く巧みな「**スポーツする身体**」。そして、それらへの反省から生まれた、主体にとっての感じや気づきを大切にする「**体ほぐしの身体**」。以上の３つの捉えられ方が確認された。

もちろん、ここに描き出された身体の諸相は、それぞれが独立して存在しているわけではない。むしろ、それらは複層的に、つながっていたり反発し合ったりしている。前節でも指摘したように、例えば「兵士の身体」に求められた強さは、戦後のスポーツ種目中心の民主的な体育においてその姿を消したように見えながら、実際は、スポーツするための強さとして、その土台のところにあり続けている。このことを暗に示すように、明治から現在にいたるまで、軍隊と見紛うような規律や秩序が運動部をはじめとしたスポーツ集団に見られることも、決して偶然ではないはずである。そこには、やはり共通する「兵士の身体」の強さが求められているのである。

だからこそ、その強さへのオルタナティブとして示されたのが、「体ほぐしの身体」だったのであり、そこでめざされた柔らかい主体としての身体だったのである。それは、「兵士の身体」が規律やコントロールの対象として、「モノ＝客体」として扱われていたのに対して、自己や他者への気づきを重視するという点において、まったく対照的な「主体」としての意味を、体育における身体に付与するものであったといえる。このような身体の捉えられ方の様相は、図 8-2 のように示すことができる。

図 8-2　体育が求めた身体の位置関係

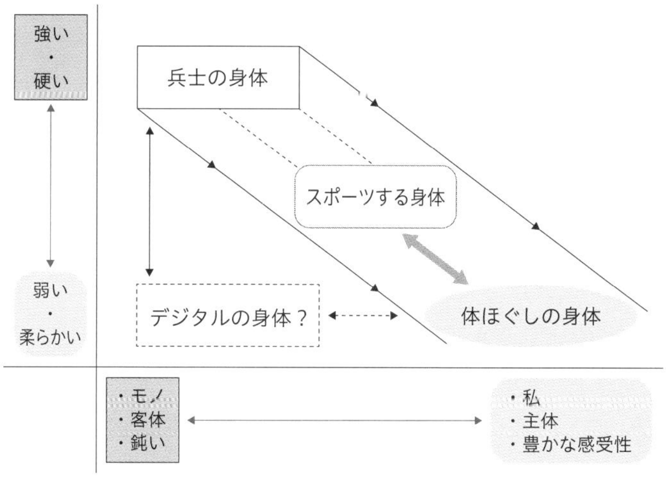

2 デジタル時代に身体は不要か？

本章の最後に、これからの体育における身体について考えてみたい。ここでいう「これから」とは、周知のように、社会のあらゆる領域に情報技術が浸透した時代のことである。学校教育や体育も例外ではなく、すでに学習用の PC やタブレット、そして ICT を用いた授業が展開されるようになっている。そのような傾向は、今後ますます強まっていくだろう。

ここでは、そうした現代における身体観を象徴的に示す例を、1 つ挙げてみたい。それは、国が現在進行形で推進している「ムーンショット型研究開発制度」というものである。この制度は、簡単にいうと、国の主導で次の時代に必要となる科学研究を支援するものである。本章の主題との関連で注目すべきは、9 つある目標の 1 つ目である。そこには、「目標 1　身体、脳、空間、時間の制約からの解放」と記されている。私たちはここに、身体を人間にとっての制約として捉える身体観を確認することができる。

改めて指摘するまでもなく、確かに科学技術の進展は、私たちの生活を便利にしてきたし、これから予想されるさまざまな社会課題の解決にも、その力は不可欠であろう。しかし、それと同時に体育を専門とする私たちが考えなければならないのは、私たちの身体は果たして制約なのだろうか、という問いである。もし制約なのだとすれば、私たちは自らや他者の身体を、出来る限り小さく、存在感のないモノ、つまりは「デジタルの身体」にしてしまいたいと考えていくことになるのかもしれない。

しかし、私たちの身体は、本当にそのようなモノに過ぎないのだろうか。

むしろ、体ほぐしの運動が求めるように、私たちの身体は主体としての「かけがえのなさ」を有し、いつもそこに「還る」べき存在なのではないだろうか[15)]。なぜなら、どれほど社会がデジタル技術を取り入れようとも、少なくとも当面の間は、そのようなデジタルの経験を担うのは、あくまでもこの生身の私たちの身体だからである。その意味においても、体育における身体観の問題は、今後さらに探究されるべきテーマであるといえるだろう。

引用文献

1）市野川容孝『身体／生命』岩波書店　2000 年
2）生田久美子『「わざ」から知る』東京大学出版会　1987 年
3）佐藤学『学びの身体技法』太郎次郎社　1997 年
4）佐々木正人『からだ：認識の原点』東京大学出版会　1987 年
5）市川浩『精神としての身体』講談社　1992 年
6）廣松渉他編『岩波哲学・思想事典』岩波書店　1998 年　pp.828-830
7）滝沢文雄「身体観の生成過程（その 1）：身体観の成立要因およびそれについての質問紙」『体育・スポーツ哲学研究』第 27 巻第 1 号　日本体育・スポーツ哲学会　2005 年　pp.61-73
8）大場一義「日本：洋式体操の導入」成田十次郎編『スポーツと教育の歴史』不昧堂出版　1988 年　p.56
9）同上書　p.58
10）多木浩二『スポーツを考える―身体・資本・ナショナリズム―』筑摩書房　1995 年　p.131
11）同上書　p.145
12）村田芳子編著『「体ほぐし」が拓く世界―子どもの心と体が変わるとき―』光文書院　2001 年　p.164
13）同上書　p.166
14）同上書　p.189
15）坂本拓弥『体育がきらい』筑摩書房　2023 年　pp.205-207

学びの確認

①「兵士の身体」と「スポーツする身体」の共通点を挙げて、それが引き起こす問題について説明してみましょう。

②「スポーツする身体」と「体ほぐしの身体」の違いについて、主体と客体という視点から説明してみましょう。

③さまざまなデジタル経験と私たちの身体の関係について、説明してみましょう。

column

体育教師の身体も考える

筑波大学／坂本拓弥

本章では、これまでの体育において「身体」がどのように捉えられてきたのかを確認しました。これまでも、そしてこれからも、体育が子どもたちの身体にかかわる教育である限り、その対象となる身体について深く理解することは不可欠です。

誰の身体？

ところで、これまで体育における身体を論じるとき、その多くは本章と同じく、児童や生徒の身体を対象としてきました。しかし、体育、特に実際の体育の授業場面に目を向けてみると、そこにもう１つの身体が存在していることに気づきます。そうです、それは体育教師の身体です。

体育教師の身体は、児童生徒の身体と比べて、これまでほとんど注目されてきませんでした。もちろん、体育授業の主役は児童生徒ですので、それもある意味では仕方のないことかもしれません。ただし、もし体育の授業が、児童生徒と体育教師との関係によって協同的に成り立っているのだとすれば、その半分の役割を担っている体育教師の身体についても、無視することはできないはずです。

身体的コミュニケーション

これまでにも論じられてきたように、子どもたちは日々の生活において、言葉だけでなく、いわゆる非言語コミュニケーションを活発に行っています。今日では、非認知能力などの概念によっても、その重要性がさらに強調されているようです。そして、それらの事柄を体育の視点から考えてみると、それらがまさに身体の問題であることがわかります。

このように考えると、体育においては、児童生徒の身体だけでなく、日々の授業で彼らとつねにかかわっている体育教師の身体も、重要な役割を担っている可能性が見えてきます。このことは、次のような事例からも理解することができます。

同じ言葉が伝わらないのはなぜ？

例えば、体育教師の身体に関するテーマの１つに「言葉」があります。「身体なのに言葉？」と思われるかもしれませんが、体育教師が授業で児童生徒に向けて言葉を発することは、立派な身体的行為だといえます。だからこそ、仮に同じ言葉を聞いたとしても、ある先生の言葉はスッと「入ってくる」のに、違う先生の言葉は全然「腑に落ちない」ということが起きるわけです。

「入ってくる」とか「腑に落ちない」という表現がまさに示しているように、ここで問題になっているのは、言葉の種類ではなく、一人ひとりの体育教師の身体のあり方とその行為なのです。どのように言葉を発し、それがどのように児童生徒に「届く＝ふれる」のかは、体育教師の身体の問題なのです。

ICTと体育教師の身体

本章でも述べたように、今日の体育授業ではICTなどが積極的に用いられています。それが有効な場面も確かにあるかもしれません。しかし、私たちが注意しなければならないのは、それによって体育教師の身体の「力」がどのように変わってしまうのかという点です。その「力」には、上述の自らの言葉を子どもたちにしっかりと届ける力や、目の前の子どもたちの小さな、けれども大切な変化を感じ取る力などが含まれます。

タブレットなどのディスプレイを介したやり取りが当たり前になったとしても、私たち体育教師は、目の前にリアルに存在する子どもたちとの身体的コミュニケーションを大切にし、ともに学び合いながら、よりよい体育授業をつくっていかなければならないと思います。そして、そのために必要となる体育教師の身体的な能力とは何かを明らかにしなければなりません。そのヒントは、私たちが実践する目の前の体育授業の中にあるはずです。

memo

第9章 教養教育と体育：大学体育から考える

なぜこの章を学ぶのですか？

多くの大学の「教養教育（課程）」に「体育」の授業があります。みなさんの大学にも「体育の授業」があるでしょうか。大学で、単位を取得する科目として「体育」は必要でしょうか。また「教養」、「教養教育」とは何でしょうか。この章では、教養教育と体育について考えてみましょう。

第９章の学びのポイントは何ですか？

現状の大学体育を理解した上で、どのような大学体育がふさわしいかを考えます。そして、大学の「教養教育（課程）」ではなく、本来の意味での「教養教育」を考えた場合、それは大学に限定されません。小学校から高等学校にも限定されません。広い視点から教養教育と体育について考えることがポイントです。

考えてみよう

1. 大学の体育は、どのような内容がふさわしいのでしょうか。
2. 教養教育としての体育を考えることで、小学校から高等学校の体育について考えてみましょう。

1 大学体育とは何か？

学校教育法において、高等学校までは「教育機関」であり学習指導要領によって学習内容が決まっているのに対し、大学は「教育研究機関」、つまり「研究」を特徴としており、学習内容は決められていない。「体育」は「身体」を対象にした「身体教育」であり、「身体」と関係のない研究分野はほとんどないといってよい。したがって「体育（身体教育）」はさまざまな研究分野と連携した授業づくりが可能である。

1 大学体育の歴史

(1) なぜ大学で体育があるのか？

みなさんは大学に入学する前、大学で体育の授業があることをご存じだっただろうか。大学に入学し、カリキュラムに体育の授業があり、驚いた人もいるのではないだろうか。あるいは「大学で体育は不要」と考える人もいるだろう。現在約 98％の大学で体育の授業があり、必修率は約 41％、全学の必修率は約 28％である [1)]。

最初に大学で体育の授業が行われている経緯を簡単に振り返ってみたい。

1945（昭和 20）年に第二次世界大戦が終わり、さまざまな分野で新しいシステムがつくられた。教育制度も新しくなり、現在の大学制度である「新制大学制度」[*1] は 1949（同 24）年に開始された。新制大学制度の原案は文部省（現在の文部科学省）が中心になって作成した。

当初、文部省は大学で体育を行う考えはなく、新制大学の設置基準（法律）で、卒業に必要な単位数は 120 と決めたが、そのなかに体育は含まれていなかった。しかし、連合国総司令部（GHQ）によって派遣されたアメリカ教育使節団の要請を受けて、大学で体育を行うことになった。要請の理由は、当時の日本は衛生、栄養などの環境が悪く、結核をはじめとする諸々の疾患に関連した青少年の身体的虚弱状態を受けてのもので、体育は保健とともに重視すべきとのものだった。

(2) 4 単位必修の大学体育

大学体育[*2] は 4 単位必修（1 単位は通年）で行われることになった。最初の大学設置基準には、卒業に必要な単位として「120 単位および保健体育 4 単位」と記載された。科目名と単位数まで法律で規定されたが、保健体育はあくまで付け加えられたもの、言われたから仕方がなくやるという意識が大

＊1　新制大学制度の設置当初は、「専門教育」と「一般教育」に区分され、さらに後者は「人文・社会・自然・外国語・保健体育」の科目区分が設けられた。

＊2　ここでいう「大学体育」とは、大学の教養教育（課程）における体育科目を指す。「一般体育」「教養体育」とも呼ばれる。また、「大学体育」は実技形式、講義形式、両者を合わせた演習形式など、多様な形態で実施されている。

学関係者には強かったようである。そのような状況で大学体育は開始された。

その後、機会あるごとに大学教育に関連したさまざまな組織、日本学術会議、中央教育審議会、臨時教育審議会、大学基準協会、国立大学協会などから、大学の保健体育必修に関して反対意見が出された。主な反対意見は、❶選択科目で十分、❷週に1回では健康教育効果が期待できない、❸理論と実技が乖離している、❹高等学校までの繰り返し、❺研究水準が低い、といったものであった[2)]。

これらの批判などもあり、1991（平成3）年の**大学設置基準の大綱化**[*3]の際に、保健体育は卒業要件から外れ、大学で体育を行う法的根拠はなくなった。さらに大学の敷地面積の自由化も行われ、体育・スポーツ施設がつくれない、あるいは施設がない大学も設置が可能となった。現在では、大学で体育を行うか否か、行う場合でも単位数や時間数は、各大学・学部が決めている。

＊3　大学設置基準の大綱化：大学設置基準の改正で、文部省による規制が大幅に緩和された。

以上、簡単だが大学体育の歴史を振り返ってみた。大学体育がはじまった経緯もアメリカ教育使節団からの要請であり、大学体育の教員も各大学の体育会の運動部のOBなどが担当したケースもあったようである。わが国の衛生、栄養などの環境は戦後と比較すれば劇的に改善した。当初の目的からすれば大学で体育を行う必要はない。現在でも大学で体育を行う必要はあるのだろうか。

（3）大学で体育は必要？

大学設置基準の大綱化により、大学体育が必修から外れることが決定した1980年代後半以降、大学体育教員は大学でも**体育が必要な根拠**を提示する必要が生じた。4単位必修という法律がなくなれば、必修科目から選択科目に変わり、単位数も減り、やがて体育がなくなる可能性もある。そうすれば大学体育教員の仕事、役割はなくなってしまう。まさに死活問題であった。では、どのようにして大学体育を教養教育（課程）に必要なものとして位置づけようとしたのか。

多くは、「健康・体力づくり」「生涯スポーツへの動機付けとしての文化的価値」「運動技術の習得」「身体に関する知的啓蒙」などの目標を掲げ、体育の独自性を主張し、他領域からわかりやすくすることをめざすものであった。しかし、徳山郁夫[3)]は、独自性を主張するだけでは普遍的教育目標を曖昧にさせ、**教養教育の軽視**を導き、ひいてはそれが大学体育の縮小につながると指摘した。大学体育に独自性があれば、大学体育が大学教育の中で評価されるとは限らない。大学で体育を行うか否かは大学や学部の判断如何になった。独自性の有無ではなく、大学体育が本来の意味での教養教育としてふさわしい内容を提供できるかが重要である。

みなさんは大学体育をどう考えるだろうか。必要か、不必要か。必要であればどのような理由か。先に４単位必修に対する反対意見を紹介した。さまざまな意見、考えがあるだろうが、多くの人が❹と❺は適切な意見と考えるのではないだろうか。

確かに❹の高等学校までの体育・保健体育の繰り返しであれば、大学の授業としてふさわしくない。現在多くの大学で**リメディアル教育**が導入されている。これは大学の授業を受けるために不足している学力を補うもので、高等学校までの内容を学ぶものである[*4]。大学の授業内容ではないため、単位が付与されることはない。体育の授業も、高等学校までの内容と同じであれば、リメディアル教育となり、単位が付与される授業とはならない。つまり、大学体育とは、高等学校までの内容ではなく、大学ならではの、大学教育にふさわしい内容が求められる。また、❺の研究水準が低いというのは、大学体育教員に向けられた批判である。開始当初は、体育会のOBが多くの授業を担当していたため、このような批判がなされたと考えるが、現在は改善されていなければならない。

＊4　外国語や学部によっては理科や数学などが対象となることが多い。

2　大学体育の多様な展開

大学設置基準の大綱化以降、「大学体育とは何か」は大学体育教員をはじめ、大学教育の大きな問題になっている。前述したように当初４単位必修だった大学体育は、現在でも約98%の大学で授業が行われているものの（全学必修は約28%）、ほとんどの大学で単位数、時間数を大きく減らし、多くの大学で１セメスターのみの実施となっている。

もともとは結核を予防する「健康のため」に導入された大学体育であったが、現在はどのような目的、内容で実施されているのだろうか。基本的には、各大学の体育は、各大学の理念、**ディプロマポリシー（DP）**や**カリキュラムポリシー（CP）**に基づいて実施されるべきであり、各大学に任されている。大学は個性が求められるため、大学体育にも各大学のDPが反映されるべきであろう。大学設置基準の大綱化から約20年たった調査[4)]では、大学体育は多様な理念、目的で実施されていることがわかる表9-1。

しかし、大学体育の理念の上位である健康（80.5%）、体力（68.3%）、生涯スポーツ（43.9%）などは高等学校の繰り返しであり、さらにスポーツクラブでも実施可能である[*5 *6 5)]。大学設置基準の大綱化以前に大学体育に向けられた主要な批判の一つに「高等学校の繰り返し」というものがあっ

＊5　民間のフィットネスクラブでは、利用者個々の現状を把握し、個々の目標を設定して改善に取り組む活動がなされている。

＊6　もっとも理念が高等学校の目標と同じであっても、内容や評価が同じとは限らない。しかし同じ目標であるなら、やはりふさわしいとはいえないだろう。

表 9-1　大学体育の理念として抽出されたキーワード

キーワード	%
健康	80.5
体力	68.3
思考／判断／知識	56.1
生涯スポーツ	43.9
社会性	41.5
スポーツ	36.6
こころ	36.6
セルフマネジメント	7.3

出典　鍋倉賢治・遠藤卓郎・大高敏弘他「我が国の「大学体育」の基本理念とカリキュラム」『大学体育研究』第 34 号　2012 年　表 7 の%のみ表示

た。高等学校の繰り返し、リメディアル教育として行うのであれば、教育課程外としての位置づけになり、単位認定は行わない取り扱いとなる[6)]。スポーツクラブと同じ内容であれば、アウトソーシング可能である[*7]。つまり「大学体育とは何か」に回答するには、大学体育が各大学の理念や DP に則っていることに加えて、高等学校やスポーツクラブでは実施できない内容であることが必要である。

＊7　体育の授業をスポーツクラブ等と提携して行うことも可能であろう。実際にそのようにして実施していた大学もある。また、英語科目などでは TOEIC で一定の点数を取得すれば単位を認定するケースもある。同様にスキーやスノーボードで級を取得すれば単位を認定することも考えられる。体育系サークルで活動すれば単位を認定することも考えられるだろう。

2　どのような大学体育がふさわしいか？

大学体育であるからには、小学校から高等学校までの体育・保健体育と同じでは、ふさわしいとはいえない。「学校教育法」や「学習指導要領の有無」を考慮すれば、大学で独自の体育が考えられる。

1　小中高等学校とは異なる大学体育

前述したように、大学体育は高等学校までの体育・保健体育と異なる目標、内容が必要である。この点について考えてみたい。まずは、高等学校までと大学の違いを確認しておく。

高等学校までと大学ではいくつかの違いがあるが、まずはじめに「機関」の位置づけが異なる。学校教育法において、高等学校までは「**教育機関**」、大学は「**教育研究機関**」と規定されている。つまり、「**研究**」が大学の大きな特徴である。これは大学教員の職務として研究が重視されるからで、研究成果を活用した教育が求められるからである。したがって、先に見た批判❺

に答えるためには、「研究」に焦点を当てることが重要である。実践される教育が研究と関連づけられることで、高等学校までの繰り返しとの批判や、研究機関として不適切との批判にも答えることが可能となるだろう。

次に、高等学校までは「学習指導要領」によって学習内容が決まっているのに対し、大学は決まっていない*8。そうであれば、学習内容を教員が決定するだけでなく、受講生も学習内容の決定に参画し、さらには授業運営に参画、運営することも可能であろう。

＊8　高等学校までは、日本のどの都道府県の高等学校を卒業しても、最低限同等の学力、能力を有していることになる。一方、大学には「個性」が求められる。同じ科目名であっても、各大学の特色が反映される必要がある。

2 受講生も授業運営に参画する大学体育：実技におけるゲームの創造

大学体育必修に対する批判に反論し得る高等学校までと異なる目標、内容ということであれば、大学教育にふさわしいものはいくつか考えられる。例えば、大学では学習指導要領のような決まりがないのであれば、各大学のDPやCPに則った上で、体育科目の目標や内容、さらに評価自体を受講生が決定することが考えられる。つまり、受講生自身が体育科目の授業運営を行うのである。

大学体育の実技において最も注意すべきことは、受講生の多様性である。身長、体重は指摘するまでもなく、高等学校までの運動経験等により、体力、運動能力、運動の好き嫌い、モチベーション等、一人ひとり大きく異なる。多様な受講生全員がコミットでき、さらに全員にとって有意義であり、できれば楽しい内容を受講生が企画､運営するのである。既存のスポーツを企画、運営するのでもよいが、できれば新たな「ゲームを創造」することが望ましいのではないか。

バトラー（J. I. Butler）[7] は、参加者が対話を通じてゲーム構造やルールがフェアになるように新しいゲームを開発する過程で、民主主義の原則や社会的平等について学ぶことができるという教育効果を指摘している。参加者がゲームを開発しようとすれば、参加者の構造的な不平等に目が行くことになるだろう。そこには清水紀宏[8] や田中充、森田景史[9] が指摘した構造的な不平等が存在するからである。参加者は、この不平等を乗り越え、全員が合意できるルールや条件を備えたゲームを民主的な討論を経て創造する。自分たちで創造したゲームであれば、自分たちの実践に対して責任をもって取り組むことも期待できるだろう。

3 研究と関連づいた大学体育：講義における学際的実践

大学体育を研究と関連づけようとすれば、どのような実践が可能だろうか。鈴木康史[10]が指摘しているように、「体育」は「身体教育」であり、「身体」を対象にしている。「身体」と関係のない研究分野はほとんどないといってよい。

具体的な実践を見てみよう。表9-2は、さまざまな研究分野の教員に、「身体」と担当教員の研究の専門を関連づけた講義をしてもらったテーマである。また、表9-3は、大学体育の集中授業などで実施されることがある「スノー

表9-2　身体と関連づけた学際的講義

担当教員の専門	テーマ
外国語（英文学）	メタファーとしての身体、メディアとしての身体、小説を通じて考察する身体『悪人』『1Q84』
外国語（欧文学）	インセスト・タブーの謎と女性の交換
外国語（欧美術史）	エイリアン映画における身体の表象、ゾンビ映画における身体の表象、映画のなかの暴力と身体
言語文化（ドイツ文学）	管理される身体、身体の断片化と再統合
社会学（教育工学）	メディア・コミュニケーションと脱身体化、ネット・コミュニケーションのなかの身体
物理学（素粒子・原子核）	身体を構成する元素の起源、放射性元素で探る身体
化学（分析化学・環境科学）	物質としての身体、心の入れ物としての身体
体育（スポーツ哲学）	身体と所有、ドーピングと身体、新自由主義と身体、エンハンスメントと身体
体育（スポーツ生理学）	スポーツ競技における身体と用具
体育（スポーツ栄養学）	身体と生活環境、身体と社会経済

表9-3　スノースポーツをテーマにした講義

担当教員の専門	テーマ
化学（分析化学）	スキーやボードの素材・断熱材、ワックスについて
哲学（論理学）	スノースポーツの美学
法学	スノースポーツ事故と法律
数学	紫外線とスノースポーツ
物理（素粒子・原子核）	スノースポーツの力学、スノースポーツの摩擦・空気抵抗について
社会学（教育工学）	ウインタースポーツと流行・消費・広告、スノースポーツの環境問題
機械工学（振動工学）	スノースポーツと運動解析について

スポーツ」をテーマにして、同様にさまざまな研究分野の教員に、研究の専門性を生かした講義をしてもらったものである。このように「体育（身体教育)」はさまざまな研究分野と連携した授業づくりが可能である。

3 教養教育としての体育

これまでは大学の「教養教育（過程)」における体育について考えてきた。ここでは、本来の意味での「教養」から体育について考えてみたい。従来、専門教育の前提・予備的教育と捉えられがちだった教養教育であるが、本来は、専門教育と並列もしくは上位に位置づけられるべきものである。

1 教養、教養教育とは何か

教養、教養教育をいかに定義するかは難問である。はじめに、辞書的定義をみてみよう。「教養」とは、辞書的に定義すれば、「culture、Bildungの訳語で、学問・芸術などを十分に身につけることによって、自己を普遍的な文化の担い手としての人格に高めていくこと」[11]を意味する。教養は専門的知識とは対比されるべきものである。専門とは職業（profession）と密接に関係するものであり、教養は職業には直接結びつかない、すべての職業の根底にある知識であり、何かを暗記すればよいものでもない。ものの見方、考え方、究極には「人間とは何か、世界はどうあるべきか」を考えていくことである。「教育」は、「教え育てること。望ましい知識・技法・規範などの学習を促進する意図的な働きかけの諸活動」[12]である。

また、大学教育に関連して、これまで「教養教育」がどのように捉えられてきたかを見てみよう。文部科学省は1998（平成10）年の大学審議会の答申において、教養教育の理念・目標は「学問のすそ野を広げ、様々な角度から物事を見ることができる能力や、自主的・総合的に考え、的確に判断する能力、豊かな人間性を養い、自分の知識や人生を社会との関係で位置付けることのできる人材を育てる」としている。また、同答申では「主体的に変化に対応し、自ら将来の課題を探求し、その課題に対して幅広い視野から柔軟かつ総合的な判断を下すことのできる力」（課題探求能力）の育成を重視することが求められると指摘している。これらを踏まえると、教養教育は「広い視点で物事を捉え、専門領域以外の事柄について自ら課題を発見し、その課題を解決していく態度・能力を獲得させる活動」と定義できるだろう。

2 本来の意味での教養教育としての大学体育

では、教養教育としての大学体育とはどのようなものだろうか。改めて確認しておくと、ここでいう「教養教育」とは、「専門教育（課程）」と「教養教育（課程）」という場合の「教養教育」ではない。上で検討した本来の「教養教育」としての大学体育である。

大学体育はいかにして大学における教養教育を提供できるのか。ここでは2つの可能性を考えてみたい。

まずは、これまで見てきたように、体育は**身体を対象**としており、さまざまな研究分野と関連づけられることである。体育が大学教育にふさわしいとされるために、教養教育課程のなかに独自の科目として位置づくことをめざすのではなく、身体が対象である特徴を生かし、さまざま研究分野と学際的な連結を見出すことが可能である。それによって体育は他の科目に吸収されたり*9、体育のアイデンティティは消失したりするかもしれないが、これこそ体育（身体教育）から「教養」をつくりだす可能性があるのではないだろうか[13)]。

さらに、体育はさまざまな研究分野と関係する*10ので、**教養教育課程**に限定する必要はない。**専門教育課程**とも連携可能である。専門教育で学んだ知識が体育を通して違った新しい形で見えてくる可能性があり、そのような実践が授業でなされるならば、体育はすべての専門に必要な科目として、大学の上級科目として位置づけられる可能性がある[14)]。

例えば 表9-4 は、専門教育における体育との連携である。大学の特徴の一つは「研究」である。大学体育を大学教育が究極的に求めることとの関わ

＊9　先に示したように、体育以外の教員が講義を担当することになる。

＊10　スポーツ・サイエンスは「体育」「スポーツ」「身体」「健康」等を対象にした応用科学であり、さまざまな分野（人文科学、社会科学、自然科学）が含まれる。大学体育教員はいずれかの分野を専門としており、修士以上の学位を修めている。本稿では「健康」を大学体育の学習目標にすべきでないことを主張するが、スポーツ・サイエンスの「スポーツ生理学」「スポーツ生化学」「発育発達論」などを研究の専門とする体育教員は必然的に「健康」に関連した内容を扱うことになる。しかしあくまで「研究」の内容として行うのであり、高等学校における「保健体育」の内容では不適切である。

表9-4　体育と専門教育との連携

学科	テーマ
機械工学	投動作指導への動作分析の適用に関する研究、恐怖心と運動に及ぼす影響に関する研究、動作解析を用いた認知が一輪車技能向上に及ぼす影響
ロボット工学	ゴルフスイングの動作分析に関する研究、動作解析および筋電計を用いたボールの蹴り方に関する研究、ユーザーインターフェイスとしてのKinect、Kinectセンサーの応用に関する研究
建築都市工学	室内環境の違いによる人体の生理学的反応に関する研究、石の素材が人体の温熱整理・心理反応に及ぼす影響について
デザイン工学	3次元加速度センサーを用いた人間の行動判別、温度・湿度の環境要因が安静時ならびに作業時のエネルギー代謝に及ぼす影響、子どもの外遊びを促進する環境条件に関する研究
生命科学	ヒトのエネルギー代謝変動に関する研究、安定同位体元素を用いた代謝量の評価検討

りにおいて設定し直すことが重要である[15)]。従来は「体育」という領域を大学教育の教養教育課程のなかに位置づけ、その重要性や意義を主張、証明し、独自の領域として確保しようと試みてきた。しかし、身体を対象にしているのだから、「体育」という枠にこだわらず、むしろそれを破壊し、「体育」の独自性にこだわらずに、大学教育のもっとも重要なことにかかわろうとすることが重要であろう。大学設置基準の大綱化は、専門教育と一般教育の区分を廃止した。さらに一般教育の科目区分（人文・社会・自然・外国語・保健体育）も廃止した。体育が大学教育のどこに位置づくのかではなく、体育は大学教育のあらゆるところと連携できるのである。まさに「人間とは何か、世界はどうあるべきか」という「教養」を考察するにふさわしいものとして、位置づけられる可能性があるだろう。

3 教養教育としての体育：まとめと今後の課題

本章では、大学の教養教育（課程）における体育（身体教育）について考えてきた。

現在、多くの大学の教養教育（課程）は、専門教育のための基礎的な科目、専門分野以外のことをわかりやすく学習する科目、初年次教育（大学での学び方、友人づくりなど）、リメディアル教育など、大学教育の予備的・前提的な科目が配置されていることが多い。しかし、本来の意味での「教養」、すなわち「人間とは何か、世界はどうあるべきか」まで考慮すれば、専門教育と並列して考えるべきであり、場合によっては専門教育よりも上位に位置づくべきものであろう。

大学体育についてもさまざまな可能性がある。体育実技においては、受講生が授業を運営することやゲームを創造すること、講義においては、身体と関係のない研究分野はないことを生かしてさまざまな領域と関連づいた実践が可能であることを学んだ。教養教育（課程）にとどまるのではなく、専門教育とも連携することが可能である。「理論と実践の関係を検証する方法を学ぶ」、「個人の行動が他者や環境に与えるインパクトを把握する想像力を育む」などは、特定の研究分野に限定されるものではないし、実技と講義という分類にも収まらない、新しい教育の可能性をもつだろう。本稿で考えた以外の大学体育についても、ぜひ考えていただきたい。

本章のタイトルである「教養教育としての体育」は、本稿で対象にした大学体育に限らず、生涯にわたるものである。当然、小学校から高等学校の「体育」にも当てはまる。小学校から高等学校の体育はどうあるべきだろうか。

例えば、苫野一徳[16]は、大学や生涯学習社会も視野にいれつつ、義務教育段階における教育について、学びのあり方を現在のような画一的・一斉型から「個別化」「協同化」「プロジェクト化」の融合型へと転換することが必要と指摘する。中央教育審議会[17]も「個別最適な学び」と「協働的な学び」の重要性を指摘している。これらのことから、小学校から高等学校における体育もこれから変わっていくと予想される。小学校から高等学校の体育についても、ぜひ、考えてみてほしい。

引用文献

1）梶田和宏・木内敦詞・長谷川悦示他「わが国の大学における教養体育の開講状況に関する悉皆調査研究」『体育学研究』第63巻第2号　日本体育学会　2018年　pp.885-902
2）篠田邦彦「あいまいな教養の体育：ディシプリンと教育は誰のために、何を目指したものか」『体育原理研究』第33号　日本体育学会体育原理専門分科会　2003年　pp.106-112
3）徳山郁夫「ヒューマニティな身体観に根ざした教養教育」『体育原理研究』第32号　日本体育学会体育原理専門分科会　2002年　pp.83-86
4）鍋倉賢治・遠藤卓郎・大高敏弘他「我が国の「大学体育」の基本理念とカリキュラム」『大学体育研究』第34号　筑波大学体育センター　2012年　pp.59-63
5）森田啓「大学体育がめざすべきこと：高校体育、スポーツクラブ体育、専門体育との違いから」『大学体育研究』第36巻　筑波大学体育センター　2014年　pp.39-50
6）中央教育審議会「学士課程教育の構築に向けて」（答申）　2008年
7）Butler, J.I., Playing Fair, *Human Kinetics*, 2016.
8）清水紀宏編著『子どものスポーツ格差：体力二極化の原因を問う』大修館書店　2021年
9）田中充・森田景史『スポーツをしない子どもたち』扶桑社　2021年
10）鈴木康史「教養・身体・体育：新しい教養・身体教育・職業としての体育学」『体育原理研究』第33巻　日本体育学会体育原理専門分科会　2003年　pp.102-105
11）廣松渉他編『岩波哲学思想事典』岩波書店　p.351
12）新村出編『広辞苑第六版』岩波書店　2008年　p.722
13）前掲書10）pp.102-105
14）林英彰「総合的判断力育成の可能性を求めて」『体育原理研究』第33巻　日本体育学会体育原理専門分科会　2003年　pp.98-101
15）同上書
16）苫野一徳『教育の力』講談社　2014年　pp.7-8／p.12
17）中央教育審議会「「令和の日本型学校教育」の構築を目指して～全ての子供たちの可能性を引き出す、個別最適な学びと、協働的な学びの実現～」（答申）　2021年

参考文献

・大学審議会答申「21世紀の大学像と今後の改革方策について」1998年
・大学審議会答申「グローバル化時代に求められる高等教育の在り方について」2000年
・森田啓・林容市・谷合哲行「スノーボードを用いた教養教育」『大学教育学会誌』第29巻第2号　大学教育学会　2007年　pp.145-150
・森田啓「教養教育としての大学体育の試み～学生が運営する授業～」『体育・スポーツ哲学研究』第29巻第2号　日本体育・スポーツ哲学会　2007年　pp.151-164
・森田啓・林容市・引原有輝他「大学体育は「健康」を学習目標にすべきか：大学教育における体育の位置づけに関する考察」『大学教育学会誌』第30巻第2号　大学教育学会　2008年　pp.129-135
・森田啓・谷合哲行・東山幸司他「教養教育としての体育と外国語教育：領域を拡大する試み」『体育・スポーツ哲学研究』第33巻第2号　日本体育・スポーツ哲学会　2012年　pp.123-137

・森田啓・浜野志保・東山幸司他「学際的教養教育としての身体」『千葉工業大学研究報告　人文編』第 49 号　千葉工業大学　2012 年　pp.17-22
・森田啓・引原有輝・若林斉他「学士課程教育における大学体育：その可能性と再定義」『体育学研究』第 61 巻第 1 号　日本体育学会　2016 年　pp.217-227
・森田啓・中島早苗「大学体育に関する研究：「大学体育の思想」の実践」『体育哲学年報』第 51 号　日本体育学会体育哲学専門領域運営委員会編集担当　2021 年　pp.23-28
・土田了輔・森田啓・上島慶「「身体」をキーワードにした教科横断的学修の可能性」『上越教育大学研究紀要』第 38 巻第 1 号　上越教育大学　2018 年　pp.195-203

学びの確認

①大学体育は、身長・体重、運動経験、モチベーションなどが異なるさまざまな人が受講します。多様な受講生全員がコミットでき、なおかつ安全に、有意義に、楽しく実施できる「ゲームを創造」するとしたら、どのようなゲームを創りますか。

……………………………………………………………………………………

……………………………………………………………………………………

……………………………………………………………………………………

②身体と関連しない研究分野はないといっても過言ではありません。身体と関連したテーマで論文を書くとしたら、どのようなテーマで書きたいですか。

……………………………………………………………………………………

……………………………………………………………………………………

……………………………………………………………………………………

③小学校から高等学校の体育・保健体育では、今後は「個別最適な学び」と「協働的な学び」が重要と指摘されています。小学校から高等学校の体育・保健体育は、どのような内容で行うのがよいと考えますか。

……………………………………………………………………………………

……………………………………………………………………………………

……………………………………………………………………………………

column

「ありのまま」を肯定できる体育へ
:「体育の負の側面」を忘れない

大阪体育大学／森田啓

子どもを取り巻く環境の変化、子どもの変化

子どもの遊び、身体活動を取り巻く環境は大きく変化した。1970～80年代には公園や空き地で異年齢の子どもたちが遊びに興じたが、現代の子どもが同じ経験することは皆無といってよい。日常生活で身体活動をする経験は非常に少ない。その一方で、スポーツ教室に通い、ユースチームでプレイし、幼いころから優れた身体能力を獲得する子どもがいる。親の収入格差は子どもの身体活動、身体に大きく影響する。スポーツ教室やユースチームに参加できない経済状況の子どもが日常的に運動する機会はほとんど得られない。

新学習指導要領の観点別学習状況の評価に「主体的に学習に取り組む態度」がある。要領の良い子は「主体的に取り組む態度」を表現することになる。その一方で、本当は興味や関心がもてない、嫌いだという態度を表すことができず、素の自分を表出できなくなっている。このことは、友人関係や日常生活においても素の自分を表出することができず、装った自分を演出せざるを得ない状況を生み出している。土井隆義[1]は「かつての『親友』が、自分の率直な想いをストレートにぶつけることのできる相手だったのに対して、昨今の親友とは、むしろそれを抑え込まねばならない相手」になっていると述べる。最近の若者は親友であれ、それ以外であれ、素の自分をきちんと積極的に表出する相手、機会がない。

体育による格差、分断、いじめ

体育はすべてオープンであり、隠すことはできない。「できる・できない」「得意・不得意」「好き・嫌い」…。ネット上には体育の「公開処刑」に関する書き込みが見られる。身体的特徴も一目瞭然である。「やせ・ぽっちゃり」「のっぽ・ちび」…。体育の授業で丸裸にされた能力、身体的特徴は授業以外に影響を及ぼす。Jensen, C. D. ら[2]はアメリカ中西部の小学4、5年生100人を対象に、体育によるいじめや身体的特徴のからかい等はその後の運動習慣や対人関係に悪影響を及ぼし、生活の質低下をもたらすことを明らかにした。わが国においても中西健一郎ら[3]は中学校、高校の授業の中で最もいじめが起こりやすい教科は体育と考えられていることを明らかにした。さらにスクールカーストの階級を決めるのは体育の得意度が大きく影響するという説もある[4]。体育は単なる教科ではなく、いじめの原因となったり、学校生活の序列を決めたり、その後の人生に大きな悪影響を与えたりする危険がある。場合によっては体育などない方がよい。体育の負の側面を、体育に関わる人は決して忘れてはならないと思う。

身体発達の個人差

身体発達の個人差は大きい。身長や体重が小学生で成長する子どももいれば中学生になってから、場合によっては高校生になってから成長する子どももいる。同一学年で身長が170 cmと130 cmの子が同一の課題に取り組めば、大きな差が生じることが予想される。一般的には170 cmの子が優れたパフォーマンスを発揮する。その子は有能感を抱き、積極的に取り組む、つまり「かかわりたい」態度が形成されることが多いであろう。逆に130 cmの子は劣等感を抱き、「かかわりたくない」態度を示すかもしれない。体育が嫌だと思うだろう。ここで態度自体を評価対象にしてしまうのであれば、130 cmの子が数年後に170 cmに身長が伸びたときにも、体育嫌いは改善されないかもしれない。もちろん逆のこともあり得る。130 cmの子が敏捷に動けて170 cmの子が身体を持て余すようなこともあり得る。個性（身体）は多様なのである。

「ありのまま」を肯定する体育へ

身体的発達には個人差が大きいのに加え、家庭環境等により身体活動経験にも大きな違い・格差がある。さらに本音を語れず、装った自分を表現している。体育ではどのような取り組みが必要か。最も重要なことは、違いがあることを全員が肯定的に認めることである。そのために現状を「ありのまま」に、肯定的に評価する必要がある（差や格差を受け入れろということではない)。「ありのまま」の身体の肯定には、興味がもてない、かかわりたくない、さらには他者を恨んだり、嫉妬したり、むかついたりといった否定的感情をいだく身体、課題に挑戦したが結局できなかったという失敗・挫折を経験した身体も含む。

では、現状を「ありのまま」に肯定することで体育は成り立つのか。実際に体育の授業においては、「その場にいるだけ」を従来の基準でも肯定的に評価できる状況がある。中西ら[5]は球技の中でもバスケットボールやサッカーが、いじめが生じやすいことを指摘しているが、まず「ありのまま」を肯定することで新しいつながりが始まる可能性があるだろう。バスケットボールやサッカーにおいて、相手の邪魔になるところに突っ立っているだけでも、相手からすれば障害物になるわけであるから、「ナイス・ディフェンス」「ナイス・ポジショニング」と評価できる。そうすれば周囲からの指示も、いるだけで貢献しているのだが「もうちょっとこうして、ああして」となる。まず「ありのまま」を肯定することで、うまくできなくても、本当はかかわりたくなくても、そういう人を巻き込んだ新しい関係を構築する可能性があるのではないか。

ある人が、「誰々は自分と違ってこの課題はできない」あるいは「誰々はこの課題は嫌いだ」と思うことがあっても、教師がそのような課題ができない子どもあるいは嫌いな子どもも肯定することによって、つまりできない課題があってもよい、嫌いという感情があってもよいという、さまざまな個性があることが伝えられるのではないだろうか。

格差や分断やいじめを放置して教育はできない。スポーツ教室、ユースチームでプレイできないことは本人や親の責任ではない。従来のままの体育を続ければ、運動能力、態度の格差を拡大し分断を促進する危険がある。すべての人を「ありのまま」に肯定することを出発点とし、世界や他者に開かれた新しい関係を構築できる体育が求められている。

引用文献

1）土井隆義『「個性」を煽られる子どもたち―親密圏の変容を考える―』岩波書店　2004 年
2）Jensen, C. D., Cushing, C. C.,& Elledge, A. R., Associations between teasing, quality of life, and physical activity among preadolescent children, *Journal of Pediatric Psychology*, 39 (1), 2014, 65-73.
3）中西健一郎・小澤治夫・久米昭洋「体育授業といじめの関連性についての基礎的調査研究」『スポーツと人間：静岡産業大学論集』第 3 巻第 2 号　静岡産業大学スポーツ教育研究所　2019 年　pp.19-24
4）舞田敏彦「スクールカーストの「階級」を決めるのは、体育の得意度？」『ニューズウィーク日本版 WEB』2020 年 https://www.newsweekjapan.jp/stories/world/2020/10/post-94843.php
5）前掲書 3）　pp.19-24

参考文献

・袰岩奈々『感じない子ども心を扱えない大人』集英社　2001 年
・森田啓「体育・スポーツにおける『負の引き受け』：新しい体育・スポーツの可能性」『体育・スポーツ哲学研究』第 32 巻第 2 号　日本体育・スポーツ哲学会　2010 年　pp.69-81
・森田啓「新自由主義を変革する体育の可能性」『体育・スポーツ哲学研究』第 36 巻第 1 号　日本体育・スポーツ哲学会　2014 年　pp.1-12
・森田啓「『ありのまま』を肯定できる体育への転換」『体育科教育』2020 年 4 月号　大修館書店　2020 年　pp.16-19

第10章 あそびと体育との接点

なぜこの章を学ぶのですか？

幾度となく繰り返し問われてきた「体育とは何を教える教科なのか？」。この問いを考えるためには、運動・スポーツを内容として用意する際に生じる「スポーツとは何か？」に答えなければなりません。そこで一つの視点を用意してくれるのが、「あそび」です。ですから、「あそびとは何か？」から体育を捉え直す必要があるのです。

第10章の学びのポイントは何ですか？

教科の内容である運動・スポーツを、代表的な研究者のあそびの定義から再解釈することと、子どもにとって「スポーツをする」とはどのような行為なのかについて検討することを通して、これからの体育を考える視点を獲得することがポイントになります。

考えてみよう

1. ホイジンガやカイヨワをはじめとした、あそび論からスポーツがどのように捉えられるのか考えてみましょう。
2. 体育の中で子どもたちが運動・スポーツをする＝プレイするとは、いったいどのような行為なのかについて考えてみましょう。

1 あそびとは何か？

体育を語る際に、「ホモ・ルーデンス」という人間があそぶ存在であると捉えることを無視することはできない。例えばカイヨワによって分類されたあそびの４つの特徴は、体育の中で学習内容を明確にし、あそびをあそびたらしめるために関連づけられて表出する。この視点は、単にスポーツがアゴン（競争）であると捉える以上に、多様なあそびの要素を含みながらプレイする体育の豊かさを構想していく際に役立つ。

1 体育は、なぜあそびに着目したのか

(1) あそびから捉え直す意味

戦前の体育は､軍国主義政策に対応するために身体の教育がなされていた。そこでの運動は、表層的には身体的発達や体力向上のための教育手段として用意され、深層的には規律訓練のテクノロジーとして用いられた。このように教育の中に運動・スポーツが位置づけられると、時の政権や社会によって運動・スポーツの文化的価値が見失われることがある。それは、イギリスの体育史家でスポーツ社会学者でもある**マッキントッシュ（P. McIntosh）**が、「ある部分のおとなたちにみられるスポーツを軽蔑する態度は、疑いもなく、彼らの児童期や青年期の体育でプレイの要素が無視されたことに由来するものである」[1)] と指摘することとも関連深い。1960年代、近代スポーツ発祥の国においても、体育のあり方が問われ、プレイの重要性が指摘されていたのである。つまり、改めて社会における運動・スポーツの価値やその捉え方に影響を及ぼすということから、「体育とは何か」の前にそもそも「スポーツとは何か」という問いを立て、そこに一筋の光を差したのが**プレイ＝あそび**なのである。

(2) あそびと教育のジレンマ

戦後、長く続いた規律訓練型の体育授業から脱却するために、「運動と人間の関係」を捉え直し、「楽しい体育」という考え方が提示されていく[*1]。この捉え直しを理論と実践の両面から牽引したのが竹之下休蔵である。竹之下は、なぜあそびに着目したのだろうか。

体育における運動には､子どもや大人のプレイからとられたものが多い。体育はつねにこれらの運動(プレイ)を手段にするのだという。一方､『プ

＊1 「楽しい体育論」の原点について
規律訓練型の授業を脱するために、民間研究団体がどのような取り組みをしてきたのかについては、佐伯聰夫「『楽しい体育論』の原点とその可能性を考える」全国体育学習研究会編『「楽しい体育」の豊かな可能性を拓く―授業実践への手びき―』明和出版　2008年を参照。

＊2 J. ホイジンガ（高橋英夫訳）『ホモ・ルーデンス』中央公論社 1973年

> レイの目的は行為自体の中にある』＊2と言われ、この考え方に異論はない。命令によるプレイはプレイではない、とか、遊びは強いられたとたんに遊びではなくなる、と言われるが、このこともプレイの性格からすれば当然のことであろう。目的としてのプレイと教育の手段としてのプレイは容易に両立するものであろうか。もし両立するとするならば、それはどのように説明されるのであろうか[2)]。

と竹之下は述べる。プレイは目的的であるはずなのに、体育という教科に位置づけられるとそれが手段にとってかわる。このジレンマをいかに解決していけばよいのか。

竹之下は、このことについて以下のように続ける。

> 子どもの生活の中でのプレイが、学校ではやらされるものになり、そしてまた学校を出るとプレイになる。プレイで教えることが重要で、プレイを教えることはさして重要ではないというのであろうか。このような、目的→手段→目的、の間にどのような連続があるのだろうか。マッキントッシュはここのところに問題を提起し、そして、プレイの本質が失われたとき、プレイは教育の内容にも手段にもなりえない、と言っているのではないか[3)]。

なるほど、スポーツをプレイしてこそ初めて、教育の内容にも手段にもなるというロジックを見いだしたわけである。よって、スポーツや体育のさまざまな問題を考える際に、スポーツから考察を始めるのではなく、プレイ＝あそびとは何かから問い直さなければ、結局のところスポーツとは何か、体育とはいかにあるべきなのかが捉えられないというわけである。

こうして、体育授業を受ける子どもの側から、その内容である運動・スポーツを捉え直すことが始まった。改めてプレイ＝あそびと教育の関係が捉え直されたときに、これからの体育のあり方が見えてくる。

2 あそびの定義

スポーツを行うときに、「I play football」のように表現し、スポーツをする人のことをプレイヤー「player」と私たちは呼ぶ。このようにスポーツをする際には、プレイ＝あそびという概念と切り離さないことが重要となる。ところが、あそびは誰しもが身近に経験し楽しみや喜びを生み出してきたにもかかわらず、あそびとは何か？と問われると答えに困る。あそびとは、楽しいこと、ストレス発散になること、子どもが行うことなどと答えることは可能であっても、その本質を捉えるような説明は難しい。この難問を解くために、さまざまな研究者がその定義を試みてきたという長い歴史がある。なかでも日本の体育を考える際に幾度となく引用されたのが、1938 年に発表されたオランダの歴史学者であるホイジンガ（J. Huizinga）の著書、「ホモ・ルーデンス」である。

（1）ホイジンガの登場

ホイジンガ以前のあそび論は、あそびが生活の中で大きな意味をもっていること、それがある必然的な使命を負っていること、何らかの有用な機能を果たしているという立場に立ち、「あそびは何の役に立つのか？」という問いから研究されていた。そして、あり余る生命力の過剰を放出すること、先天的な模倣本能に従っていることであるといった、あそびがあそび以外の何ものかのために行われているという前提に立っていた。それに対しホイジンガは、「面白さ（それ以上根源的な観念に還元できないもの）」の要素こそが、何としてもあそびの本質であると指摘する。つまり、あそびという概念は、それ以外のあらゆる思考形式とは常に無関係であり、あそぶことそのものを目的とするという主張である。そして、人間は本質的にあそぶ存在であると考え、「ホモ・ルーデンス（遊ぶ人間）」という言葉を誕生させる。このあそび概念の転換は、以降のあそび研究に多大な影響を与え、あそびそのものを捉えようとする流れを生み出した。1970 年代後半以降に体育が生涯スポーツを目的に運動・スポーツを扱うようになった際、従来の規律訓練型の教え込み教育から価値転換するために、この「あそび論」が理論的根拠となった。盛んにスポーツの定義や生涯スポーツの振興を行うための理論を検討する議論の際に、あそび＝プレイとは何かへの着目は、ある意味、必然であったともいえる。

（2）ホイジンガの定義

さてホイジンガは、あそびをどのように定義したのだろうか。

> 遊びとは、あるはっきり定められた時間、空間の範囲内で行われる自発的な行為もしくは活動である。それは自発的に受け入れた規則に従っている。その規則はいったん受け入れられた以上は絶対的拘束力をもっている。遊びの目的は遊びの行為そのもののなかにある。それは緊張と歓びの感情を伴い、またこれは「日常生活」とは、「別のもの」という意

識に裏づけられている[4)]。

ホイジンガが指摘したあそびの要素を整理すると、❶自由な活動、❷没利害性、❸完結性、限定性、❹規則のある活動となる。❶の自由な活動が指すことは、自らが強制されることなく楽しみを目的にすることであり、❷経済的利害がないことにその特徴を見いだしながら、日常的な活動とは別なものであると主張する。そして、❸のように明確な時間的･空間的な制限があり、その範囲内で行われ終わることと、あそぶためには❹のように、そのあそびに存在する絶対的な規則（ルール）があり、これを疑ったり破られたりするとあそび自体が成立しなくなる点にその特徴を捉えたことになる。

（3）カイヨワの定義

この定義を批判的に継承したカイヨワ（R. Caillois）[5)] は、あそびをもう少し広い範囲で捉えるために次のように再定義している。

① 自由な活動。すなわち､遊戯者が強制されないこと。もし強制されれば、遊びはたちまち魅力的な愉快な楽しみという性格を失ってしまう。
② 隔離された活動。すなわち、あらかじめ決められた明確な空間と時間の範囲内に制限されていること。
③ 未確定の活動。すなわち、ゲーム展開が決定されていたり、先に結果がわかっていたりしてはならない。創意の必要があるのだから、ある種の自由がかならず遊戯者の側に残されていなくてはならない。
④ 非生産的活動。すなわち、財産も富も、いかなる種類の新要素も作り出さないこと。遊戯者間での所有権の移動をのぞいて、勝負開始時と同じ状態に帰着する。
⑤ 規則のある活動。すなわち、約束ごとに従う活動。この約束ごとは通常法規を停止し、一時的に新しい法を確立する。そしてこの法だけが通用する。
⑥ 虚構の活動。すなわち、日常生活と対比した場合、二次的な現実、または明白に非現実であるという特殊な意識を伴っていること。

体育という教科の中で、子どもが運動・スポーツというあそびをあそんでいる時、つまり強制されるのではなく、まさにワクワク・ドキドキしながら没頭している姿から、これらの特徴が見て取れるのではなかろうか。もちろん、このような特徴が全て整っていない体育授業は、たくさんあり得る。私たちがその際に考えなければならないことは、そのような状態で子どもたち

がプレイしていると認識できるかどうかである。苦手だから参加しない子ど
も、先生や友達の目が怖いからビクビクしながら活動している子ども、規則
＝ルールを守らない子ども、自チームのみが有利に働くように自己の利益を
最大化させ、勝つことだけに囚われている子ども、進学のために成績だけを
気にしている子ども。いずれの子どもも、運動・スポーツをプレイしている
とは認識しにくい。もちろん、体育の授業は教育活動であるから、あそびで
はないという批判もあり得るであろう。ただそのような教育活動が、豊かな
スポーツライフを保障できるのかは、常に問われている。

3 あそびの分類

（1）未分化なあそびと制度化されたあそび

　上記のように定義されたあそびであるが、あそびには実に多様な種類があ
る。カイヨワによって整理されたあそびの分類は、これまた体育の授業を考
える際のカリキュラム論として援用されてきた。カイヨワの分類（表10-1）
を手がかりに考えてみる。
　まず、左側に示されたパイディア（遊戯）とルドゥス（競技）という縦軸
について整理する。パイディアとは、気晴らし、騒ぎ、即興、無邪気な発散
といった共通の原理が支配しており、あそび自体が決まりや名前をもつ以前
の本能的なもの、気紛れといったものが感じられる総称として位置づけられ
ている。一方で、ルドゥスとは、奔放ないたずら気分が消滅し、約束ごとや
技量、用具が出現する制度的なあそびのことを指し、名前がつけられること
で幾度となく繰り返されるようになる特徴を有している。パイディアの興奮

表10-1　カイヨワの遊びの分類

	アゴン（競争）	アレア（運）	ミミクリ（模擬）	イリンクス（眩暈）
パイディア（遊戯）　騒ぎ　はしゃぎ　ばか笑い	競争　取っ組み　あいなど　｝規則なし　運動競技	鬼をきめるじゃんけん　裏か表か遊び　賭け　ルーレット	子供の物真似　空想の遊び　人形、おもちゃの武具　仮面　仮装服	子供の「ぐるぐるまい」　メリ・ゴー・ラウンド　ぶらんこ　ワルツ
凧あげ　穴送りゲーム　トランプの一人占い　クロスワード　ルドゥス（競技）	ボクシング　玉突き　フェンシング　チェッカー　サッカー　チェス　スポーツ競技全般	単式富くじ　複式　〃　繰越式〃	演劇　見世物全般	ヴォラドレス　縁日の乗物機械　スキー　登山　空中サーカス

注　縦の各欄内の遊びの配列は、上から下へパイディアの要素が減少し、ルドゥスの要素が増加していくおおよその順序に従っている。
出典　R.カイヨワ（多田道太郎・塚崎幹夫訳）『遊びと人間』講談社 1990年　p.81

や喧騒から生ずる遊戯的な活動は、やがてルドゥスの方向性をもち、努力や工夫を生み出す。つまり、ルドゥスはパイディアの補足及び教育として現れたり、パイディア的精神を鍛えるとともにそれを豊かにするという。体育の授業においては、幼児や小学校の低学年から高学年、中学校、高等学校へとつながっていく縦のカリキュラムの「ものさし」として援用された。また、ルドゥスとして子どもたちに繰り返しあそばれることによって、文化的意義や創造性を学びとして見いだす際の手掛かりとして意味づけられてきた。

（2）あそびの種類

次に、横に広がるあそびの種類が、**アゴン（競争）**、**アレア（運）**、**ミミクリ（模擬）**、**イリンクス（眩暈（めまい））**と広がっている点に着目する。アゴンは、一定の分野で自分の優秀性を人に認められたいという欲望が原動力となり、争う者同士が明確な勝利条件のもとで、人為的に平等のチャンスが与えられた中で対抗する競争という特徴を有している。スポーツの多くがここに位置づけられており、不断の注意、適切な訓練、たゆまぬ努力、そして勝利への意志を前提とした取り組みが求められる。このことから体育で扱うスポーツの特徴が捉えられることになる。しかし、この競争という特徴だけで多様な興味関心をもっている子どもたちを学びに向かわせることは困難である。このままでは、ホイジンガが指摘したように、スポーツが組織化され発展するにつれて「真面目」になりすぎてしまい、あそびの雰囲気が逃れ去り「スポーツはあそびの領域から去っていく」[6)]と嘆いたことが体育の中で再現されてしまう。

（3）競争のあそびとその広がり

体育の中で競技スポーツのような過熱化や勝利至上主義的な思考への傾倒が起こらないよう、アゴン以外の３つのあそびとの関係性を問うことが重要となってくる。

アレアは、アゴンとは正反対に遊戯者の力の及ばぬ運命こそが勝利を作り出す唯一の存在であり、偶然の気紛れそのものが、あそびの唯一の原動力として表れるものを指す。また、個人の責任を引き受けるアゴンとは反対にアレアは、勤勉、忍耐、器用、資格を否定し、専門的能力や規則性、訓練を排除するという意志を放棄し、運命に身を委ねることにその特徴がある。スポーツにもトランプのようなアゴンとアレアが組み合わされた側面（例えば、どこに転がるかわからないラグビーボールのように）を見いだすことで、真面目化を抑制することが可能になる。アウトかセーフか判断に迷った時には、子どもはすぐにジャンケンをすることで、笑いながら納得することにも表出している。

また、小学生の低学年を観察しているとミミクリの特徴を体現している場面によく出会う。ミミクリは、人間が自分を自分以外の何かであると信じたり、自分に信じ込ませたり、あるいは他人に信じさせたりしてあそぶことを指す。表現運動で表出するそれだけではなく、実際に動物の真似をしながら競争したりしている。高学年や中・高校生になった際にも、観衆として友達のプレイを見る際に、プレイヤーへの同一化や真似をしたりしてあそぶことにも表れる。イリンクスは、何度も鉄棒の上で回る子どもや、マットの上で回転する子どもたちに表出しており、一時的に知覚の安定を破壊し、明晰であるはずの意識をいわば官能的なパニック状態に陥れてあそぶ。

このように、あそびの分類によってあらわれた４つの特徴は、体育の中で、あそびをあそびたらしめるために相互に関連づけられることで意味ある活動となる。この視点は、単にスポーツがアゴン（競争）であると捉える以上に、多様なあそびの要素を含みながらプレイする体育の豊かさを構想していく際に役立つ。体育の内容としてスポーツというあそびを扱う上で、そのあそびの特徴を定義に遡って考えてみることは、種目の教材研究という理解を超えて教育的営為の意味を問い直すことにつながるのである。

2 あそぶという行為

子どもたちがあそびを通して、自己と他者、自己と社会との関係を学んでいない現代において、体育の中でも子どもたちが、まずはあそべるようになるデザインが求められる。あそびが成立するためには、あえて他者とその行為を「これはあそびだ」というフレームを理解しながら、その中で行為する必要がある。児童生徒に対し、教師がこのことを理解したアプローチをしなければ、いつまでたってもスポーツをプレイできるようにはならない。

1 いつからあそべるようになるのか

(1) 人間は、いかにしてあそべるようになるのか

あそびと体育の接点を考察する際に避けて通れないのが、行為者である児童生徒の中に生じるあそびと学びの関係である。意図的計画的な営みである教育の中で、休み時間に運動・スポーツをしてあそんでいる子どもたちと、体育の中で運動・スポーツにあそぶことの違いはどこにあるのか。どちらも面白い活動であることは共通しているが、体育の中には新しい発見や学びが

生じるように計画されているかが一つの分岐点となる。この問題を探るために、人間がいつから「あそべるようになる」のかを考えることから始めてみる。

生まれたばかりの赤ちゃんは、果たしてあそぶことができるのか。もちろん、赤ちゃんはあそぶことを知らない。しかしながら、

> 赤ん坊の周囲の大人たちは赤ん坊を相手に実によく「遊ぶ」。笑顔で、赤ん坊の反応を引きつけようと、オーバーな身ぶりや高い作り声で、「これは遊び」だと全身で表現し、赤ん坊をあやそうとする。（中略）赤ん坊は、周囲のものにとって格好の遊び道具なのである。人々は「アババババー」と声をかけたり、百面相をしたり、笑顔でモノを提示したり、赤ん坊がモノをつかもうとするやわざとそれを引っ込めたりと、赤ん坊をからかって、赤ん坊と遊ぶ[7)]

と指摘されるように、赤ちゃんは自分であそべるようになる以前に、「プレイフルで遊び的な態度」で彼らに接する大人の存在が必要なのだ。つまり、子どもは「あそばれる」ことから「あそび」を学び、あそべるようになるのである。子どもたちを観察していると、この経験が少ない子どもは想像以上に多い。あそばれる経験が少ない子どもに、体育の中で創造的な営みとしてあそびを提供してもうまくいかないのである。

(2)「あそばれる」から「あそぶ」へ

であるならば、この「あそばれる」ことを学ぶことから「あそぶ」ことを学ぶまでの3段階のステップ[8)]を理解しておく必要がある。第1段階は、もっぱら「あそばれる」ことを学ぶ段階である。もちろん「あそばれる」ことを学ぶのは0歳から1歳半ぐらいの時期で終わるわけではなく、子ども期を長く支配するが、子どもとあそぼうとする大人が笑顔で子どもに「いないない・ばー」をしたり、「高い、高い」をしたり、「こそばしたり」と子どもを「からかう（＝あそぶ）」。そのような大人のプレイフルな態度が子どもたちに「あそんでもらっている」という喜びをもたらす。第2段階は、子どもは大人にサポートされている雰囲気の中で、大人に対して部分的ではあるもののプレイフルな態度を自らが取れるようになってくる。「受け身の立場」で体験した他者の行為や役割を逆転させて能動的に模倣できるようになっていく。徐々に慣れてくると人形や空想の相手に対してプレイフルな態度で話しかけるようになるが、この段階ではまだ「あそんでもらっている」という感じが抜けない。3歳ごろになるとあそびの学習は3段階目に入っていく。

この段階になると子ども同士の世界で互いにプレイフルな態度で「あそび」を構築することができるようになる。自分より幼い者とあそべるようになる時、他者と積極的にあそぼうとするプレイフルな態度が能動的に出せるようになっていく。

(3) コミュニケーションとしてのあそび

一見、体育とは関係なさそうに見える幼児期の発達段階を示したように感じるかもしれないが、大人からあそばれることや異年齢集団で育ってきていない子どもたちは、あそびを通して、自己と他者、自己と社会との関係を学んでいない。だからこそ、体育のなかでも子どもたちがまずは、あそべるようになるデザインが求められるのである。

さらにこのあそびは、日常生活で使われるコミュニケーションとは異なるコミュニケーションによって成立する。ヒーロー／ヒロインごっこの中で戦っている子どもを取り上げてみよう。両者の間に

> 「これはあそびだ」、すなわち殴り合いごっこは、殴り合いごっこが表す殴るという行為が、日常の喧嘩とは異なり、殴る行為そのものが本物ではないという理解がなければ、すぐさまこの殴り合いは本当の闘いへと変わってしまう。「遊びが可能なためには、〈遊びとしてのメッセージ〉（メッセージ）とは区別して、当事者の間に「これは遊びだ」という〈あそびについてのメッセージ〉（メタ・メッセージ）を伝達する信号を交換する程度のメタ・コミュニケーションの能力が不可欠であるといえよう」[9)]

と指摘されるように、あそびが成立するためには、あえて他者とその行為を「これは遊びだ」というフレームを理解しながら、その中で行為する必要がある。このあそびのメタ・メッセージを受け取れずに体育の中で困っている児童生徒は意外と多い。教師がこのことを理解したアプローチをしなければ、いつまでたってもスポーツをプレイできるようにはならないのである。

2 他者関係としてのあそび

(1) 当事者にとってのあそび

ホイジンガやカイヨワによって示されたあそびの定義である「自発的に楽しむ」という特徴は、「一人で好き勝手に行うもの」というプレイのイメー

ジを持たれやすい。このことについて西村清和は、「だが、これによってわれわれは、なるほど、『遊びはなにではないか』については知りえても、『遊びとは、それ自体として、なにであるか』について、すなわち、あそびの独自の存在性と本質については、依然として、ほとんどまったく、知らないのである」[10] とホイジンガやカイヨワを批判的に継承し、「当の遊び手にとっての遊びとはなにか」という問いに取り組む。そして、プレイが「他者や世界に対する基本関係のひとつ」であるという新しい見方を提示する。つまりプレイは、そもそも他者関係なくしては成り立たないという指摘である。このことは、体育においても重要な示唆をもたらしている。一人で好き勝手に活動しているのではなく、クラスの他者＝仲間と共に一緒にスポーツがもっている課題に対して試行錯誤しながらあえてプレイすることが、体育の中であそぶということであると示してくれているのである。

(2) あそびの3条件

さらに西村は、あそび手にとってのあそびを理解するために、日本語におけるあそびという用語に着目しながら次のように整理する。「このふたつの歯車のあいだには、遊びがあって、うまく噛んでいない」や「人生には遊びがなければいけない」という用語の使われ方にみるように「遊びがある」という言葉が使われる背景には、「そこに遊びが生じる余地と、他方で、この余地の内部であてどなくゆれ動く、往還の反復の振り、すなわち、現象ないし行動がとる遊びという様態とが存在する」[11] ということを見いだす。そしてこれを西村は「**遊隙**」と「**遊動**」と呼ぶ。バレーボールのゲームにおいてシーソーゲームと呼ばれるようなお互いが得点を取り合う白熱したゲームを想像するとわかりやすいが、「勝ち」「負け」という心理的な「遊隙」を常に流動的に「遊動」しているということになる。

もちろん、スポーツをする際に生じる「できるかな」「できないかな」という技能をめぐっても「遊隙」と「遊動」が存在する。このことは、子どもが志向しやすい「絶対に勝てる」や「絶対にできる」という「遊動」がない状態は、当事者にとってあそびにはならないことも教えてくれる。このような「遊隙」と「遊動」に身を委ねることで、いわばチクセントミハイ（M. Csikszentmihalyi）が指摘したフロー体験[*3] に象徴されるような「没我」「夢中」といった日常生活にはない存在様態に至ることがあるのをあそびの特徴と捉えることができる。まさに「個」が喪失し他者と共に溶け込む「**遊戯関係**」がその中に存在していることこそがあそびの独自性であり本質なのである。つまり、「遊隙」「遊動」「遊戯関係」という3条件があそびには欠かせないものとなっている。

＊3　フロー体験については、M. チクセントミハイ（今村浩明訳）『楽しみの社会学』新思索社　2001年を参照。

　このように、当事者にとってあそぶとは、いかなる行為なのかを問うことは、体育の中で児童生徒が試行錯誤を通して豊かに自らがあそびながら学び、自己変容していくことにつながる手がかりを示してくれる。もちろん教育が意図的計画的な営みであるとするならば、何を学ぶかが結果としてしか示されないあそび論とは、相性がよくないかもしれない。しかし、子ども達の自己変容を促しプレイフルな態度で授業が展開されることのよさも一方で私たちは認識をしている。あそびと体育の接点を探りながら、体育のあり方を考え続けることが実践者である一人一人の教員に求められている。

引用文献

1）P. C. McIntosh, *Sport in Society*, 1963, 118.
2）竹之下休蔵『プレイ・スポーツ・体育論』大修館書店　1972年　pp.134-135
3）同上書
4）J. ホイジンガ（高橋英夫訳）『ホモ・ルーデンス』中央公論社　1973年　p.73
5）R. カイヨワ（多田道太郎・塚崎幹夫訳）『遊びと人間』講談社　1990年　p.40
6）前掲書4)　p.399
7）麻生武「遊びと学び」佐伯胖監修『「学び」の認知科学事典』大修館書店　2010年　p.129
8）同上書　pp.132-135
9）矢野智司「あそびの論理学―パラドックスの快楽としての遊び―」亀山佳明編『スポーツの社会学』世界思想社　1996年　p.170
10）西村清和『遊びの現象学』勁草書房　1989年
11）同上書　pp.24-25

学びの確認

①体育は、なぜあそび論を必要としたのでしょうか。

②ホイジンガ、カイヨワのあそびの定義から、体育の内容がどのように捉え直されるのでしょうか。

③子どもが体育の中であそべるようになるためには、どのような学びが必要でしょうか。

column

なぜ学校で体育の授業が行われているのか？
—球技はなぜ行われているのか—

環太平洋大学／白石翔

球技が行われないと何が困るのか？

なぜ学校の体育授業で球技が行われているのかを考えてみるために、本コラムでは反対に球技が行われないと、何か困ることがあるのかを考えてみることからはじめてみたいと思います。

私が所属する大学（体育学部）の学生に「球技が行われないと何か困ることがあるのか」を尋ねてみると、一番に挙がったのが「みんなで試合を楽しめない」ということでした。こちらが期待するような「球技のルールがわからなくなる」でもなければ、「スキルが身につかない」でもなく、その答えはとてもシンプルなものでした。

けれども、学生たちの出したその答えには、一定の説得力を感じられずにはいられませんでした。というのも、学生たちは新型コロナウイルスによる一斉休講を経験しており、ルールを認知する学習や簡単なスキル練習は自宅でできたのに対し、学校でなければみんなで球技の試合を楽しむことができなかったという体験を語るからです。

球技が行われなくなった場所…

ところで、学校ではないのですが、既に球技が行われなくなった場所があります。それは、市街地にあるいくつかの公園です。私は、習い事として野球をしていましたが、公園で部員以外の友達と野球をするのがとても好きでした。あまりよく知らない友達と野球の中で一緒に喜んだり悔しがったりしながら、じわじわと打ち解けられる感覚が楽しく、今でも記憶に残っています。その意味で、幼い頃に野球を楽しんでいた公園に「ボール使用禁止」の看板が掲げられていたことは、理由があるにせよショックな出来事でした。

このように考えてみると、なぜ学校の体育授業で球技が行われているのか、一つには球技が「みんなで楽しめることだから」というシンプルな結論を導き出すことができます。この価値が十分に主張できなければ、公園と同じように学校でも不要なものになるのかもしれません。

球技が楽しいのは当たり前？

みんなで球技を楽しむためには、何も考えずに単に試合をやればよいというものではありません。例えば、運動が苦手な子は、そもそもボール操作が上手くできずに不安を抱えていたり、味方の視線が気になって思うように動けなかったりするのかもしれません。参加者のことを考えてルールを工夫していくことがとても大切になります。この考え方は「人をスポーツに合わせる」という考え方に対して、「人にスポーツを合わせる」と呼ばれます。実は、前述の公園の野球では、子どもだけで上手にルールの工夫がなされていました。学年が小さい子が打つ時は投手が下手投げをしたり、遠くまで打つ子は逆打席で打つようにしたりと、その他にもさまざまなルールが付け加えられ、自然とみんなで野球が楽しめるようになっていたのです。

球技の試合を気軽に行える場所が減少するとともに、体育の授業はその価値をさまざまな人と共有する重要な機会となっています。みなさんも改めて、なぜ球技が行われているのかを考えながら球技の行い方を見つめ直していただけたらと思います。

第11章 運動学習と体育との関係

なぜこの章を学ぶのですか？

体育の時間では、実際に身体を動かすことが多くなります。他の教科では得られない、体育における学習とはどのようなことか、指導者の役割は何なのか、理解する必要があるからです。

第11章の学びのポイントは何ですか？

各種目に固有な技能を習得することを目標とすることがなぜ必要なのか、特にスポーツ運動学の立場から理解することがポイントになります。

考えてみよう

1. 習得する運動の基礎知識をもっていても、実際にできる動きとできない動きがあるのはなぜでしょうか。
2. ジムやスポーツクラブなど学校外で行われる運動学習と体育で行われる運動学習は何が違うのか、考えてみましょう。

1 体育では何を育てようとしているのか

スポーツ運動学の立場から考えた場合、体育における運動学習では、生涯にわたって運動を続けるための素養を身につけることが目標になる。つまり、体育はただ単に体力を向上させるためにあるのではないことになる。各種目の動きかたの練習を通じて、「思い通りに動けるからだ」や自分自身で運動課題を解決できる力を身につけていくのである。だからこそ、体を動かし技能習得に向けた活動に取り組むことが体育の中心的な活動になる。

1 「動けるからだ」をもつために

(1) 技能を評価することがなぜ子どもに嫌われるのか

近年の研究における体育が嫌いな理由については「他の人より体力面と技術面で劣っているため」「うまくできない運動が多いため」「失敗したら恥ずかしく不安なため」「どうせ運動の上手な人が評価されるため」といった技能面における理由が多くを占めている[1)]。体を動かすことが中心的な活動となる体育においては、学習活動の成果やその過程が目で直接確認できる。そのため、人より体力面で劣っている学習者や、人と比べて上手に課題ができない学習者は、恥ずかしさや、能力の違いを感じてしまうことによって劣等感を抱きやすく、体育に苦手意識をもつ者が少なくないのも事実であろう。過去には、技能主義一辺倒な指導が落ちこぼれや体育嫌いをつくっていることが批判され、全員で同じ課題を行うのではなく、個の能力に応じた学習が求められるようになった経緯がある。そこでは学習カードを用いることや「今もっている力で楽しむ」といったように学習者自身が個人の能力に合った目標を立てて体育の学習を進める「めあて学習」[*1] が行われるようになったのである。

しかしながら、ここで一度考えてみたいことは、技能を評価[*2] することは悪いことなのであろうか。この体育における技能を他教科で置き換えると、音楽では上手にピアノを弾くことになるし、数学では難しい数式を解くことといったことになる。ピアノが上手く弾ける学習者に低い評価を与えることはないし、授業ではそのために練習をすることになる。数学であれば、より難しい数式が解答できる学習者を評価することに異論はないであろうし、その数式の解き方を学習するのは当然である。体育であっても同様に、運動課題を達成するために技能を獲得することが活動内容の中心となることは当然認められるのである。問題は体育特有の技能を獲得していく過程が他者から

＊1　めあて学習
ここでいう「めあて学習」とは、昭和 60 年代に導入された個に応じた課題解決型的な学習を重視する考え方であり、そのモデルは全国体育学習研究会（全体研）が開発した「ステージ型学習過程」及び「スパイラル型学習過程」である。しかし、めあて学習の定義も決まっているものではなく、時代とともにその捉え方も変化してきている。詳しくは、佐藤勝弘・米村耕平の論考（参考文献）を参照。

＊2　評価
現在、体育の評価は技能だけで決まるものではない。「高等学校学習指導要領（平成 30 年告示）解説　保健体育編」においては、運動の楽しさや喜びを味わうための基礎的・基本的な「知識・技能」「思考力・判断力・表現力等」「学びに向かう力・人間性等」の育成を重視する観点から、評価が行われている。しかしながら、体育にとっての「技能」は誰にとってもわかりやすい評価の一つであろう。

見てわかりやすく、さらに一人で学習しにくいことであろう。たとえ、個人で目標を立て、その課題解決に向けて練習を行ってみたとしても、その過程で出てくる失敗を解決するための練習段階を組み立てることができず、課題達成に向けた成功体験がない場合には、他者と比べられることや、低い技能を披露する（見られる）ことが苦痛なのは容易に想像できよう。

(2)「できる」ということはどういうことか

改めて「できる」とはどのようなことであろうか。例えば､120cm のバーを飛び越すことができる、逆立ちができる、25m 泳げるといったことは、ある運動課題が達成できるということであろう。これは外形的に見える運動技能の向上である。このような場合にはスモールステップと呼ばれる細かい段階練習が組まれることになる。例えば、走り高跳びであれば高さを徐々に上げていくこと、逆立ちであれば壁倒立や補助倒立などの条件や器具を用いることで易しい課題から難しい課題へと近づけていくことになる。

しかし、運動ができるとはそのような一面的なことだけではない。例えばこれまで勇気を出さないと跳べなかった跳び箱が、負担なく跳べるようになったという運動に対しては、恐怖心が緩和されたことが挙げられよう。さらには、記録は同じだったけれども、以前よりも綺麗なフォームで泳ぐことができた、疲れずに効率よく泳げるようになった、といった運動の質が変わることもある。さらには、例え実施した運動が失敗したとしてもその理由がわかるようになる、あるいは何度も成功したことがある運動でもポイントが明確に理解できるようになることもある。つまり、怖い運動への恐怖心が和らぐことや、実施した運動の失敗と成功がわかるようになったこと、投げられる距離は同じでもフォームが変わったなど、結果だけではなく学習者自身の内面や動きの質に着目した「できる（感じられる）」の形もあるはずである。

運動が成功する要因は多様である。さらに、運動に対する経験や学習者の運動感覚も同じものはいない。一人一人異なるとわかっていながらも、同じ課題や目標で比べるためには、数値化することが難しい運動の質に焦点を当てることも必要になってくる。これまでの画一的な「できる」という技能の評価に対する認識を改めて考えていく必要があろう。

2 運動の楽しさは「できる」ことにある

(1) 運動の楽しさを学習すること

当たり前であるが、体育において運動を行うためには楽しむことが必要であることはいうまでもない。しかしながら「楽しい体育」というスローガンのものとに「子どもが楽しんでいればよい」「できなくても楽しければよい」ということにはならない。学習者が運動を楽しめるように学習活動を仕組んだり、学習の場を工夫することは、体育授業でもっとも大切な条件になるが、それを隠れ蓑にして技能面の指導をしなくてもよいことにはならないことが指摘されている[2)]。球技の苦手な学習者は、パスの出し方、動き方、シュートの打ち方を身につけ球技がうまくできるようになりたいし、〈逆上がり〉ができない学習者は〈逆上がり〉ができるようになりたいのである。球技で戦術的な指導を放任した場合、高学年になってもいわゆる「金魚のフン」といわれるようなボールサイドに学習者が密集してしまう風景も珍しくなく、〈逆上がり〉の指導を放棄してしまうと、いつまで経っても〈逆上がり〉はできないのである。運動を楽しむためには、やはり技能の向上は不可欠であり、目に見える結果や自身で感じられる達成感、これが運動における楽しさに直結する。「楽しい体育」というスローガンを誤解してはいけないのである。

「楽しかった」と笑顔で運動を行う学習者に出会うことは指導者として最も報われる瞬間である。一方で動きの改善が見られないのであれば、教師は改めて「上手くなったのか」を問う必要がある。ルールに基づいて運動を楽しむには技能の向上は欠かせないのであり、体育授業において、技能習得を放棄した「一時的な楽しさ」は、将来にわたって継続的に運動を行うことにつながらないのである。

3　実践的な運動理論による運動学習

(1) 科学的なデータを使うには条件がある

近年、科学的な研究が進み、一流アスリートの多くの技術が明らかになっている。科学によって我々の生活は豊かになり、生活に欠かせないものになっていることはいうまでもない。そのような科学的な観点から分析されたデータを用いた運動指導は大切だと考える一方で、その科学的な指導を子どもに当てはめることは、問題があることが指摘されている[3)]ため、以下、確認することとしたい。

例えば、走るにしても鬼ごっこでの走り方や、50m 走の走り方、走り幅跳びや跳び箱での助走としての走り方、ドリブルなどさまざまな走り方があり、状況に応じて走り方は変わるはずであるが、それを踏まえずにアスリートの科学的な見地から明らかになった「正しい型」にはめ込むようにしたとしても、上手くいくはずはない。また、アスリートも段階を経てその走り方を習得しているのと同様に、学習者もその走り方を行うための練習段階が必要になる。科学的なトレーニングは、動きが出来上がっていて、それを修正することができる競技スポーツ選手には当てはめることが可能となるが、体育ではそもそも動きができない、あるいはその運動が怖くて取り組むことができない学習者が少なくない。そのような学習者に、科学的に導き出されたデータを与えたとしても、うまくいかないことが多いのである。そのような場合には、科学的なデータを示した指導を行う前の段階として、運動をできるようにさせる、あるいは運動に不安なく取り組むことができる指導が必要なのである。

（2）スポーツ運動学の台頭

スポーツ運動学[*3]という学問は、学習者の運動感覚意識である動感[*4]に焦点を当て、学習者の運動経験や状況を考慮に入れながら、指導方法を考える学問になる。例えば「膝が曲がった逆立ち」をする学習者がいたとする。外部視点からすると「曲がっている膝を伸ばす」ことになる。見た目を修正するのであれば単純に「膝を伸ばせ」の指導でいいが、そう簡単にいくことばかりではない。なぜなら運動中、学習者自身は膝が見えないからである（図 11-1）。そのため、スポーツ運動学では学習者の動感を考慮に入れて、運動指導をすることになる。そこで、膝を伸ばすために「太ももに力をいれる」ことが重要な動感であれば、学習者には「膝を伸ばせ」ではなく「太ももに力を入れろ」といったような、学習者の運動感覚に焦点を当てた指導になる（図 11-2）。また、スポーツ運動学では、学習者の過去の経験や動感、状況を加味しながら運動指導を行うことになる。例えば、水泳の〈けのび〉ができない学習者がいたとしよう。その場合、アスリートの綺麗な〈けのび〉のデータを提示しても不十分であることは、運動指導の現場に立つものなら容易に想像できよう。その場合、「水に顔をつけることはできるのか」「伏し浮きはできるのか」「けのびの姿勢を水中でつくることができるのか」といったことを指導者はまず考えるはずである。

図 11-1　「逆立ちの時の視線」のイメージ図

スポーツ運動学は人間の運動をモノ（物体）として分析し、運動習得へ導くものではない。行う人間の過去の経験、その場の状況を考慮しながら、学習者の運動感覚である「動感」に焦点を当てて、運動を改善させようとする

＊3　スポーツ運動学は、金子明友がマイネル（K. Meinel, 1981）の運動学理論を批判的に継承発展させた理論である。発生目的論的運動学や目的論的運動学、発生論的身体運動などのさまざまな名称で記述されることもあるが、金子の近年の理論をまとめて本章では「スポーツ運動学」と呼ぶ。

＊4　動感
動感とは、フッサール現象学の鍵概念である「キネステーゼ」を訳した用語であり、運動を遂行する際の意識であるコツやカンを主題化するために導入された造語である。
金子明友『身体知の形成（上）』明和出版　2005年　p.24

図 11-2　運動学的な指導のイメージ図

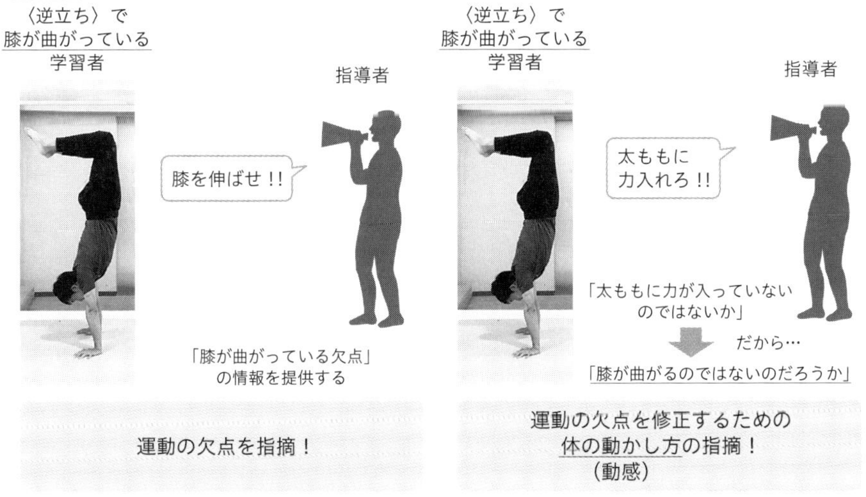

外部からみた欠点の指摘の指導の例　　スポーツ運動学的な指導の例

立場である。人間の運動は機械のように部品を変えることはできない。膝をけがしたら、けがをした膝に合った動き方をするために動感を修正する必要がある。

(3) 体育における学習とは

ではここで、スポーツ運動学の立場から体育における学習の意義を考えてみたい。つまり、他の教科では代替できない体育独自の学習内容はどのようなものなのであろうか。そう考えるとやはり、体育の特徴は体を動かすことに他ならない。そこで重要なことは「身体知」を充実させることが金子一秀によって指摘されている[4)]。医者が患者を診断することや芸術家の創作能力などに代表されるような言葉や数字で表すことが難しい知をポランニー (M. Polanyi) は「暗黙知」[5)] と呼んでいるが、身体活動を伴った知を金子明友は「身体知」と呼び、それは単なる知識ではなく、新しい出来事に対して適切に判断し解決できる身体の知恵が意味されている[6)]。このような身体知が充実されてくると「いろんな場所でできる」ことや、「緊張してもできる」こと、あるいは「もうちょっとでできそう」「この運動をするとけがをしそう」といった課題への評価と予測が可能になる。それらを判断し運動を行っていくことは、ただ単に体育である運動課題が達成できるにとどまらない。このような身体知は、生涯にわたって運動を続ける身体的な教養として身についていくのである。

近年、トレーニングジムが流行しているが、そこは生理学的な筋力をつけることで美容や運動習慣の改善目的で利用されている。そのため、ベンチプレスを早く何回も上げる「コツ」[*5] を教えるのではなく、効率的に筋力を身

＊5　コツ
スポーツ運動学において、コツとは「運動を行う際のポイントや要領」という意味である。運動を行う際に、「コツを教えて」などと聞かれた際には、その運動を行う際の体の動かしかたやリズム感、力の入れかたなどを伝えることになる。
金子一秀『スポーツ運動学入門』明和出版 2015 年　p.124

につけることを目的とする。つまり、正しい姿勢、正しいやり方で筋肉に刺激を与えるのである。早く何回もベンチプレスを上げることは、場合によってはけがにつながり、姿勢が異なった場合には間違った筋力をつけてしまうことになりかねない。そのため、トレーニングジムで行われていることは、体育でめざされる身体知の充実とは違った目的になる。それゆえ、スポーツ運動学の立場からするとトレーニングジムは体育の活動の代替にはならないのであり、ただ単に生理学的な体力向上を求めることが、学校体育で学ぶものではないことがわかる。

また、ある特定の種目を専門的に学べばよいというものでもない。ダンスや球技、ハードル走やクロールといったさまざまな動きを身につけようと試行錯誤する中で、自分で種目を選択し、動きの良し悪しを理解し、時に失敗し、時にまぐれで成功することを身をもって体験し、身体知を充実させることが求められる。それら非日常的な動きは、特定の種目だけでは身につけることは難しい。それぞれの種目の特性を味わいながら、個人の経験や身体的特徴によってさまざまな身体知を身につけるからこそ、一人で運動に取り組むことができるようになるのである。

スポーツ運動学の立場に立てば、体育では「身体知」の充実に向けた学習内容が中心となり、授業のストーリーを作ることになる。その過程で現れる、筋力の向上のトレーニングや知識の積み重ね、楽しく取り組むための工夫や、マネジメントはもちろん認められるのである。

4 運動中の自分の感覚を指導に生かすこと

鉄棒の〈逆上がり〉という運動を指導する際に、「おへそを見なさい」という言葉が使われているのを見聞きすることがある。一つ実験してみたいが、「おへそをみないと逆上がりはできない」のであろうか。実際に、おへそを見ないように〈逆上がり〉をしたところ、問題なく実施することはでき、実際終始、実施中は鉄棒やおへそを見ることはない（図 11-3）。ここで問題としたいことは「おへそを見なさい」という指摘が間違いなのではなく、自分ではやっていないことを教えている可能性がある、ということである。〈逆上がり〉で重要なことは「脇を閉じる」「後方への回転」といった動きが上方への移動を伴って行われることである[7]。上記の動きを達成することを助けるために「おへそを見なさい」という言葉を使用することもあるというだけである。おへそを見ようとする動きは、体を鉄棒に引きつけ、鉄棒に体を巻き付けるような力の入れ方を促す動きであると考えられる。しかしながら、

図 11-3　おへそを見ない逆上がり

おへそを見ないでも〈逆上がり〉はできるため、「おへそを見る」のは、あくまでも数ある指導言語の一つの例である。

指導者自身が教えようとする運動中の目線や力の入れ方を振り返ることは、他人の運動を評価することや、運動を修正する時、運動の議論をする時に直接的に役に立つはずである。そのため、教員養成大学では各種目の実技授業が必修になっている。動感を伴わない外から見ただけの運動修正の指摘や、これまで見聞きした経験から指導をした場合には「あの子は、おへそを見ていないから〈逆上がり〉ができない」という、的外れな議論になる可能性もある。いずれにせよ、自分の感覚あるいは運動中に必要であろう感覚を土台として、学習者の指導を行わないと「あの先生に教えられてもうまくいかない」「あの先生は何も教えてくれない」と学習者から影口を叩かれることになる。一方、学習者の感覚に共感した指導を行い「あの先生に指導してもらえるとうまくなる」と生徒に信頼されるのであれば、授業にも規律が生まれてくるのである。

2 これからの体育における運動学習の指導者に求められるもの

運動学習の指導者の役割は、授業管理のマネジメントにとどまらない。なぜなら体育の学習は、トレーニングジムで行われる内容と同一な質のものではないからである。運動課題が「できる」ための体の動かし方の学習活動が中心になる体育では、全員にとって安全で学習効率の良い内容が均一に提示されるだけでは不十分である。同じ人間は一人としていないため、指導者には学習者に応じた学習課題を提示できる能力が本質的に求められるのである。

1 指導者の中核的役割

(1) 学習活動のマネジメントだけなら専門職は必要ない

体育の時間においては、効果的に授業を行うために用具の準備や、学習活動のマネジメントが行われることになる。体育の学習で活動時間を多く取り、そのために効率的なマネジメントを計画することは、指導者の重要な役割であろう。ただし、学習時間を確保しただけではうまくならない学習者がいることを忘れてはいけない。多く学習時間を取ればいいのではなく、運動が苦手な学習者ができるようになるための学習課題を提示するために多くの学習時間が必要なのである。

例えば、マット運動における〈開脚前転〉の練習を授業で30分行ったとする。しかし、一向に立ち上がる様子が観察できない。学習活動でいえば十分な時間になるが、よく考えてみると、その学習者は、〈できない開脚前転〉の練習を30分もしていたことになる。そのような学習者を見て指導者は、なんの手立ても用いないのであろうか。練習時間の確保のためのマネジメントをしっかり行うことは、教師にとって必要なことだが、それは他の教科でも同じことである。体育の授業では初めての運動発生に向けて、コツを伝えることや、学習者ができそうな課題を提示し、最終的には一人で運動が学習できるように導いてあげることが求められよう。そのように、一人での練習が可能になるから、生涯にわたってスポーツに親しむことができるのである。

学習時間の確保のためにマネジメントを考えることは非常に大事なことである。しかし、学習時間の確保のためだけや、練習時間を確保すれば勝手にうまくなるであろうという認識では、「本当にできない学習者」に手を差し伸べることはできない。

2 学習者を共感的に捉える

(1)「誰でもできる」課題を与えることは、運動指導をしたといえるのか

前述したようにマネジメントに関しては、運動量の時間確保をするための効率的なタイムマネジメントにとどまらない。いくつかの場の設定を行い、学習者が自分の能力を理解してそれぞれが移動し練習する風景も見ることがある。一見して、非常によい学習活動に見えるが、できない学習者にとっては不十分であり、実際に教えてほしいのである。誰でもできる優しい課題ではなく、あとちょっとでできそうな課題で、何をしたらいいのか、あるいは取り組むのも嫌な課題に対して、どうやったら取り組めそうになるのか、指導者は手を替え品を替え、提示していく必要がある。

指導者が「これさえすれば面白いはずだ」あるいは「これはみんなが楽しめるゲームなはずだ」といったように、一定の条件のもと学習者に課題を選ばせてやらせることは、場合によっては学習者への動感指導を放棄しただけの管理指導にすり替わることもある。また、この課題をやらせれば技術が勝手に身につくと声高らかにいうこともある。しかし、条件を限定して、技能が身につくのは、ある程度の技能をすでにもっている学習者だけであり、誰でも条件を限定すれば身につくわけではない。

さらに、指導者は時に「がんばれ」という言葉を使うこともある。できない学習者に「がんばれ」を連呼することは状況によっては「私にはもう手立てはありません」ということに他ならない。指導の手立てがあるのであれば「がんばれ」ではなく「もっとこうしてみたら？」「こういうことはできる？」「こういう動きは怖くない？」など、具体的な指導の言葉が出てくるはずである。

さまざまな練習環境を提示し、「がんばれ」と声をかけて学習者を励ますことは指導者として否定されることではない。しかしながらそのような、練習環境や励ましの言葉を隠れ蓑にし「できない学習者」の指導を放棄していいことにはならないはずである。

3 どのように運動を覚えていくのか

(1) 学習者に「なじみ」を与えることができるか

当たり前だが、学習者の一人として全く同じ体格ということはあり得ず、同じ経験をもっている人はいない。そのため、本来できることは一人一人違

図 11-4　学習者にみられる運動習熟に向けた特徴的な段階

0．なじみ以前の位相　⇒
わからない・怖いというような理由からも積極的に取り組もうとしない段階
1．なじみの位相　⇒
何となくやってみてもいいかな、やっていても嫌な気がしないというような段階
2．さぐりの位相　⇒
どうやったらできるのか、目当て（コツ）がほしくなる段階
3．まぐれの位相　⇒
様々に模索を繰り広げているうちに、ふと何かの拍子にまぐれ当たりが出て成功するコツを理解しつつあり、とにかく夢中になって数をかけたくなる段階

→ ①できない運動を覚える学習
→学校体育、幼児体育、初心者指導

4．コツがつかめた位相　⇒
言葉ではうまくいえないけれども運動感覚が体で理解できることや、運動習得の停滞時期や克服などがみられる技術（コツ）の定着と修正の段階
5．自由自在にできる位相　⇒
心身負荷や他者との関わりの中で、考えていなくても即興的にできる段階

→ ②できる運動をよりよいものにする学習
→学校部活動、スポーツクラブ

③他人と協力したり、様々な情況の中で使えるようにする学習
→競技者のレベル

出典　金子の形成位相論（金子明友『わざの伝承』明和出版　2002 年　pp.416–430）を参考に筆者作成

うはずであり、学習への道のりやできることも違っているはずである。金子は、運動を習得する学習者に特徴的な段階がみられることを指摘し、形成位相論を唱えた[8)]（**図 11-4**）。以下、その内容を簡単に記すこととしたい。

課題に取り組む前は「**なじみの以前の段階**」がある。学習者は、わからない、怖いというような理由から提示された運動に対して積極的に取り組もうとしない段階がある。さまざまな運動経験や、課題や用具の工夫を行いながら、次のなじみの位相の段階へ入門させてあげることが必要になる。

運動を取り組み始める位相は「**なじみの位相**」と呼ばれる。そこでは、なんとなく、わからないけど、やってみてもいいかな、というように提示された課題に対してやってもいいかな、となんとか課題に取り組む段階である。

次に「**さぐりの位相**」がある。そこではどうやったらその運動ができそうか、あるいは課題を達成する際に必要なコツの情報などが欲しくなる段階である。

そして、「**まぐれの位相**」がある。ここは、初めて運動ができた時であり、コツを理解しつつある状態で、とにかく夢中になって数をかけたくなる段階である。

それから、「**コツがつかめた位相**」になる。ここは、多かれ少なかれ停滞が見られることが特徴であり、コツを定着させることや、自分の動きをよりよい動きへと修正していく段階である。

最後に、「**自由自在にできる位相**」へと進んでいく。ここは、何も考えて

いなくてもできる段階である。

運動習得には、上記の段階を通り技術を習得することが一般的にいわれているが、学校体育で扱われるのは「まぐれの位相」までであろう。学校体育では「まぐれ」の成功体験を増やすため、とりわけ「なじみの位相」を大事にするべきなのである。そのために、用具の工夫や場づくりや、スモールステップなど、学習者が感情的に嫌にならずに取り組めそうな課題を提示することになるのである。学習者がまだなじみの位相にも到達できていないのに、「ゴルフ場に現れる教え魔」のようにコツのアドバイスを浴びせても学習者のためにならないばかりか、その運動を忌避することもある。

このように、運動習得に向けては特徴的な段階があり、目の前の学習者が提示された運動に対してどの段階にいるかによって、かける言葉や指導の内容が変わってくるのである。とりわけ、なじみの位相にも入っていない学習者をどのように運動に取り組ませるか、体育教師にとっては力が試される場面となる。喉がカラカラの時に飲む水ほどおいしいものはない。お腹いっぱいの時にいくらおいしいものをあげようとしても満足しない。コツを伝えるのもタイミングが重要なのである。

4 体育における運動学習のこれから

現在体育の授業では、ICT（インフォメーション・アンド・コミュニケーションテクノロジー（情報通信技術））を用いた授業が活発に行われている。特に、自分や他人の運動を映像で撮影し、その映像を確認しながら議論をすることや、自分の技能向上へ繋げることは、一般的な授業風景となっているこの頃である。さらに近年は VR（バーチャル・リアリティ）ゴーグルを利用した学習もでてきている[9)]。一昔前では見られなかったこれら授業風景は、一見すると非常に合理的で体育の学習の可能性を感じられる。しかし、上記のような学習が運動の習得や修正に直接的に役に立っているのか度々議論されている[10) 11) 12)]。我々が ICT を利用して撮影した映像を見るときには、自分や仲間の動き全体を横や前といった方向から見るであろう。しかしながら、運動中には撮影した映像のような視界ではない。

例えば、〈開脚とび〉で膝が曲がっている学習者がいるとしよう。その学習者は、映像を見ると膝が曲がっているのがわかるが、実際の開脚とびの際に見える目線は跳び箱や着地のマットである。運動を修正するのは運動中である。つまり、その学習者が膝を伸ばすためには、膝が曲がっている感覚と膝を伸ばせる感覚が必要である。そのような感覚は、映像視聴の ICT 機器を利用しただけで身につくのであろうか。どれだけ映像を記憶しても、どんなに映像撮影機器の画素数がよくなったとしても、結局運動ができるようになるためには、そのような外形的な動きを改善させるような学習者の動感が発生しなければならない。そのため学習者に寄り添った指導と学習内容に改めて目を向ける必要がある。

ICT 機器はあくまでも、ツールでしかない。ICT 機器を渡しても上手くならない学習者がいるとしたら、それは使い方が間違っているのではなく、欠点を修正するための動き方がわからないのである。そこに積極的にかかわることはICT 機器では限界があろう。つまり、生涯にわたって運動に親しむためには、その運動特有の技能が必要であり、そのためには学習者の動感を育成し、外形的な動きを変化させることが体育における運動学習の中心になる。そうなれば、教師は動感発生に積極的に関わることが必要になると改めて気がつくのである。運動ができない学習者に共感し胸を痛めている体育教師であれば、ICT 機器が発展すればするほど、動感発生へ向けた学習者とのかかわり合いへ向かうはずである。

引用文献

1）森下純弘「体育嫌い・運動嫌いに関する基礎的研究：脱ゆとり教育世代の場合」『流通科学大学論集』第 35 巻第 1 号　流通科学大学学術研究会　2022 年　pp.1-13
2）三木四郎『新しい体育授業の運動学―子どもができる喜びを味わう運動学習に向けて―』明治出版　2005 年　p.51
3）同上書　p.55-58
4）金子一秀「体育としての身体発生の意義」『伝承』第 8 巻　運動伝承研究会　2008 年　pp.9-23
5）M. ポランニー（高橋勇夫訳）『暗黙知の次元』筑摩書房　2003 年
6）金子明友『身体知の形成（上）』明和出版　2005 年　pp.2-3
7）金子明友『教師のための器械運動指導法シリーズ 3　鉄棒運動』大修館書店　1984 年　pp.109-126
8）金子明友『わざの伝承』明和出版　2002 年　pp.416-430
9）鈴木直樹編著『体育科授業サポート BOOKS VR を活用した体育授業スキル & アイデア』明治図書出版　2023 年
10）濱崎裕介「器械運動ではなぜ学習者の「主観」が大切にされるのか？」『体育科教育』2021 年 9 月号　大修館書店　2021 年　pp.18-22
11）金子一秀『スポーツ運動学入門』明和出版　2015 年　pp.24-27
12）佐藤晋也「映像視聴で動きができるようになる？」『体育科教育』2021 年 9 月号　大修館書店　2021 年　pp.22-25

参考文献

・朝岡正雄『指導者のためのスポーツ運動学』大修館書店　2019 年
・金子明友監　吉田茂・三木四郎編『教師のための運動学―運動指導の実践理論―』大修館書店　1996 年
・K. マイネル（金子明友訳）『スポーツ運動学』大修館書店　1981 年
・佐藤勝弘・米村耕平「めあて学習をめぐる議論過程の検討」『新潟大学教育実践研究指導センター研究紀要』第 20 巻第 1 号　新潟大学学術リポジトリ　2001 年　pp.57-63

学びの確認

①体育は筋力トレーニングをするだけではいけないのでしょうか。どれだけ筋力があっても動かせない運動の例を考えてみましょう。

②なぜ保健体育教師は、運動時間の管理や用具の配置、同一な運動課題の提示といった授業管理（マネジメント）だけでは不十分なのでしょうか。

③スポーツ運動学とはどのような学問でしょうか。

④体育においてICTを利用した学習が進むと出てくると考えられる問題はなんでしょうか。スポーツ運動学の視点から考えてみましょう。

column

なぜ学校で体育の授業が行われているのか？
―個人種目はなぜ行われているのか―

東京学芸大学／仲宗根森敦

運動学習では必要な未来を読む力

私は実技の授業で器械運動を担当しています。器械運動は後ろや前に回転したり、逆さまになったり、体を腕で支えたりなど、非日常的な運動が特徴の種目です。授業中には、「危ない！」と感じて運動を急にやめる学生がいます。その際、私は「偉い！よくやめることができたね！」と言います。学生たちは、なぜ私がそのようなことを言うのか疑問に思うことがあります。その理由は、未来を予測し、適切な判断をしたことにあるのです。器械運動では危険かどうかを判断できずに運動を続けると、重大なけがにつながる可能性があるからです。途中でやめることは、決して悪いことではありません。むしろ、できそうもないのに「勢い」や「その場の雰囲気」「メンタル」に流されて運動を続けることの方が危険です。義務教育を終えた後、運動を生活に取り入れ、習慣にするためには、運動ができるかどうかを自己判断できる力が必要です。つまり、「こう動けばできそうだ」と感じたり、「やったらけがをするかもしれないからやめよう」と未来を予測できる力が必要です。コツに意識を向けやすい個人種目だからこそ、自分の動きかたを意識して、未来を先読みする力を身に付けやすいのです。

個人種目はコツを理解しやすい

日本人の中でオリンピックで最も多くの金メダルを獲得したスポーツ選手をご存知でしょうか。正解は体操の加藤沢男氏です。加藤氏は1960年代後半から1970年代後半まで活躍し、オリンピックで金メダルを8個も獲得しています。加藤氏は、オリンピックで活躍するために失敗する練習をしたといわれるくらい一風変わった逸話をもつ選手でした。簡単にいえば、絶対に失敗できないオリンピック本番のために練習では何回も何回も失敗したというのです。普通の人には理解し難いかもしれません。

私は、学生時代運よく加藤氏（以下「加藤先生」）と話す機会が多くありました。ある日、試合が終わった翌日、研究室に行くと、加藤先生に試合の出来を聞かれました。試合ではこれまでにないパフォーマンスができたので「一番うまくいきました！」と答えました。しかし、加藤先生からは「練習不足だな」という言葉をいただいたことを今でも覚えています。これは、失敗の練習をしてきた先生ならではの含蓄のある言葉でした。一番よい動きというのは、逆にいえば一回も練習でやったことがない動きです。それが試合で初めて出たということは、練習が足りなかったことの裏返しです。今では理解できるのですが、当時は中々理解できませんでした。コツを確実なものにするためには、何度も何度も練習しなければなりません。そして、失敗した時に「この動きはやっちゃダメだ」のダメな動きをどれだけ見つけられるかが技能定着につながることになるのではないでしょうか。人やボールなどの対人関係がない個人種目で**コツを掴むためのコツ**を学ぶのです。

※筆者は学生時代に体操競技コーチング研究室の所属学生として同じ部屋で加藤沢男氏とともに過ごしていた時期があります。

参考文献

・門田隆将『あの一瞬―アスリートが奇跡を起こす「時」―』角川文庫　2017年　pp.67-92

memo

第12章 スポーツ教育の視点から考える体育

なぜこの章を学ぶのですか？

体育科・保健体育科において、さまざまなスポーツが教えられています。それらのスポーツを学校で教えることがどのようにして正当化されるのか、教えることにどのような意義があるのかを、子どもの生活、学問や社会の視点で問い直すことが大切だからです。

第 12 章の学びのポイントは何ですか？

体育をスポーツ教育と考えることの意義の一つに、スポーツを文化的に追究していく主体の育成があります。しかし、スポーツ教育の概念が不明瞭であると、実践を方向づけるものとはなりにくいため、カリキュラムや授業のレベルで具体化していくことが重要なポイントとなります。

考えてみよう

1. 体育の授業ではさまざまなスポーツを用いた教育が行われています。いろんなスポーツを通して、どのような子どもたちに育ってほしいのかを考えてみましょう。

2. 「スポーツ教育」と聞くと、どのような教育（体育）を思い浮かべますか。スポーツ教育の中には、どのような考え方があるのでしょうか。

1 「スポーツ教育」という概念

1970 年代、体力づくりや人格形成の手段として体育を用いる考え方が批判され，スポーツ（文化）の教育それ自体に価値を見いだす「スポーツ教育」という言葉が台頭した。しかし、その用語の意味は曖昧で、さまざまな主張や実践がスポーツ教育と呼ばれた。1990 年代へと進んでいくにつれてスポーツ教育の議論は下火になっていった。

1 スポーツ教育とは何か

私たちの身の回りには、さまざまなスポーツがある。例えば、プロの野球やサッカーなど、日々メディアで報道されるスポーツ。学校の運動部活動や体育の授業で行ってきたスポーツ。市民マラソンなどの定期的なイベント。その他、スキー、ウォーキング、ダンス、ハイキング、さらには e スポーツなど。「スポーツ」の範囲を定めるのは難しいが、一般的には、英米で発展した近代スポーツだけでなく、民族スポーツやニュー・スポーツなど、人間の身体運動にかかわる文化が幅広くスポーツと呼ばれている[1)]。

このようなスポーツを行うことは、身体的に健康になること、精神的な充足感を得ること、人や地域との交流を促すことなど、豊かな生活にとって重要とされてきた[2)]。そこで、現代の社会において、生涯にわたるスポーツを実現していくことと、そのための教育のあり方を考えることが重要な課題となっている。そこでキーワードになるのが**「スポーツ教育」**である。

「スポーツ教育」という用語はさまざまな意味で用いられており、一つの決まった定義があるわけではない。近年の例を挙げると、友添秀則はスポーツ教育を次のように（暫定的に）定義している。

> 障害の有無、性別、年齢に関わらず、人々をスポーツ活動に促すために、プレイ能力だけではなく、スポーツを観たり、スポーツ活動を支えたりマネジメントできる能力を得させるための教育的努力の総体であり、スポーツを全ての人々に解放するための教育的営為[3)]

ここには、多様な人々に即した教育や、運動技能だけでなく継続的にスポーツにかかわるための諸能力の育成が含まれている。関連する考え方は、2017（平成 29）年改訂の学習指導要領にも見られる[*1]。学習指導要領では、目標の一部として「生涯にわたって心身の健康を保持増進し豊かなスポーツ

＊1　ここでは小学校の学習指導要領（解説）を参照したが、中学校でも同様である。

ライフを実現するための資質・能力」の育成が示されている。また、「体育の見方・考え方」の一部として、運動やスポーツについて「自己の適性等に応じた『する・みる・支える・知る』の多様な関わり方と関連付けること」が示されている。これらには、学校体育で生涯スポーツの実現をめざす大切さや、「する」だけではないかかわり方を教える必要性が見て取れる。

2 日本における「スポーツ教育」台頭の背景

スポーツを教育的に用いるという意味では、スポーツ教育はすでに19世紀イギリスのパブリック・スクールで行われていた。日本でも、スポーツと教育の結びつきは戦前からあった。しかしながら、日本において「スポーツ教育」という用語が広く用いられ始めるのは、1970年代以降である[4)]。以下では、その社会的な背景を2つ確認する。

1つ目は、産業社会から脱工業化社会へと向かっていく日本社会の状況である。1960年代を中心とする高度経済成長を通して日本の産業・経済が発展し、多くの国民の生活が便利なものになっていった。他方で、生活環境の悪化、健康被害、運動不足などが社会問題となった。そのような状況において、物質的な豊かさだけでなく、精神面の豊かさもまた求められ始めた。そこで注目されたのが、余暇の増大に伴うスポーツ活動の推進であり、またすべての人々が生涯スポーツを実現するための教育のあり方であった。

2つ目は、**スポーツ・フォー・オール**（みんなのスポーツ）という運動である[*2]。1975（昭和50）年には欧州のスポーツ閣僚会議で**「ヨーロッパ・スポーツ・フォー・オール憲章」**が採択され、1978（昭和53）年にはユネスコの総会で**「体育・スポーツ国際憲章」**が採択され、世界中に影響していった[5)]。これらの運動の第一の主張は、スポーツが人間の生存にとって本質的に価値があり、すべての人がスポーツをする権利を有するというものである。この世界的な動きの中で、日本においても、スポーツに関する権利（**スポーツ権**）の確立や、その権利を保障するための行政、施設・設備、指導者養成などが議論された[6)]。それと同時に、スポーツの主体を育てる教育の必要性も主張されたのである。

＊2　この理念は、1966（昭和41）年に欧州評議会（Council of Europe）で提案されたものである。

このような状況において、当時の学校体育への批判が行われた。とりわけ、当時の体力づくり重視の学校体育の状況[7)]に対して、新たな社会に向かって、体育をスポーツ教育へと捉えなおす主張がなされていった。

3 スポーツ教育に関する展開

「スポーツ教育」の用語が広まった 1970 年代当時、その用語の定義や理論、実践の形態が共通認識としてあったわけではない[*3]。ただし、スポーツが豊かな生活にとって不可欠であり、スポーツ（文化）の教育はそれ自体正当化されるという主張は広く共有されていた。当時のスポーツ教育の最終的な目的として、「スポーツ的自立人間」という言葉もつくり出された[8)][*4]。

＊3　例えば、雑誌『体育科教育』第 25 巻第 12 号　大修館書店　1977 年のスポーツ教育に関連する特集では、さまざまな論考が掲載されている。

＊4　その人間像には、自らのスポーツライフを創意工夫して実践できることなど、大きく 5 点の方向性が含まれている。

スポーツ教育は、教科体育の授業に限定されるものではない。**図 12-1** は、当時のスポーツ教育の領域を示した一例である。まず、学校と学校外のスポーツ教育が区別されている。学校（内）では教科と課外、学校外ではクラブと未組織のスポーツがある。この **図 12-1** に見られるように、教科体育の授業で考えるか、運動部活動を含めるか、それとも学校外でのスポーツの指導を考えるかなど、スポーツ教育の対象も幅広く捉えられていった。

スポーツ教育の主張はさまざまに展開された。例えば、学校の教科名の問題である。当時、旧西ドイツにおいて、1970 年代前半に教科名が「体育」から「スポーツ（教育）」へと変更されたことなどを受けつつ、教科名を体育科からスポーツ科へと変更することの議論も見られた。「体育科教育」ではなく、文化としてのスポーツを中心教材とした教育が主張されたのである[9)][*5]。

＊5　当時の日本におけるドイツの「スポーツ科」の紹介の問題点については、岡出美則『ドイツ「スポーツ科」の形成過程』明和出版　2021 年　pp.36–42 を参照。

また、1970 年代には、スポーツ教育に関する専門分野を確立する運動も展開され、「スポーツ教育学」の構築が図られた。スポーツ教育が多義的であるのと同様に、スポーツ教育学の学問的な位置づけの見解もさまざまに示されている。ただし、大きくは「スポーツ科学」と「教育科学・教育学」の両方に深くかかわる分野として捉えることができる[10)]。なお日本では、世界の動向を受けつつ、1981（昭和 56）年に日本スポーツ教育学会が設立されている。その設立の理念としては、スポーツ教育に関する個別科学を総合

図 12-1　スポーツ教育の領域の例

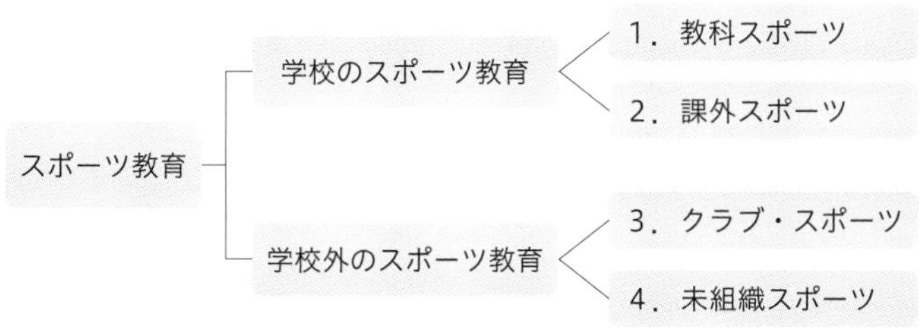

出典　稲垣正浩「スポーツ教育と指導法：“スポーツ的自立人間”にむけて」『体育科教育』第 25 巻第 12 号　大修館書店　1977 年　p.15

することや、スポーツ教育の実践的研究を進めることが示されている[11]。

4 教科におけるスポーツ教育のさまざまな主張

1970・1980年代のスポーツ教育については、学校体育（とりわけ教科体育）に限定しても、それまでの立場との関連でさまざまな主張が見られた。以下、いくつか見てみよう。

(1) スポーツにおける楽しさへの着目

まず、スポーツが人間に対してもつ機能に着目し、運動の欲求や必要を充足するという側面を重視する立場がある。この立場では、生涯スポーツを見据えて、運動の楽しさと効果（必要）について学習することが重視される[12]。運動による強い身体の形成や、教師が教える運動技術の段階的な習得を中心とした体育は批判され、子どもの楽しさや欲求から学習指導が構想される[13]。この立場は、主として**全国体育学習研究会（全体研）**＊6によって推進され、「**楽しい体育**」として広まることになる。

(2) スポーツ文化の継承と発展

次に、スポーツ文化の継承と発展をめざすとともに、スポーツを担う主体の育成を重視する立場がある。この立場では、現存するスポーツ文化が抱えている矛盾や課題を解明し、スポーツ文化をよりよいものに変革していく過程の中に人間形成の契機があると考える[14]。そこで、走り幅跳びにおける助走のスピードと跳躍距離の関係を調査して考察するように、子どもたち自身がスポーツを自然科学・社会科学的に研究し、根拠に基づいて議論しあうような授業が構想される[15]。この立場は、主として**学校体育研究同志会（同志会）**＊7によって展開され、実践が蓄積されていった。

(3) スポーツ教育の3つの教育的次元

そのほか、（教科体育に限らず）スポーツ教育の特徴を表す際に用いられた分類として、表12-1の「**スポーツの中の教育（in）**」「**スポーツによる教育（through）**」「**スポーツについての教育（about）**」がある＊8。「スポーツの中の教育」は、スポーツがもつ内在的価値を重視し、スポーツでの「意味のある経験」を通して、スポーツへの愛好的な態度を育てるものである。「スポーツによる教育」は、スポーツをすることを通した運動の発達や体力の育成、社会的発達などをさしている。「スポーツについての教育」は、技術的、

＊6　全国体育学習研究会
1957（昭和32）年創設、1961（昭和36）年に現在の名称が決定。グループ学習、楽しい体育、「かかわり」を重視する体育などの研究・実践を行う。全国体育学習研究会編『「楽しい体育」の豊かな可能性を拓く―授業実践への手引き―』明和出版　2008年を参照。

＊7　学校体育研究同志会
1955（昭和30）年創設。運動文化の継承・発展や、運動文化の主体者形成などをめざした研究・実践を行ってきた。学校体育研究同志会編『体育実践とヒューマニズム―学校体育研究同志会50年のあゆみ―』創文企画　2004年を参照。

＊8　このような3つの次元の区分は、イギリスのアーノルド（P. Arnold）の主張に由来している。

表 12-1　スポーツ教育の 3 つの教育的次元

教育的次元	概要
スポーツの（中の）教育	スポーツの内在的価値（intrinsic value） プレイフルなスポーツにおける「意味のある経験」など
スポーツによる教育	スポーツの生来的機能として備わった教育的可能性 独自の一次経験、運動発達・運動形成、健康・体力の育成、人格的・社会的発達など
スポーツについての教育	スポーツに関わる科学的知識の教育 スポーツの技術的・バイオメカニカルな知識、スポーツの生理学的・心理学的知識、スポーツの社会科学的知識など

出典　高橋健夫「スポーツ教育とカリキュラム：カリキュラム構想のための基礎的論議」『学校体育』第 37 巻第 1 号　日本体育社　1984 年　pp.47–53 の記述より抜粋・要約し、一部表現の変更をして筆者作成

心理的、社会科学的な知識などの教育をさしている。

表 12-1 に関連して、スポーツ教育の基本的性格は「スポーツの中の教育」に集約して把握されている。つまり、何かほかの目的のために手段的にスポーツを用いるのではなく、スポーツ（文化）の教育それ自体を正当なものと考えるということである。もとより、この 3 つの次元は排他的なものではなく、相互に関連し、補完し合うものとされている。例えば、科学的知識を教える「スポーツについての教育」は、「スポーツの中の教育」や「スポーツによる教育」を実現する重要な要件として把握されている[16)]。

さまざまなスポーツ教育の主張が見られる中で、当時からすでにスポーツ教育論への批判も見られた。その一つは、教科体育はスポーツを教えるだけで十分か、そうではなく、スポーツのルールや技術の学習を通して子どもたちの可能性を開くとともに、子どもたちの身体の発達や「からだづくり」への責任をもつ必要があるのではないかというものである[17)] [*9]。

以上、日本でのスポーツ教育は、さまざまな主張・実践を含みつつ展開された。しかしながら、1980 年代以降になると下火になり、「スポーツ教育」という言葉は使われなくなっていく。

では、このような日本のスポーツ教育の展開には、どのような特徴があったのだろうか。次に、アメリカで**スポーツ教育モデル**を提唱し、世界的に広まったシーデントップ（D. Siedentop）[*10] の主張を見ることで、日本の議論を相対的に捉えてみよう。

＊9　この立場は、主として教育科学研究会の「身体と教育」部会（1961（昭和 36）年発足）によって進められたものである。久保健「『からだづくり』の実践」中村敏雄編『戦後体育実践論 第 2 巻 独自性の追求』創文企画　1997 年　pp.103–112 を参照。

＊10　シーデントップ
1938 年生まれ。1968 年、インディアナ大学大学院博士課程修了。体育学博士。オハイオ州立大学で勤める。2021 年逝去。

2 シーデントップのスポーツ教育モデルから見る体育

アメリカのシーデントップは、「プレイ教育としての体育」を提唱した後、その発展としてスポーツ教育モデルを提案した。シーデントップの体育論の展開からは、カリキュラムの要素としてスポーツ教育を特徴づけることや、体育にかわる包括的な概念ではなく一つの領域としてスポーツ教育を具体的に提案することの重要性が見えてくる。

1 「プレイ教育としての体育」とスポーツ教育

1960年代から1970年代のアメリカは、公民権運動、ベトナム反戦運動、人種差別の問題、若者文化の台頭など、従来の社会に対する新たな運動や価値観が広がりを見せた時期であった。学校教育に対しても、学問を中心としたカリキュラムや、子どもの生活と関連性の低い科学教育などが批判された。それらにかわって、子どもや社会の視点から見て適切性（レリバンス）のある教育や、「人間中心の教育」が主張されていった[18)]。このような時代状況の中で、シーデントップもまた、科学技術が社会問題を解決するという考えに対する懐疑、疎外されている人間の自律性を回復する必要性、アメリカの公教育が多様な子どもたちに対して上手く機能していないことなどを論じつつ、新たな体育論を構想している[19)]。

当時のアメリカにおいて、学校体育の立場はいくつか見られた。例えば、アメリカ人の体力の低下を憂慮しフィットネスを重視する立場、社会性の発達や認知面の発達などの幅広い目標をめざす立場、人間の運動の分析や科学に基づいて運動の教育を考える立場などである。シーデントップは、それらの立場が持つ理論的・実践的限界を吟味しながら、体育で与えるべき経験について改めて検討している[20)]。

その際にシーデントップが着目したのは「遊び・プレイ（play）」であった[*11]。ホイジンガ（J. Huizinga）やカイヨワ（R. Caillois）らによる遊びの議論を参照しながら、遊びが人間にとって本来的に意義深いものであるとし、体育の概念を遊びから説明した。そこでは、ゴルフやテニスの活動は音楽や美術などと並ぶ遊びの一形態として分類され、体育は「プレイ教育（play education）」として意義づけられることになる。特にカイヨワの遊びの分類を検討しながら、シーデントップは「競争的で、表現的な運動をプレイする個人の性向や能力を向上させる過程」[21)]として体育を定義した。

＊11　遊びと体育の関係については第10章を参照。

なお、このシーデントップの「プレイ教育としての体育」は、1980年前後の日本にも紹介され、スポーツ教育を正当化する論理や、その目的・目標のあり方に示唆を与えた[22)]。また、遊びの議論を軸に新たな体育を構想する立場は日本にもあり、とりわけ全体研の理論と実践に見られるものである。日米で文脈は異なるが、新たな体育の概念の構築に向けて、同時期に類似した主張が見られたことは押さえておいてよいだろう[*12]。

「プレイ教育」として体育を捉えるシーデントップの主張は、従来の体育論に対して、体を動かす遊びのもつ内在的な価値を重視するものであった。しかし、「プレイ教育としての体育」は新たな理念ではあったものの、具体的な体育のカリキュラムの構想へと十分につながるものではなかった[23)]。そこでシーデントップは、より具体的なカリキュラムと学習指導を模索し、1980年代以降にスポーツ教育モデルを展開していくこととなる。

＊12　ただし、全体研の実践と、シーデントップのスポーツ教育モデルの実践は大きく異なっていることに留意が必要である。

2 スポーツ教育モデルの概要

スポーツ教育モデルでは、「有能で、教養があり、情熱的なスポーツ人」の育成が目的とされる[24)]。それぞれの視点の主な意味は次の通りである。「有能さ」とは、十分にゲームに参加できる技能があり、プレイの複雑さに応じた戦術を実行でき、豊かな知識を身につけることを意味する。「教養のある」とは、スポーツのルール、儀礼や伝統を理解し、重んじるとともに、さまざまなスポーツ実践のよしあしを見分けられることを意味する。「情熱的な」とは、地域レベルから国際レベルまで、スポーツ文化を維持・発展させるように参加、行動できることを意味する。このように、単に特定のスポーツを楽しんだり、個別の技能を身につけたりするだけでなく、スポーツ文化を深く学び、その発展に関与する人間の育成がめざされている。

またスポーツ教育モデルで行われるスポーツは、表12-2 に示す6つの点において、従来の体育とは異なるとされている。すなわち、①長期的なシーズンで行うこと、②チームに所属してさまざまな役割を担うこと、③公式試合に向けてチームで練習を進めること、④最高潮に盛り上がるイベントに全員が参加すること、⑤記録を残してパフォーマンスの改善などさまざまに活用すること、⑥チーム名や儀礼など祭典的なものにすることの6点である。この6点を取り入れることによって、スポーツのコンテクスト（文脈）を生み出すことを求めている。

このような特徴は、単に、体育の単元をクラブ・スポーツの活動に近づけているように見えるかもしれない。しかし、スポーツ教育モデルでは、次の3点において、一般的な（制度化された）スポーツとは異なるとされてい

表 12-2 スポーツ教育モデルの 6 つの特徴

特徴	概要
①シーズン	スポーツ教育のシーズンは一般的な体育の単元よりも長い（一つの単元に 11 ～ 20 時間用いる、1 年間に 4 ～ 5 のシーズンを行うなど）。その理由は、より完全なスポーツ指導のために授業で実現すべき内容が多くあること、子どもたちが有能なゲームプレイヤーになるにはより多くの時間が必要になることである。
②チームへの所属	最初に子どもたちはチームのメンバーになり、シーズンを通して同じチームに所属する。各メンバーにはさまざまな役割や責任が与えられる。チームのメンバーシップが情熱を生み出す反面、さまざまな問題を引き起こすことにもなり、その機会を通して子どもたちは成長する。
③公式試合	シーズン最初に試合の公式スケジュールが計画される。各個人やグループは、公式スケジュールを見て目標を設定する。シーズンの早期には基礎的な練習に重点が置かれ、シーズンが進むにつれて試合（に向けた練習）にかける時間が増える。公式スケジュールを定めることで、弱点を補う練習や新しい戦術の用意をし、試合に備えることができる。
④クライマックスのイベント	シーズンはクライマックスのイベントで終わる。例えば、3 対 3 のバレーボール大会、チーム対抗の体操競技会などがある。このイベントは祭典的で、スポーツシーズンにふさわしいクライマックスの盛り上がりを生み出すように計画されるべきであり、すべての参加者が積極的に関与できるものにすべきである。
⑤記録の保持	記録が保持・活用される。シュート数などの簡単なものから、総合的なゲーム分析などの複雑なものまで、記録は多彩である。記録は、個人・グループのパフォーマンスに対するフィードバックや、試合に向けた目標設定に用いられる。また、本物の評価を行うための情報を指導者に与えたり、最高得点など学校内のスポーツ的伝統を生み出したりする。
⑥祭典性	教師はそれぞれのシーズンを祭典的なものになるように努める。チーム名をつけたり、チームのユニフォームを工夫したりすることができる。記録は公表され、個人や団体の成績が記録され、評価される。体育館はクライマックスであるイベントに向けて飾りつけがなされる。スポーツの儀礼や伝統が強調され、尊ばれる。

出典　D. シーデントップ（髙橋健夫監訳）『新しい体育授業の創造―スポーツ教育の実践モデル―』大修館書店　2003 年　pp.25-28 の記述から該当箇所を要約・簡略化、一部表現の変更をして筆者作成

る[25]。1 点目は「参加が義務づけられている」ことで、チームの人数、試合の行い方などの工夫により、シーズンを通してすべての子どもがあらゆる活動に参加できることが求められる。2 点目は、「発達的な観点からみて望ましい活動が行われる」ことで、ゲームの人数、コートのサイズ、用具の変更やルールの修正など、子どもたちの経験や能力にふさわしいものに工夫することが求められる。3 点目は「役割がより多様である」ことで、子どもたちは競技者になるだけでなく、コーチ、審判、記録係といった役割や、さらに発展してマネージャー、広報係やトレーナーなどの役割も担い、スポーツ文化やスポーツに関する仕事の多面的な理解がめざされる。

3 スポーツ教育モデルから得られる示唆

シーデントップのスポーツ教育モデルを見たときに、日本におけるスポーツ教育の議論には次の 2 つの示唆が得られるだろう。

1 つ目は、スポーツ教育の実践のあり様を、カリキュラムや単元の構成要素として規定していることである。日本では、学習指導要領で体育の内容が

規定されていることもあり、スポーツ教育の実践は、カリキュラムよりも個別の教材や授業で提案される傾向にあった。それに対し、スポーツ教育モデルは、スポーツの種目にかかわらず、フィットネスにかかわる内容であっても、計画を立てることのできる構成要素を提示している。このような具体化は、スポーツ教育が多義的に解釈され、実践の指針となりづらい状況に対して、明確な見通しを与えるものとなるだろう。

２つ目は、体育とスポーツ教育の関係である。シーデントップは当初、体育を「プレイ教育」から再定義することを試みていた。しかし、その理論が実践の指針とならなかったことを踏まえ、その後のスポーツ教育モデルを体育の一部に限定している[26)]。体育にはそれ以外のフィットネス教育や冒険教育もまた必要ということである。このようにスポーツ教育を限定することで、「発達的に望ましい競争」や「祭典性」など、スポーツの特徴を踏まえたより具体的な提案が可能となっている。このように、体育とスポーツ教育の関係を問うことは、一方でスポーツ教育として子どもたちに保障したい部分を明確にしつつ、他方で体育として扱うべきより広い内容を見据えてカリキュラムを考えていくという、実践的な課題への示唆を与えるものとなっている。

引用文献

1）友添秀則「『スポーツ』と『体育』を考えるために」『現代スポーツ評論』第 42 号　創文企画　2020 年　pp.12-14
2）例えば「スポーツ基本法（平成 23 年法律第 78 号）（条文）」を参照
3）友添秀則「スポーツ教育の時代に向かって：スポーツは学校を超える」『現代スポーツ評論』第 38 号　創文企画　2018 年　p.14
4）同上書　pp.9-12
5）有賀郁敏「スポーツ・フォア・オールと現代社会：「福祉国家」ドイツの状況を中心に」中村敏雄編『戦後体育実践論 第 3 巻　スポーツ教育と実践』創文企画　1998 年　pp.45-56
6）影山健「権利としてのスポーツ」影山健他編『現代スポーツ論序説（シリーズ・スポーツを考える 1）』大修館書店　1977 年　pp.229-278
7）岡出美則「体力づくり論の背景」中村敏雄編『戦後体育実践論 第 2 巻　独自性の追求』創文企画　1997 年　pp.69-82
8）稲垣正浩「スポーツ教育と指導法：“スポーツ的自立人間”にむけて」『体育科教育』第 25 巻第 12 号　大修館書店　1977 年　pp.15-18
9）成田十次郎「体育科教育からスポーツ科教育へ」『学校体育』第 31 巻第 10 号　日本体育社　1978 年　pp.12-18
10）小野雄大「スポーツ教育学の学問的位置づけ」小野雄大・梶将徳編著『新時代のスポーツ教育学』小学館集英社プロダクション　2022 年　pp.14-15
11）浅田隆夫「学会の経緯と本会の理念」『スポーツ教育学研究』第 1 巻　日本スポーツ教育学会　1982 年　pp.5-9
12）竹之下休蔵「80 年代の社会と体育・スポーツの役割」『体育科教育』第 28 巻第 1 号　大修館書店　1980 年　p.5
13）佐伯聰夫「楽しさを求める体育の学習過程の工夫：その原則的な考え方と進め方」『体育科教育』第 27 巻第 4 号　大修館書店　1979 年　pp.19-21
14）中村敏雄「スポーツ教育の要請」影山健他編『スポーツ教育（シリーズ・スポーツを考える 3）』大修館書店　1978 年　pp.22-25
15）中村敏雄「スポーツで何を教えるのか」『体育科教育』第 30 巻第 11 号　大修館書店　1982 年　pp.24-27
16）髙橋健夫・稲垣正浩「スポーツ教育の基本問題の検討（Ⅰ）：スポーツ教育の論拠と基本的性格」『奈良教育大学紀要　人文・社会科学』第 32 巻第 1 号　奈良教育大学　1983 年　p.163
17）中森孜郎「『スポーツ教育』論への疑問」『体育科教育』第 25 巻第 12 号　大修館書店　1977 年　pp.25-27

中森孜郎「スポーツと教育・体育との間」『体育科教育』第27巻第6号　大修館書店　1979年　pp.13-15
18) 金光靖樹「人間中心の教育（Humanistic Education)」アメリカ教育学会編『現代アメリカ教育ハンドブック［第2版]』東信堂　2021年　pp.257-258
稲葉宏雄『現代教育課程論』あゆみ出版　1984年　pp.249-273
19) D. シーデントップ（前川峯雄監訳）『楽しい体育の創造―プレイ教育としての体育―』大修館書店　1981年　pp.204-216
20) 同上書　pp.92-175
21) 同上書　p.255
22) 高橋健夫「プレイ教育としての体育：シーデントップの教科論を中心に」『体育科教育』第29巻第1号　大修館書店　1981年　pp.53-56など
23) 本橋美佳「シーデントップのスポーツ教育カリキュラムの理論と実践に関する検討」『スポーツ教育学研究』第18巻第1号　日本スポーツ教育学会　1998年　p.3
24) D. シーデントップ（髙橋健夫監訳）『新しい体育授業の創造―スポーツ教育の実践モデル―』大修館書店　2003年　p.16
25) 同上書　pp.28-29
26) 前掲書23)　p.3
髙橋健夫「解説：わが国におけるスポーツ教育の意義と実践的展開」前掲書24)　pp.180-181

参考文献

・岡出美則「スポーツ教育の主張と実践」中村敏雄編『戦後体育実践論 第3巻　スポーツ教育と実践』創文企画　1998年　pp.25-43
・『体育科教育（特集：スポーツ教育とスポーツ教材)』第25巻第12号　大修館書店　1977年
・D. Siedentop, *Physical education: introductory analysis*（*2nd ed.*), W. C. Brown Co. 1976
・D. Siedentop（ed.), *Sport education: quality PE through positive sport experiences*, Human Kinetics 1994

学びの確認

①体育をスポーツ教育として捉えることにはどんな意義と課題があるのでしょうか。

……………………………………………………………………………

……………………………………………………………………………

②シーデントップのスポーツ教育モデルの特徴はどこにあるのでしょうか。

……………………………………………………………………………

……………………………………………………………………………

③スポーツ教育（学）の議論をどのように発展させていくべきでしょうか。

……………………………………………………………………………

……………………………………………………………………………

column

なぜ学校で体育の授業が行われているのか？

兵庫教育大学／徳島祐彌

「なぜ学校で体育の授業が行われているのか」という問いに対して、どのように答えることができるのでしょうか。以下、体育を行う理由として考えられるものをいくつか見てみます。

さまざまな教科体育の授業の正当化

体育の授業でまず思いつくことは、他の教科にはない「体を動かす」という特徴です。そこで、子どもたちの体力を高めたり、身体を育てたりすることは大切だ、だから体育の授業は必要だという説明が考えられます。

次に、運動やスポーツをする場面では、競争や協同、チームでの問題解決、ルールの合意など、さまざまな成長の機会があります。そこで、スポーツを通して社会性を高めたり、精神面で成長したりすることができる、だから体育の授業は必要だという説明が考えられます。

また、体操やダンスのように、いろいろな動きができるようになることは、自分の表現の幅を広げることにつながります。そこで、子どもたちが運動技能を習得し、動きの可能性を広げていくために体育の授業は必要だ、という説明も考えられます。

そして、スポーツは人類が築いてきた重要な文化であり、広く人々に楽しみや喜びを与える活動であるといえます。だから、子どもたちがスポーツを継承・発展できるように育てることは大切であり、そのために体育の授業は必要だ、という説明も考えられます。

このように、体育の授業が必要であることの説明はいくつか考えられます。ただし、体力を高めることは教育といえるのか、スポーツで精神面の発達が本当に起こるのか、動きの可能性を広げることに教育的価値はあるのか、スポーツ文化が他の文化と同じように重要だとなぜいえるのかといったように、それぞれの説明に対して疑問を投げかけることもできます。

そこで、これらの説明を全部取り入れて、身体づくりも、社会性の育成も、運動技能の習得も、スポーツをする楽しさを受け取ることも、いろいろなものを育てる可能性のある体育の授業は必要だ、という説明も考えられます。では、これで体育の授業は正当化されるでしょうか。

教科体育の意義を再考する

現在の学習指導要領では、体育の目標は幅広くカバーされています。その点では、これまでの歴史を踏まえつつ、体育の持つさまざまな可能性の実現をめざしていると考えられます。

しかし、世界的に、学校体育に対しては十分に成果を達成できていないとの批判もなされてきました。また、近年の学校教育においては、カリキュラム・オーバーロード（教える内容が多すぎて、子ども・教師・学校に過大な負担がかかっている状態）が問題視されています。体育では、さまざまな運動やスポーツが内容に入ってきた結果、一つ一つの単元が短くなり、かえって目標を達成することが難しくなるという事態が考えられるでしょう。

このような現状を踏まえた時、体育の目標を再考し、焦点を定め直す必要があるかもしれません。その際には、近年注目されている「フィジカルリテラシー」などの概念を参考にしながら、身体・運動・スポーツの教育を統合する視点を持つことが大切になると考えられます。また、理論の構築とともに、運動やスポーツがもたらす子どもの成長と発達へのよい影響について、科学的研究を踏まえながら、広く理解を得ていくことも必要になると思われます。

参考文献

・岡出美則・友添秀則・岩田靖編著『体育科教育学入門［3訂版］』大修館書店　2021年
・徳島祐彌「体育授業を巡るカリキュラムの研究について」『現代スポーツ評論』第47号　創文企画　2022年　pp.118–125

第13章

身体文化教育の視点から考える体育

なぜこの章を学ぶのですか？

人間の歩き方や身振り手振り等は、文化によって異なり、それは身体文化と呼ばれます。各種のスポーツも、発祥した地域の文化が反映されています。したがって、身体文化という視点から教育を考えることは、体育に対する考え方をより豊かにすることにつながるのです。

第13章の学びのポイントは何ですか？

本章のポイントは、人間の身体は文化の影響を受けていること、そして身体文化とスポーツの関係について理解することです。例えば、体育分野の一領域である「武道」は、「わが国固有の文化」といわれ、技能と日本文化が密接にかかわっていることが示されています。

考えてみよう

1. 私たちは、日常生活の中で他者に自分の意思を伝えようとする時、どのように身体を使って表現していますか。考えてみましょう。

2. 現在、武道は日本の身体文化として海外にも知られていますが、武道のどんなところが「日本的」だと思いますか。考えてみましょう。

1 武道の歴史と文化

武道は日本の身体文化であり、今では Budo として海外においても認識されている。その武道は、武士の戦闘技術から生まれ、明治時代に嘉納治五郎によって「道」、すなわち教育の思想へと転換された文化である。現在は、体育の授業においても武道が行われているが、そこには日本文化としての武道の役割に期待が寄せられている。

1 武道の成り立ち

(1) 武士の登場

日本の歴史の中で育まれた武道は、今や世界に広がり、日本の身体文化として海外の人々にも知られている。例えば、柔道は 1964（昭和 39）年の東京オリンピック大会以降、オリンピック・パラリンピックの種目として行われており、空手道は 2021（令和 3）年の東京オリンピック大会で採用された。そのほか、オリンピックにかかわらず、武道の各種目は世界中で国際大会や段位の審査が行われるようになっている。このことは、武道が日本のスポーツ、あるいは身体文化として世界中に理解されていることを示している。また、各種スポーツの日本代表が「侍」と表現されることが多いのも、国内外問わず、日本の文化と武士の文化が密接にかかわっていることを表しているといえるだろう。そこで、まずは武士と武道の歴史をたどりながら、日本の身体文化を考えていくこととする。

一般的に、武士の登場は平安時代の中期といわれている。平安時代は貴族が社会の中心であったが、その貴族たちの土地を守るために武装した集団が出現する。これが、後に戦闘を職業とする武士となっていくのである。源氏と平氏の台頭に代表されるように、武士は次第に社会的な影響力をもつようになる。そして、1185 年に源頼朝が武家政権を樹立して以降、鎌倉時代から江戸時代までの長きにわたり、武士が世の中を治めることとなる。

戦闘を専門とする武士が政治まで担うことは、世界的には珍しいことであり、軍事と政治はそれぞれ役割分担することがほとんどである。この「世の中を治めること」と「戦闘の専門家」の両方を担ったことが、武士の文化的特徴になったのである。そして、「戦闘者として強くあること」と「人として道徳的であること」の両立をめざすという思想は、現代の武道にも継承されているのである。

(2)「武術」から「武道」への転換

武士は、戦場で生き残るために自らの技を磨いた。当初は弓・槍・剣・素手等、総合的な戦技であったが、次第にそれぞれの技術が洗練され、分化していった。それが、武術の由来である。鎌倉時代以降の武家政権の下では、武術は武士に必須の教養として奨励され、武術は盛んに行われるようになっていく。さらに、徳川氏による盤石な社会制度が確立された江戸時代では、実際の戦闘の場は少なくなり、武士の習い事として多くの道場が設立されるようになった。道場が設立されると、それを教えるための師範も増えるため、この頃には、弓術・槍術・剣術・柔術等、武術の分化は一層進み、「○○流剣術」や「○○流柔術」等のように流派も増えていった。

しかし、1868（明治元）年に明治時代へと社会が転換すると、武士の時代は終わりを迎える。武士という階級は消滅し、戦闘の技術は西洋式の軍隊が用いられ、さらには欧米のスポーツが流入してきたのである。欧米の文化や教育、スポーツが日本に浸透していく中、武術は前時代のものとして人々から忘れ去られようとしていた。そのような時代に、日本の武術の文化を再興したのが、柔道の創始者である嘉納治五郎である。嘉納治五郎は、自らが修錬していた「柔術」から危険な技を取り除き、さらには修錬によって得られる人間的な成長が社会に有用であるとして「柔道」と名称を変更した。嘉納治五郎による「術」から「道」への転換は、身体教育として明治時代以降の人々にも受け入れられ、現代まで武道が続くきっかけとなったのである。

2 武道と教育機関

(1) 武士の教育機関

ここでは、武士の教育から武道の文化について考えてみたい。まず、明治時代以前の武士は、それぞれの地域を治める城主や藩主に仕えていた。そのため、それぞれの城主や藩主の下で教育を受けていた。特に、江戸時代以降は各藩に置かれている藩校が武士の学校となり、藩校において武士は教育を受けていた。また、江戸時代末期には、幕府直轄の講武所が設置された。各藩校や講武所には、弓術・剣術・柔術等の武術を教える師範がそれぞれいたが、地域や師範によって流派は異なっていたため、武士の子どもは自分が習う師範の流派を学んでいる状態であった。したがって、江戸時代までは全国的に統一された武術というものはなく、流派ごとに異なる武術とその考え方（武術の思想）を学んでいたのである。

(2) 武道と学校教育

明治時代になると、各藩の垣根はなくなり、学校制度が整えられ、日本全国で同じ学習内容を取り扱うようになる。武術も例外ではなく、それまでは各藩で守られていた流派を明らかにし、各流派が協力して統一されたルールを作るようになった。さらに、嘉納治五郎が「柔術」から「柔道」への転換を図り、教育として人々に受け入れられたことにより、各種の武術も名称を「術」から「道」に変更することとなる。こうして、身体教育の手段となった武道は、嘉納治五郎の熱心な普及活動も相まって、徐々に学校教育の中で認められるようになっていくのである。

しかし、武道と学校教育の関係を考える際に、注意しなければならない問題がある。それは、戦争の影響である。明治時代の日清戦争、日露戦争、さらに昭和時代の第二次世界大戦は、武道が学校教育に用いられる要因の一つとなった。その理由は、当時の政府が「武士は主君のために命懸けで戦う」ということをイメージしたからである。ただし、「主君のために命懸けで戦う」ことは、あくまで武士の職業上の業務であって、「武術の修錬を通して道（道理・道徳）を学ぶ」という武道本来の考え方とは異なるものである。つまり、武道は戦時中に国民を動員するために当時の政府や軍部に利用されたのである。このことは、武道の歴史の中でとても残念な出来事であり、今後も間違った認識により利用されないように注意していく必要がある。

第二次世界大戦後、武道は「スポーツ」として再出発することとなる。実際、体育の授業においては1989（平成元）年度の学習指導要領改訂まで「武道」という名称ではなく、「格技」という名称が用いられていた[1)]。このことは、体育の授業で用いられる柔道・剣道等が日本文化というよりも、格闘性のあるスポーツであることをアピールしていることの証だといえるであろう。その後、2006（平成18）年の教育基本法の改正により、学校教育の中で日本文化を伝えることの重要性が増し、2008（同20）年の学習指導要領の改訂以降、中学校第1・2学年の体育において、武道が必修となった。このことは、「武道必修化」といわれ、近年の武道界では大きな話題となった。

2 現代の体育授業における武道の取り扱い

現在の学習指導要領において、中学校第1・2学年の体育では、すべての生徒が武道を学ぶこととなっており、これを「武道必修化」と呼ぶ。その背景には、国際化によって多様な文化と出会う機会が多くなったこと、さらには2006（平成18）年の教育基本法の改正がある。教育基本法の改正により、体育では武道を通して日本の文化や考え方を学ぶことになったのである。

1 「武道必修化」の背景

(1) 教育基本法の改正

武道必修化に特に影響を与えた点は、教育基本法第2条の「教育の目標」にかかわる部分である。教育基本法では、以下のように記されている。

> **教育基本法第2条**
> ⑤　伝統と文化を尊重し、それらをはぐくんできた我が国と郷土を愛するとともに、他国を尊重し、国際社会の平和と発展に寄与する態度を養うこと。

この「伝統と文化を尊重」すること、そして「我が国の郷土を愛する」という点が日本文化の教育について見直すきっかけとなったのである。その後、2008（平成20）年に学習指導要領が改訂され、武道必修化が行われた。それまでの体育における武道の扱いは選択科目であったため、戦後ではじめての必修化である。しかし、武道必修化は学校教育全体から見れば、特別なことではない。学校教育の中で日本文化を扱うことは、各教科を通して行われることであり、体育では武道によって日本文化を学ぶことになっただけである。つまり、武道を専門的に学ぶのではなく、体育教材の一つとしてその文化的特性を生かし、「我が国の伝統と文化」に触れ、「国際社会に寄与できる」人材を育てることが体育における武道の目的なのである。

(2) 世界のグローバル化と文化の問題

「武道必修化」という話題があがった時、日本の社会では「戦時中の軍国主義への回帰か」という批判的な見方や「武道を教える自信がない」という不安な声もあった。しかし、今回の必修化は先に述べた通り、日本の伝統文化を知り、国際社会に貢献することを目的とするものであり、経緯が全く異なるものである。この「国際社会」と「日本の伝統文化」については、より具体的な説明を加えておきたい。

現代社会は「国際社会」あるいは「グローバル社会」といわれている。「国際社会」とは国と国との関係が密接になっていることを示し、「グローバル社会」とは地球規模で考える社会のことを示している。いずれにしても、現代社会はさまざまな国々がお互いに支え合うことで成立している。しかし、他の国々と接すれば接するほど、さまざまな文化と触れ合うことになり、多様な見方・考え方があることに気づかされる。そのため、多様な文化に触れれば触れるほど、**文化に対する見方・考え方の軸**が必要になるのである。したがって、さまざまな国々とその文化がかかわり合う現代社会において、武道を学ぶことは見方・考え方の一つの軸となる自分の文化を形成することにもなるのである。

2 学習指導要領にみる武道の文化

(1)「我が国固有の文化」としての武道

ここでは、実際に必修として導入された武道領域の文化性について考えてみたい。上述の通り、武道の歴史は長く、その文化や教え方もさまざまに存在するが、ここでは「学習指導要領」および「学習指導要領解説」に記載されているキーワードから考えていくこととする。

まず、「我が国固有の文化」という点であるが、これはわが国の歴史とともに考えることで見えてくるだろう。例えば、武士が政治を担う時代が長かった日本では、戦闘者としての強さと統治者としての人格の両方が必要とされた。そのため、強くなればなるほど謙虚であることが求められ、また弱者に対しては優しくすることが美徳とされてきた。これらは、現代の私たちの生活にも馴染みがあるものであり、決して難しい話ではないだろう。武士の歴史や文化とともに考えていけば、日本が育んできた武道の文化的特性を見いだすことができるのである。

(2) 相手と直接戦うことの意義

武道は武士の戦技から生まれたものであるため、相手と直接戦うこともまた、一つの文化的特性である。言い換えれば、武道は相手の身体を直接攻撃することで勝敗の決まるスポーツである。日本の武士たちはこの相手との攻防の恐怖を克服するために、仏教の考え方を積極的に取り入れてきた歴史がある。例えば、厳しい身体修錬を経て心を鍛えるという発想は、仏教の修行の考え方である。また、心の境地としては「無心」の状態が最もよいこととされるが、これは目先の欲望や出来事にとらわれないことであり、やはり仏教の教えに由来するものなのである。

また、相手との戦いが決着した後もなお相手に注意し、心を残すことを武道では「**残心**」というが、これは戦技ならではの考え方といえるだろう。現代では、この残心という考え方は戦いの後に注意を続けつつも、自分と戦った相手のことを思いやって喜びを表に出さず、自分の感情を抑える行動規範となっている。そして、残心は日本独自の「抑制の美学」[2)]として海外からも関心を寄せられている文化である。このように、戦技から生まれたことによる文化や考え方も存在しているのである。

(3)「伝統的な考え方」と身体文化

最後に「伝統的な考え方」について考えてみたい。上記にて、日本には自身の修行のために感情を抑える「抑制の美学」があることを説明した。この抑制の最たる例は、「**礼法**」にあるといえる。礼法とは、相手への敬意を厳格な所作によって表現するものである。つまり、勝敗がどうであれ、礼法という厳格な所作を守ることは、自分が成長するために戦ってくれた相手に対して敬意を表すとともに、自分の感情を抑えるという精神的な修行にもつながっているのである。礼法は、立った姿勢で行う立礼や座った姿勢で行う座礼、さらには手の位置や頭を下げる角度、座り方等、事細かに決められているが、それらの所作一つ一つを守っていくことが自身の成長につながるのである。

このような所作一つ一つを守っていくことは、日本では「**かた」の文化**といわれる。「かた」には「型」や「形」という漢字が使われるが、「**型**」は「柔道の型」や「剣道の型」のように大きなイメージを指す時に使われる。一方、「**形**」は「投の形」や「一本目の形」といった具体的な動きを指す時に使われる[3)]。つまり、先人たちがつくり上げてきた「形」を身につけていくことで、文化的な「型」が伝承されると考えられてきたのである。それは、武道の「**稽古**」という言葉からも知ることができる。稽古とは、「古（いにしえ）を稽（かんが）える」という意味である。それは、単に身体能力が向上したり、相手を倒したりすればよいというものではなく、先人たちの技と知恵を学び、それに照らし合わせて今の自分を考えるというものである。したがって、身体で文化を学ぶことは、人間の教育と深くかかわっているのである。

3 身体文化の教育

身体にかかわるあらゆる文化は、「身体文化」と呼ばれる。また、その文化によって異なる身体の動かし方は、「身体技法」と呼ばれる。私たち人間は、自分が所属する社会に適した身体文化や身体技法を使い、自己を表現し、他者とコミュニケーションをとっている。このように考えるならば、動物としてのヒトから社会的な人間へと成長するためには、身体文化の教育が必要であり、身体を教育する体育にはそれを担う責任と意義がある。

1 身体文化と身体技法

(1)「身体文化」という考え方

身体文化とは、身体にかかわる文化のことをいう。それは、とても広い範囲の考え方であり、身体に関係するものであればすべて「身体文化」となる[4)]。例えば、服装、化粧、作法、しぐさ、挨拶、祈りの仕方、立ち方、座り方、歩き方等、私たち人間の身体を振り返ってみると、あらゆる行為が文化の影響を受けていることに気づかされる。服装や挨拶は、国・地域や民族、時代によって異なり、大事な場面ではそれぞれの文化に合わせて行うことが求められる。つまり、私たち人間は、生まれ育った社会の中で適切な身体文化を習い、身につけることで社会の一員となっていくのである。場面に応じた身だしなみやマナーが実践できてはじめて、社会の一員として認められるのである。

さらにいえば、「どのような身体が美しいか」といった身体に対する考え方は、「身体観」といわれ、身体文化の考え方に含まれる。例えば、筋骨隆々とした逆三角形の形をした身体がよいという考え方もあれば、武術の古い伝書のように腹（丹田）に意識が向けられた身体がよいという考え方もある。また、身体の美しさの基準も時代や地域によって異なる。つまり、私たちの身体は、身にまとうものから動かし方、見方に至るまで文化の影響を受けているのである。

(2)「身体技法」という考え方

身体文化の中でも、特に身体の動かし方に限定したものを「身体技法」という。「身体技法」は、フランスの社会学・人類学者であるモース（M. Mauss）が提唱した考え方である。モースは、世界のさまざまな人たちの生活を研究し、歩き方や泳ぎ方等、日常生活からスポーツに至るまで、人間の身体の動かし方は、国・地域によって異なることを発見した。そして、身体技法を「人間がそれぞれの社会で伝統的な態様でその身体を用いる仕方」[5]と定義した。人間は、生活する社会環境に合わせて身体を効率よく用いる技法（テクニック）を生み出し、次世代へと伝承していると主張したのである。

モースによれば、身体技法は「**威光模倣**」によって伝承されるという。「威光模倣」とは、威光のある動作を模倣すること、つまり学習する側の人間が「これはよいな」「こうした方がよいのか」と思って模倣することである。一般的な社会生活の中では、食事の作法や挨拶の仕方等の身体技法は、親や兄姉、上司といった年長者がしている動きを模倣して伝承されていく。また、スポーツの場面では指導者や先輩、憧れの人等の動きを模倣して技能の習得がなされていく。つまり、一定の価値が認められた動作というのは、一つの技法として確立され、次の世代に伝えられていくのである。言い換えれば、身体技法には、先人の知恵が込められており、学習者はそれを模倣と反復によって習得しているのである。このように考えると、私たち人間の身体は、生まれてからずっと身体の教育を受け続けているといえるのである。

2 身体文化を教育することの意義

(1) 身体文化の教育的意義

ここまで、身体文化について述べてきたが、ここではその意義について考えてみたい。上記にて、「人間は身体文化の習得を通して社会の一員になる」と述べたが、それは身体文化の示す意味が社会によって異なるためである。したがって、自分の考えを他者に伝える時や他者の考えを理解しようとする時には、身体文化の理解が必要となるのである。

「**ノンバーバル（非言語的な）コミュニケーション**」という言葉があるが、人間は他者とコミュニケーションをとる際、相手のしぐさや表情を読みとって、相手の意図を探ろうとしている。そして、ノンバーバルな表現は、時として言葉以上の印象を相手に与えることもある。例えば、私たちは他者の身体から「優しそう」とか「怒っている」「強く主張している」等の気持ちを読み取っている。もし、身体文化を意識することがなければ、自分の考えが他者に誤って伝わる可能性もあるだろう。国際化が進み、多様な文化と接することが当たり前となっている現代社会では、自分の住む社会の文化のみならず、異なる社会の文化とも触れ合う機会はとても多く、より丁寧なコミュニケーションをとろうとすればするほど、身体文化への関心は強まることだろう。一般的に「教育」といえば、学校での教科書による知識の習得をイメージされることが多いが、それは言語的なコミュニケーションによるものである。したがって、身体文化は言語的なコミュニケーションを支える、いわば学習の基礎になり得るといえるのである。

(2) 身体文化から見る体育の可能性

身体文化は、言語的な教育を支えるものと説明したが、本章の最後にその身体文化から体育の可能性を考察したい。体育は、身体を教育する教科である。そのように考えると、単に体力を向上させることや特定の種目の「できる・できない」という考え方のみならず、より根源的な、人間が生きていくための身体の使い方を教育する役割も担っているといえるだろう。例えば、人間が身体文化の教育を受けず、動物としてのヒトのままであったならば、服を着ることも、マナーを守ることもできず、他者と社会を形成することはできない。人間が生きていくためには、他者とかかわり、協力し、共生していく必要がある。そのためには、他者とともにルールをつくり、そのルールを守りながら、お互いに意思を表示し、コミュニケーションを深めていくことが重要である。**身体文化は、そのような人間関係を構築するための最も身近な道具になり得る**のである。

体育は、身体文化に最もかかわることのできる教科である。多様な文化的背景をもつ人々がともに生きる現代社会において、他者とかかわるための道具として身体文化の教育を学校体育が担うことは、社会を形成することにもつながっているのである。それは、人間が学ぶための環境づくりであり、すなわち学びの基礎をつくることにほかならないのである。

引用文献

1）藤堂良明『学校武道の歴史を辿る』日本武道館　2018 年　pp.278-281
2）西村秀樹『スポーツにおける抑制の美学―静かなる強さと深さ―』世界思想社　2009 年　p.247
3）中林信二『武道のすすめ』島津書房　1994 年　pp.162-163
4）佐藤臣彦『身体教育を哲学する―体育哲学叙説―』北樹出版　1993 年　p.276
5）M. モース（有地亨・山口俊夫訳）『社会学と人類学Ⅱ』弘文堂　1976 年　p.121

参考文献

・入江康平編著『武道文化の探究』不昧堂出版　2003 年
・湯浅泰雄『気・修行・身体』平河出版社　1986 年
・文部科学省「中学校学習指導要領（平成 29 年告示）」
https://www.mext.go.jp/content/20230120-mxt_kyoiku02-100002604_02.pdf
・文部科学省「中学校学習指導要領（平成 29 年告示）解説　保健体育編」
https://www.mext.go.jp/content/20210113-mxt_kyoiku01-100002608_1.pdf

学びの確認

①「武道」と呼ばれるようになった経緯について、日本の歴史と照らし合わせながら説明してみましょう。

②日本のスポーツにおいても、武道のように日本文化の影響を受けているものがあります。自身の経験やニュースから、事例を挙げてみましょう。

③「身体文化」と「身体技法」について、具体的な例を挙げて世界と日本ではどのような違いがあるか、比べてみましょう。

column

体育授業における柔道の面白さを再考する

国士舘大学／佐藤雄哉

はじめに

本章では、身体文化という視点から日本の学校体育で武道が行われている背景を考察してきました。しかし、「武道」といっても、その実施方法は、地域や種目によりさまざまな状況にあります。例えば、2018年に日本武道館が実施した調査によれば、中学校で行われた武道の内訳は、柔道64.5％、剣道34.4％、相撲3.3％、空手道2.3％という結果が出ています（複数種目実施校あり）。この調査からは、体育授業における武道では、柔道が多く採用されていることがわかります。そこで、本コラムでは、柔道が体育で担う役割は何かについて、より深く考察してみたいと思います。

「なぜ危険な種目をやらせるの？」

上記の質問は、公立中学校で柔道の授業を実施した際に、保護者から出されたそうです。実際に、武道必修化が決まった時には柔道の事故件数が注目され、新聞やテレビ等のマスメディアで取り上げられたこともありました。では、この保護者からの問い合わせに対して、担当の先生はどのように対応したのでしょうか。筆者が当時、対応した先生に尋ねたところ、「文部科学省が武道必修化を定めたから」と答えたそうです。確かに、学校現場ではこのような回答が有効な場合もあるのかもしれません。しかし、それは柔道の文化、ひいては世界が認める武道（Budo）の文化について、考えることを放棄しているともいえるのではないでしょうか。

では、ここで読者の皆さんに質問です。なぜ、危険を承知で柔道をやらせるのでしょうか。

柔道は本当に危険なのか？

科学の視点で考えるならば、まずは柔道の危険性について、客観的な情報を入手する必要があります。全日本柔道連盟の調査によると、2004～2017年度の13年間では、死亡事故が23件ありました。この事例は、部活動中によるものですが、柔道を扱う授業に一定の緊張感が必要な理由は、この事実だけでも十分に理解できるかと思います。

「危険」だからこその柔道の意義と面白さ

しかし、私たちはその危険との向き合い方から、柔道の文化的特性と面白さを見出すことができます。例えば、柔道で最初に学ぶ「受身」は、単に怪我をしないための転び方を習得するだけではありません。転ぶ（負ける）ことを自ら選択するための「潔さ」を覚える過程であるともいわれています。「潔さ」は、武士の美徳に由来しています。つまり、受身の練習は、勝敗を自分で受け入れる倫理を学ぶ時間でもあるのです。

このように、柔道の歴史と文化に習うことは、柔道の面白さを再発見することにもつながります。相手と直接組み合い、力のかかりや技の理合を体感し、「柔よく剛を制す」という柔の発想によって相手を制することは、その一つといえるでしょう。また、どんな時も正しく「礼儀作法」を行うことは、自分の感情をコントロールし、危険な場面を減らすことが期待できます。本コラムが、授業における柔道の意義や楽しさを考えるきっかけになれば幸いです。

第14章 表現運動と体育との関係

なぜこの章を学ぶのですか？

体育科においてダンスを学ぶことの本質的な意義を理解するためには、人類史上においてダンスが担ってきた文化・社会的な役割を知ること、また、これまでの学校教育にけるダンス教育の位置づけについて学ぶことが大切だからです。

第 14 章の学びのポイントは何ですか？

ダンスは、古代より、常に人類と共にありました。その理由や原理的な価値について、また、体育の一領域としてダンス教育に期待されていることについて理解していきましょう。

考えてみよう

1. なぜ人類は踊りを必要としてきたのか、それはなぜなのかということについて考えてみましょう。
2. ダンスはこれからを生きる私たちにとってどのような意義をもっているのかについて考えてみましょう。

1 ダンスとは何か

ダンスとは人の営みの中で生まれ、時代のあり様を映して自在に変容するものと捉えられる。こうした変容の先にあるのが現代の多彩なダンスなのであり、今後も時代を映す鏡として多様に変化していくのだろう。教育や芸術、スポーツ等においてダンスが注目されている今、その原点が人の魂の発露であったことに立ち返り、脈々とつなげられてきた伝承と変容の意味を再考することが必要なのではないだろうか。

1 ダンス教育が抱える問題

2012 年（平成 24）年の学習指導要領改訂における、中学校 1・2 年生ダンス必修化以降、ダンスへの注目が高まり、ダンス人口は急増している。その勢いは止まらず、メディアへの露出が増えると共に、ダンスコンテストやイベントの活性化、ダンス団体組織の設立やそれを支える企業の参入など、その勢いは増すばかりである。

ダンス教育は、**❶表現遊び・表現・創作ダンス**（以下「表現系ダンス」）、**❷リズム遊び・リズムダンス・現代的なリズムのダンス**（以下「リズム系ダンス」）、**❸**「フォークダンス」の 3 つから構成されるが、社会現象ともいえるダンスの流行の中心は、ヒップホップやロックといったリズム系の「現代的なリズムのダンス」である。もはや、「ダンス」＝「ストリートダンス」という図式が形成されているといっても過言ではない状況にある。2024（令和 6）年のオリンピック種目に「ブレイキン（ブレイクダンス）」が追加されたこともあり、その傾向はますます強まることが考えられる。

一方で、「ダンス＝ストリートダンス」のイメージが強まれば強まるほど、ダンスへの拒否感を感じる人も激増している。教員養成機関で身体表現を教えている筆者の肌感でも、必修とされているダンス領域を受講する際の学生のダンスへの抵抗感はかなり高いと感じている。「観るのは好き」だけど、「踊るのは嫌い」という声も多い。SNS におけるダンス動画の流行と共に、気軽に鑑賞するのは好きだけど、実際に自分がやるとなると話は別、ということだろう。そうした忌避感を生じさせる背景には、ストリートダンスが放つ高い技能イメージが挙げられる。もはや、踊れない自分の身体を人の目に晒すことへの不安感や羞恥心はダンス嫌いの決定的な要因となっているといえるだろう。それでは、体育授業におけるダンスの学びとは、ストリートダンスという特定のダンスジャンルに収斂されるものなのだろうか。そもそも、ダンスとはどのような社会的な価値や意義を有するのだろうか。

2 人類とともにあったダンス

(1) ダンスのはじまりと原点

ダンスは、文化とともに生まれた。ヨーロッパの旧石器時代の洞窟には、狩猟や弔いの場で踊るシャーマンが描かれ、紀元前の古代エジプトや古代ペルシアの遺跡には、儀礼の場で踊る踊り子が描かれている。これらは、当時のダンスが、アニミズム[*1]を基盤とした生活において、人の生や死に携わるものとして位置づけられていたことを物語っている。

それは日本でも例外ではなく、日本におけるダンスの最古の記録が古事記（712年）にみられる。太陽神である天照大神が天岩戸に隠れて世界が闇に包まれた際、神々が嘆く中、大神を岩戸から連れ出し世界に光を戻したのが、天鈿女命の舞だったのだ。この太陽神をも魅了した舞は、シャーマニズムに連なる巫女舞と考えられる。天鈿女命の舞は、現代でも民俗芸能の神楽で目にすることができる。その舞は、鈴や領巾を振りながら、旋回と反閇[*2]を繰り返すことで、邪気を祓い五穀豊穣を予祝する。

岩戸の前で舞う天鈿女命（神楽）

このような信仰を基盤とするダンスについて、遠藤保子は「人間の力の及ばない偉大な自然に畏敬の念をあらわし、神や先祖に踊りを奉納し、踊ることによって神々と交わろうとした」[1]と指摘した。教育や芸術、スポーツ等においてダンスが注目されている今、その原点が**人の魂の発露**であったことに立ち返り、脈々とつなげられてきた**伝承と変容の意味**を再考することが必要なのではないだろうか。

*1　アニミズム
イギリスの人類学者であるタイラー（E. B. Tylor）が用いた用語で、霊的存在への信仰を意味し、宗教の原初的形態とされた。この概念は、人間以外にも事物や事象には霊魂が宿るという考えに基づいている。

*2　反閇
地を踏みしめることで邪気を祓ったり魂を鎮めたりする呪術的意図をもった足さばきのこと。

(2) ダンスを知る・観る・踊る意味

民族的・文化的背景をもつダンスは、今や無形文化財として保存の対象となり、その特異性とも相まって、身近に感じることが難しくなったかもしれない。しかし人類は、生きる上で様々な律動に身をゆだね、自らも新たな律動を生み出してきた。ダンスもその一つであり、個人あるいはコミュニティの思いや実相などが体現されている。それゆえに、過去を生きた、または現

善と悪の共存を象徴する
聖獣バロン（左）と邪神ランダ（右）（バリ舞踊）

代を生きる人類のあり様を、ダンスを通して体感することができるのだろう。

また、踊るという行為や、踊りを伝えていくことの意味も熟考する必要があるだろう。その足がかりとして、インドネシアのバリ島のダンスを紹介したい。バリ島のダンスが体現するのは、“この世は善と悪のバランスによって保たれている”というユニークな理（ことわり）だ。ある舞踊劇では、善と悪の象徴（聖獣バロンと邪神ランダ）が登場し、激しい戦いを繰り広げるものの、決着がつかないまま終わる。この展開からは、ともすれば忌み嫌われる病や災害などに対して、共存することが自然の摂理だというメッセージが伝わってくる。バリ島の人々は、幼少期からこのようなダンスに慣れ親しんでおり、個々の人格形成やコミュニティの円滑な運営などに、ダンスが大きく寄与してきただろうことは想像に難くない。

ダンスとは、人の営みの中で生まれ、時代のあり様を映して自在に変容するものととらえられる。こうした変容の先にあるのが現代の多彩なダンスなのであり、今後も時代を映す鏡として多様に変化していくのだろう。

2 学校教育におけるダンスの位置づけ

日本の近代教育が始まって以来、ダンスはその時々の社会的情勢の影響を受けつつ、名称や内容を変化させながら学校教育の中で存在し続けてきた。その中で、ダンス領域の「表現系」・「リズム系」・「フォークダンス」の３つの柱は、それぞれ異なる役割を担ってきた。

1 ダンス教育の歴史的変遷

(1) ダンスの教育はどのように変容してきたのか

これまで、日本の体育科におけるダンス教育は、２つの点で異質であり続けてきた。１つ目は、男性優位な構造を基盤とした体育カリキュラムの中で、ダンスは周辺化される女性を対象とした教育領域として位置づけられてきたことである（❶ジェンダーの視点）。２つ目は、健やかな心身づくりや基礎的な運動能力の育成に寄与するという〈体育的側面〉と共に、表現や創造という〈芸術的側面〉を内包している点である（❷芸術的側面の視点）。明治以降の近代教育の中で、ダンス領域は「男性性」対「女性性」、「体育的側面」対「芸術的側面」という、二項対立的な図式の中で常に議論をされてきたのである。

表 14-1 は、学習指導要領の変遷の中で、主要なダンス教育の転換点のみに絞りまとめた表である。

表 14-1 ダンス教育の変遷

	年	主なポイント	背景
I	明治から昭和初期	・行進遊戯・唱歌遊戯の既成作品の習得を中心とした学習	・1872（明治 5）年に、近代的教育制度を定めた「学制」が発布される。 ・戦前・戦中における富国強兵政策のもと、健康な身体づくりがめざされ、戦力練成の目的に添う運動的価値の側面が強調されるようになった。こうした状況下で、ダンス領域は健やかな心身づくりと共に情操教育に資するものとして位置づけられた。
II	1945(昭和 20)～1970 年代 1947（昭和 22）年 学校体育指導要綱発刊 1949（昭和 24）年 小学校学習指導要領発刊 1951（昭和 26）年 中学校・高等学校学習指導要領発刊	・表現系ダンスおよびフォークダンスの 2 つの柱による学習	1947（昭和 22）年に教育基本法、学校教育法が制定。戦後の「新教育」の理念に沿った教育改革の中で、新たな体育の目標が構想された。1947（昭和 22）年学校体育指導要綱発刊から、小学校・中学校･高等学校の学習指導要領が整うまでを「新体育形成」とし、ダンス教育は戦前・戦中の作品の習得学習から、創造的学習へと大転換を遂げた。ダンスは主に女子を対象とした体育種目とされたが、小学校においては、フォークダンスは男子にも望ましい選択教材として位置づけられた。
III	1989（平成元）年 学習指導要領改訂	・中学校・高等学校共に男女共修と選択性が導入	国際的な性差別の是正をめざす潮流の中で、国内では 1985（昭和 60）年「女子差別撤廃条約」が批准された。1977（昭和 52）年の中学校の学習指導要領、1978（昭和 53）年告示の高等学校の学習指導要領では、ダンスは主として女子に履修させるものとされていたが、差別の撤廃をめざす理念に基づき、履修制度が改訂された。
IV	1998～1999(平成 10～平成 11）年 学習指導要領改訂	・表現系およびフォークダンスにリズム系ダンスが加わり、3 つの柱による学習へ（小学校では「リズムダンス」、中学校･高等学校では「現代的なリズムのダンス」） ・平成 11 年の学習指導要領解説に「即興」という文言が登場	体育科に「体ほぐし」の運動が新設されるなど、＜心と体が一体化した体育＞が掲げられる中で、生涯学習・多様な個性に対応するために、さらなるダンス学習内容の拡充がめざされた。
V	2008～2009（平成 20～平成 21）年 学習指導要領改訂	・中学校 1・2 年生でダンスが必修化	制度上のダンス男女共習（ジェンダー・フリーなダンス）の基盤が確立された。インターネットの普及によって到来した情報社会（Society4.0）の中で、SNS を中心にダンスに関する膨大な情報が溢れるようになった。

(2) ジェンダーの視点からの変容

ダンス教育は、明治以降の近代教育のはじまりから、**長らく女子のための領域として位置づけられてきた**。この流れが大きく変わる転換点となったのが、1989（平成元）年における学習指導要領の改訂である（表 14-1：Ⅲ）。1980 年代は国際的に人権意識が高まり、「女子に対する差別」の撤廃を目指した「女子差別撤廃条約」発効（日本は 1985 年に締結）、これを受けて雇用における男女格差の是正に向けた「男女雇用機会均等法」が採択された。こうした社会的動向を背景として、ダンス教育もまた男子にも選択可能な領域となり、2008（平成 20）年の学習指導要領改訂では、中学校 1・2 年生でダンスが必修化となった（表 14-1 ：Ⅴ）。

(3) 芸術的特性の視点からの変容

明治から昭和初期には、ダンス領域は主に行進遊戯や唱歌遊戯等の既成作品の学習を通した、**健やかな心身づくりに寄与するものとして位置づけられてきた**。このあり方に一大転換点が訪れたのが、戦後の「個性尊重」という教育理念に基づき、松本千代栄の主導のもとで推進された、創造的自己表現を目指す「創作ダンス」の導入である。松本は、既成作品に内在する律動的な表現運動としての美的性質を認めながらも、それが教師中心の受動的学習形態による「他人の作品への感情移入」を促すものであり、自分たちで創り出す能動的な学習形態とは異なるものとして、**芸術的創造活動をダンス教育の軸にするべきであると主張した**[2)]。戦後のダンスの位置づけをめぐっては、松本の他にダンスの芸術性を強調する立場のほかにも、体育的同化を求める立場、体育と芸術の調和をめざす立場などが見られた[*3]。学習指導要領が改訂される中で、ダンス領域の名称は改変が繰り返されてきたものの、その内容は総じて探求型の学習である「創作ダンス」と伝承体験型の学習である「フォークダンス」の 2 つの組み合わせで構成されてきたといえる。

次の大きな転換点は、ダンス種目のカリキュラム拡充が行われ、表現系・フォークダンスにリズム系ダンスが加わった 1998（平成 10）年の学習指導要領改訂である（表 14-1 ：Ⅳ）。生涯にわたり自発的にスポーツを楽しめる力の育成に重点が置かれる中で、メディアを通して多様なダンスジャンルが身近になったことも反映し、従来も授業導入部分などで断片的に踊られてきたリズムダンスが主内容（単元の内容）として位置づけられた。これにより、**3 つの種目を相互に関連させながらダンス学習を進めるという構図が整い**、今日に至っている。

＊3　太田は、戦後の新体育形成期におけるダンスの位置づけとして、①他の運動領域と同様に、心身の修練を目指す体育的同化を求める立場、②ダンスの芸術的な価値を認めつつ、体育との調和を目指す立場、そして③芸術的価値を強調し、ダンス教育を自立的に展開しようとする 3 つがあったことを明らかにしている。
太田早織 「戦後日本の体育科におけるダンスの位置づけに関する研究：特に新体育形成期にみるダンスの教育的意義づけを中心にして」『日本体育大学紀要』第39巻 1 号　2009 年　pp.1-11

2 創造的な学習（表現系・リズム系ダンス）

（1）ダンス学習の分類

ダンス教育における３種目の主な特性をまとめると、表現系ダンスは「表したいイメージや思いをとらえて表現する」、リズム系ダンスは「リズムに乗って全身で踊る」、フォークダンスは「日本や外国の伝承された踊りを一緒に踊って交流する」ことである。リズム系ダンスの技能については、ヒップホップなどの既存の動き（振り付け）をそのまま踊る・模倣することというイメージが広まっているものの、学習指導要領においては、リズムの特徴を捉え、変化とまとまりをつけて全身で自由に踊ること、すなわち「**表現系と同じく創造的な自由なダンス**」と位置づけられている[3]。フォークダンスが定型の踊りを再現して踊る「**文化伝承の学習**」だとすると、表現系とリズム系のダンスは「**創造的な学習**」として括られることが着目すべきポイントとなる。

（2）創造的な学習で身につける力とは

それでは、表現系・リズム系ダンスの創造的な学習を通して、児童・生徒はどのような能力を育むのだろうか。例えば、表現系ダンスにおける獲得すべき動き方の技能に着目すると、「即興的な表現」と「簡単なひとまとまりの表現・作品創作」の２つで構成されている[4]。発達に応じて発展的内容が記されているものの、2017（平成29）～2018（同30）年の小学校・中学校・高等学校学習指導要領において、「**即興的に踊る」は一貫した基礎的**

図14-1　ダンス領域の３つの柱

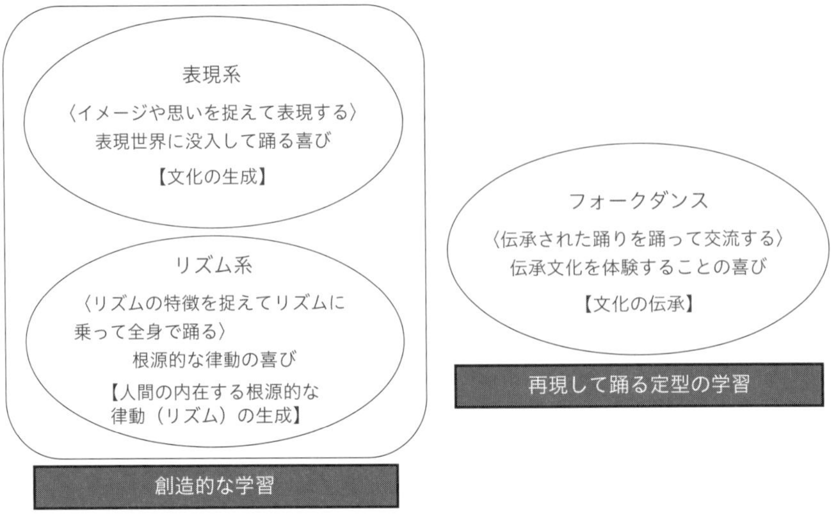

技能として明記されている*4。

即興表現：他者との関わりの中から生まれるもの

「即興（improvisation）」とは、音楽・演劇・舞踊などの文化・芸術領域で用いられてきた用語であり、「現在に集中し、心に浮かぶ想いもしくは構想 idea；conception にそのまま従って、それを外に現実化してゆこくと」である[5)]。探索プロセスそのものを重視する、ゴールフリーに向かう活動といえるだろう。この「即興」という文言は、1998（平成 10）年の学習指導要領改訂を受けて、1999（平成 11）年の学習指導要領で登場しており、既述したカリキュラムの拡充が行われつつも、ダンス教育が児童・生徒主体の自由性に価値を置く学習領域であることを改めて明示したという点において、その意味は大きかったといえる。

不確実性を許容しなければならない即興の特性は、確実な成果が求めてきたこれまでの学校教育の在り方と真逆であり、それゆえに教師にとって葛藤を生じさせるものともいえる*5。しかしながら、テクノロジーの発展によって激変する社会の中で、今後求められるのは、未知な課題に立ち向かい、他者と協働しながら創造的に「解」を導く能力である。2017（平成 29）年に改訂された新学習指導要領の狙いとされる「主体的・対話的で深い学び（アクティブ・ラーニング）」[6)] は、こうした社会的背景を反映していると考えられる。ダンス教育はいち早く探求型学習に取り組んできており、創造性を重視する学校教育の変革の流れの中でも先導的な学習領域であるといえる。

＊4　即興
リズム系ダンスにおいても、小学校低学年（表現遊び）では「へそ（体幹部）を中心に軽快なリズムの音楽に乗って即興的に踊る」、中学年（表現運動）では「へそ（体幹部）を中心にリズムに乗って全身で即興的に踊る」と記されている。文部科学省「高等学校学習指導要領（平成 30 年告示）解説　保健体育編　体育編」2019 年　p.174

＊5　体育教師は「管理・規範」の役割や、正解に向けた効率性を重視した運動学習の指導が求められる傾向にあるため、正解のない「ゴール・フリー」を特性とするダンス指導に不安感や戸惑いを抱くことが明らかとなっている。酒向治子・竹内秀一・猪崎弥生「中学校保健体育科の男性教員のダンスに対する意識：語りの質的検討」『スポーツとジェンダー研究』第 14 巻　日本スポーツとジェンダー学会　2016 年　pp.6-20

3　文化の伝承の学習（フォークダンス）

（1）教材は世界の身体文化

学校教育で扱うフォークダンスとは、「伝承されてきた日本の地域の踊りや外国の踊りであり、みんなで一緒に踊るのが楽しい運動」（小学校指導要領）とされる。つまり、民衆に受け継がれてきた国内外の踊りならば、どのようなものでも対象になり得る。地球上には 190 余りの国と数千の民族・部族が存在し、それぞれに特有の律動的な身体表現をもつ。それゆえ、教材となるフォークダンスの素材は、決して少数の限られたものではないことを知っておきたい。それを踏まえて、小学校～高等学校の学習指導要領では、学校教育におけるフォークダンスの構成内容として、日本の「民踊」と外国の「フォークダンス」が明記されている。

教材として推奨された民踊の代表格である盆踊りをみると、その曲数は、ゆうに1000を超える。難易度も成立背景も千差万別であることはいうまでもないが、一定の動作の反復が基本となり、皆で揃って1曲を踊り通せる親しみやすい教材といえるだろう。2022（令和4）年には、盆踊りを含む風流（ふりゅう）踊りがユネスコ世界遺産に登録されただけでなく、アメリカやブラジル、シンガポールなどで「ボン・ダンス」として地元の人々に愛好されており、グローバルな視点から取り組むことも可能だ。いずれにしても、フォークダンスの学びを深めるためには、広く知られているものだけでなく、**地域にゆかりのある民踊や、他教科で学習する内容に関連したダンス**なども取り上げることが望ましい。

（2）特有の律動を体験しながら文化と出会う

フォークダンスを体験することの大きな意義は、**多彩な身体動作に触れ、その背景にある豊かな文化に出会うこと**だろう。例えば、西欧やアフリカの伝統的なダンスは複雑なステップを多用するのに対し、アジアでは腕から指先までの微細な動きを駆使する傾向がある。ステップを多用する衣裳は、下半身が動きやすいのに対し、手指を際立たせる衣裳は、下半身が動きにくい。このように、それぞれの独自性だけでなく、人類や地域といったスケールで見ると、ある程度の共通性を併せもつのがフォークダンスの特徴ともいえる。だからこそ、新しいダンスと出会った時には、新鮮な驚きとともに、親しみを感じることもあるのではないだろうか。

身体を通した出会いと気づきは、**多様な文化への理解や共感を生み、共生社会への意識を育む**だろう。もちろん、「皆で踊る一体感」や「リズムに乗る楽しさ」などの情緒面も見逃せない。それぞれのダンスに込められた意味を身体で表現できれば、それは単なる“珍しいダンスの体験”に終わらない、豊かな広がりへと展開していくはずである。

4 ダンス学習の意義（過去・現在・未来）

ダンスは人類の歴史とともにあり、祝祭や娯楽といった文化の創造、心身の健康づくりや**芸術的側面（審美性・情緒性）を育むもの**として、重要な役割を果たしてきた。近代教育以降のダンス教育においては、名称や内容が変容しながら、現在は3つの種目として展開されているのはすでに見てきた通りである。本論の終わりとして、ダンス教育が常に基盤として「他者関係（つながり）」に重きを置いてきたという点に再度着目してみたい。

テクノロジー化が加速化し、人類がこれまで直面してこなかった予測不能な社会を迎えるにあたり、主体的に他者とかかわり、活発化したコミュニケーションの中で未来を創造的していく力の育成が何よりも求められているのは改めて指摘するまでもないだろう。しかしながら、現実は情報へのアクセスへの利便性が格段に向上したことにより、他者とのリアルな関係性を築く必要性が薄れ、人間関係がむしろ分断化・希薄化していることが指摘されている。斎藤孝は、他者に対して無反応･無感覚な身体のことを〈冷えたからだ〉とし、主体的にかかわる以前に、この〈冷えたからだ〉を活性化し、〈レスポンスする身体〉にする必要があると述べている[7)]。他者に感応できる身体が理想とすると、むしろ現代の身体は感覚的に鈍化しており、理想との乖離が進んでいる状況ともいえるのである。

ダンス教育においては、フォークダンスはもとより、表現系おいても、リズム系においても、他者との交流は理論的前提として位置づけられてきた。このような時代だからこそ、ダンスが果たす役割は大きく、その重要性は今後さらに増していくといえるだろう。

引用文献

1 ）遠藤保子「民族と舞踊」舞踊教育研究会編『舞踊学講義』大修館書店　1991 年　p.25
2 ）松本千代栄（舞踊文化と教育研究の会編）『松本千代栄撰集第 2 期 - 研究編　舞踊教育学領域』明治図書　2010 年 p.23
3 ）文部科学省「平成 25 年度　学校体育実技指導資料集　第 9 集　表現運動系及びダンス指導の手引き」 p.8 https://www.mext.go.jp/component/a_menu/sports/detail/__icsFiles/afieldfile/2013/10/30/1336655_02.pdf
4 ）文部科学省「高等学校学習指導要領（平成 30 年告示）解説　保健体育編　体育編」 p.174 https://www.mext.go.jp/content/1407073_07_1_2.pdf
5 ）佐々木健一『美学辞典』東京大学出版会　1995 年　p.63
6 ）文部科学省「小学校学習指導要領（平成 29 年告示）解説　総則編」 p.77 https://www.mext.go.jp/content/20230308-mxt_kyoiku02-100002607_001.pdf
7 ）斎藤孝『自然体のつくり方　レスポンスする身体へ』太郎次郎社　2001 年　p.140

参考文献

・猪崎弥生・酒向治子・米谷淳編『ダンスとジェンダー―多様性ある身体性―』一二三書房　2015 年
・本田郁子・薫大和『ひとはなぜ踊るのか―踊りがむすぶ人と心―』ポプラ社　1995 年
・弓削田綾乃・高橋京子・瀬戸邦弘・相原進編　遠藤保子監修『映像で学ぶ舞踊学―多様な民族と文化・社会・教育から考える―』大修館書店　2020 年

学びの確認

①ダンスを伝承することの意義として、４つの点を挙げましょう。

②日本の体育科におけるダンスは、２つの視点において異質であり続けてきました。その２つの特殊性について説明してみましょう。

③フォーク系ダンスの教材として取り組んでみたいダンスあるいは民踊をあげ、踊る体験がその人自身に何をもたらすかを考えてみましょう。

column

人と人をつなぐダンスの力を活用した事例「ぼうさいPiPit! ダンス」

岡山大学／吉村利佐子

地域の繋がりを再構築するダンス

ダンスの魅力といわれて思い浮かべるものに、「一体感」があると思います。自分が踊った経験があまりない人でも、テレビなどでダンスを見る時に感じたことがあるのではないでしょうか。ダンスが生み出す一体感は、古くから祭などの場で地域の人々の絆を強める役割を果たしてきました。言葉を交わす以上に、踊りでともに身体を弾ませる経験は、人と人の心を深く結びつけることができるのです。

しかし、ネット社会の現代においては、地域の人のつながりは希薄化しています。SNS で気軽に他人とつながることができるようになった反面、リアルな場でのつながりは減少するばかりです。この現状を受けて、再びダンスで人と人をつなぐ試みが昨今始まっています。

今回はその一例として、私が取り組んでいる防災にダンスを応用した産官学連携プロジェクトを紹介します。

人を繋ぐダンスの力で地域の防災力を高める

防災の領域では、近年大規模な自然災害が多発している一方で、地域の防災力の低さが課題になっています。特にコロナ禍により、地域のつながりの分断は加速し、災害時に重要となる地域の共助（助け合い）の基盤が揺らいでいます。

これを受けて、2019 年より、ダンスで防災を学びながら人とつながる教材「防災ダンス」を開発し、子どもから高齢者の全世代を対象に教育実践を行うプロジェクトを岡山大学・こくみん共済 coop・岡山市との共同で始動させました。

誰でも気軽に踊れる「ぼうさい PiPit ！ダンス」

開発した「ぼうさい PiPit ！ダンス」は、3 分間の音楽とともに楽しく踊りながら、頭だけではなく全身で防災の知識や災害時の行動を学ぶ教材です。周囲の人と手をつなぎ円形になって踊ることで、他者をより身近に感じることができる仕組みになっています。

このダンスは、簡単な動きの繰り返しで構成しているため、踊ることに苦手意識がある人でも気軽に行えます。また、幅広い世代が楽しめるよう、運動強度別の 2 種類の動きをつくりました。これらの取り組みやすさの工夫により、学校や地域のさまざまなフィールドで、老若男女問わず多くの人々に実施されています。

映像教材

身一つでできるダンスは、私たちの誰もが取り組むことができます。身体性が希薄化した今だからこそ、人をつなぐダンスの力で社会課題の解決につなげることができるのではないかと考えます。

第15章 体育原理のこれまでとこれから

なぜこの章を学ぶのですか？

本章では、日本における体育原理の展開と消失の歴史を概観し、これからの体育原理の方向性を考えてゆきます。本章の学びは、日本の体育原理の現在地点と可能性を批判的に考えるためにあります。

第15章の学びのポイントは何ですか？

本章は、これから体育原理を学ぶ人や大学で体育原理を講義している人に向けて書かれています。本章の学びのポイントは、日本語の「体育」と「原理」の概念を捉え返し、これからの体育原理のゆくえを展望することにあります。

考えてみよう

1. 「体育原理」は、どのようなことを学ぶ分野だと思いますか。
2. 「体育」と「原理」は、それぞれどのようなことを意味する言葉だと思いますか。

1 学問領域としての体育原理の誕生と消失

日本の体育原理は、新制大学の発足に伴う「体育原理」の科目設置と日本体育学会における「体育原理専門分科会」の発足をもって、ひとまず、日本の体育学の一領域となった。しかしながら、「体育原理専門分科会」は、2005（平成 17）年に「体育哲学専門分科会」へ名称変更がなされた。これにより、体育原理は、日本の体育学の研究領域から姿を消した。

1 体育原理専門分科会の発足

日本における学問領域としての体育原理の誕生は、戦後の新制大学の発足（1949（昭和 24）年）と日本体育学会[*1]の体育原理専門分科会の設立（1962（同 37）年）に見ることができる[*2]。学問が大学や学会のうちで制度化されることは、良くも悪くも大きな意味をもつ。大学や学会における学問の制度化（と不在）は、学問の専門分化や研究者の養成に影響をもたらし、ひいては、学問の存続（と消失）に大きくかかわっているからである。本章では、まず、日本における学問領域としての体育原理の誕生と展開について概観する。

戦後の日本において、「体育原理」という言葉は、新制大学の「教育職員免許法」における「教科に関する専門科目」の一つとして登場した。「体育原理」は、保健体育科教諭になるための専門科目の一つとして大学教育に位置づけられた。そのため、保健体育科教諭の志望者には、「体育原理・管理」を 4 単位以上取得することが求められた。

とはいえ、当時の日本には、「体育原理」の内容に対する共通理解があったわけではない。そもそも、新制大学におけるカリキュラムは、アメリカとの交渉の中で構築されたものである。新制大学に配置された科目は必ずしも既存の日本の学問体系に依拠したものではなく、「体育原理」も例外ではなかった。川村英男によると、当時の日本は、「教科に関する専門科目」の「体育原理」をアメリカの“Principles of Physical Education”（以下「PPE」）の翻訳語として解釈し、大学教育（教員養成）に受容したという[1)]。

むろん、「体育原理」が教員養成の専門科目となるからには、同時に、「体育原理」について研究する〈場〉が必要となる。その際、「体育原理」に関する研究の受け皿となったのは、体育学会における「**体育原理専門分科会**」であった。体育学会が設立されたのは、1950（昭和 25）年 2 月 11 日のことである。その後、10 年以上の時を経て、1962（同 37）年に体育学会のうちに体育原理専門分科会が発足した[2)]。

＊1
「日本体育学会」は、2021（令和 3）年に「日本体育・スポーツ・健康学会」へ学会名を変更した。当該学会は、体育学・スポーツ科学・健康科学を幅広く取り扱う学会である。以後、本章においては、当該学会を「体育学会」と略す。

＊2
なお、戦前にも、体育原理という「学問的対象」はわが国に存在していた。明治時代には、すでに、高島平三郎の『體育原理』という著書が出版されていた。また、昭和初期には、日本体育會體操学校（日本体育大学の前身）の教授用テキストとして、可児徳らによって『體育原理』が著されている。ただし、それらの著作が発表された時代には、「体育原理」という「学問領域」が明確に存在していたわけではなかった。高島や可児らの著書に関する概要は、以下の樋口の論考を参照されたい。
樋口聡「体育原理とはどのような学問か」『教養としての体育原理―現代の体育・スポーツを考えるために』友添秀則・岡出美則編　大修館書店　2005 年　pp.8-9

体育学会における「専門分科会」とは、研究領域の区分である[3]。「専門分科会」は、体育やスポーツ、健康といった体育学の研究対象に対して、どのような視点からアプローチするのかを隔てる方法的区分である。体育原理専門分科会は、ひとまず、体育やこれに関連する諸対象を原理の視点から研究する独自の領域として体育学会に位置づけられた*3。

＊3
ここまで見てきた通り、「専門分科会」という単位が学会に設けられたのは、体育学会が創設されてから10年以上が経過してからのことである。興味深いことに、このタイムラグは、学会の設えの「出遅れ」によるものではない。浅見俊雄によると、体育学会の1回目の総会の時点で、すでに、専門分科会を設ける提案はなされていたという。しかしながら、「一つの問題を捉えて各科学研究者が協同して研究を行うべき」との意見が多数を占め、1960（昭和35）年の「専門分科会設置内規」の公表まで専門分科会の設置は見送られた。この点は、第1章で参照した体育学の「分化」と「統合」の問題や「体育原理」の向後のあり方を考える上で示唆に富むだろう。
日本体育学会『日本体育学会60年記念誌』日本体育学会　2010年　p.16

2 体育原理研究会

「体育原理専門分科会」の発足には前史がある。それは、「体育原理研究会」の存在である。「体育原理研究会」とは、いわば私的な研究サークルであり、のちの「体育原理専門分科会」の発足を準備した研究会である。「体育原理研究会」は、1958（昭和33）年に組織され、月に一度の研究会を開催していた[4]。また、1965（同40）年から1976（同51）年にかけては、『体育の原理』と題する論文集を10冊にわたり刊行した。

「体育原理研究会」の発起人となったのは、阿部忍（日本体育大学）・石津誠（日本体育大学）・前川峯雄（東京教育大学）の三者である。ここでは、日本における体育原理の研究組織の発端を探るべく、「体育原理研究会」の発足経緯に関する阿部の主張を参照する。

> 当時はとくに科学万能的なムードが学会をも支配し、体育の心理学的、生理学的、キネシオロジー的、或は医学的研究が活潑に行なわれ、哲学的な思考を中心とする原理的研究などは日蔭の花のように色あせた感じであった。（中略）体育即生理学、キネシオロジー的研究であるといった錯覚を抱いた人も皆無とはいえないと思う。体育を人間に例えれば、手足ばかり肥ってきて（体育の個別科学的研究）、頭の小さくなっていく（原理的研究）姿が果たして許されてもいいのであろうか。ここらで、体育の本質を追求し、現代体育の方向づけをするためにも、強力な体育原理の研究の組織が必要だと思った[5]。

上記の阿部の指摘からは、次のことがうかがえる。すなわち、当時の日本では、体育に関連する科学的研究は盛んに行われていたものの、それらを方向づけるための原理的研究の推進は積極的になされていなかったということである。たしかに、「体育原理」が戦後の新制大学に配置された経緯とは裏腹に、体育やスポーツに関する科学的研究は戦前よりなされていた[6]。「体育原理研究会」は、こうした文脈の中で発足し、「体育原理専門分科会」の設立を後押しした。

3 体育原理専門分科会から体育哲学専門分科会へ

体育原理は、新制大学の発足に伴う「体育原理」の科目設置と「体育原理専門分科会」の発足をもって、ひとまず、日本の体育学の一領域となった。しかしながら、「体育原理専門分科会」は、2005（平成 17）年に「体育哲学専門分科会」（現「体育哲学専門領域」）へ名称変更がなされることになる。

とりわけ、1980 年代頃は、「体育原理専門分科会」の役割や方向性が頻繁に議論された時期であった。この時期には、「体育原理専門分科会」のアイデンティティに関するシンポジウムなどが分科会内で催された。そこでは、「体育原理とはなにか」という根本問題や「体育原理専門分科会」の研究領域としての独自性などについて議論が交わされた＊4。

結果として、「体育原理専門分科会」を「体育哲学専門分科会」とすべきという見解が優勢となり、専門分科会の名称変更が行われた。本書の第 1 章で触れた通り、この名称変更の背景には、本来の PPE の意味内容と当時の「体育原理専門分科会」の研究内容との齟齬があった。次節では、アメリカ由来の PPE の概念と日本の「体育原理」の違いを確認してゆく。

＊4
この間の議論の消息については、体育原理専門分科会が 1978（昭和 53）～1984（同 59）年に発刊した『体育原理専門分科会夏期合宿研究会レポート』および『体育原理研究』を参照されたい。

2 “Principles of Physical Education”と「体育原理」

戦後の日本では、体育原理をアメリカの“Principles of Physical Education”（PPE）の翻訳語として受容したといわれている。だが、日本の体育原理の研究動向は、PPE を踏襲したものとはならなかった。体育原理の研究史には PPE 式の体育原理を志向した研究動向もあったが、日本の体育原理研究の趨勢は体育の哲学的研究が大半を占めていた。

1 “Principles of Physical Education”

アメリカの PPE と日本の体育原理は、「体育（Physical education）」を対象としている点では共通している。けれども、PPE と体育原理は、「原理（principles）」の概念の解釈において大きく異なっている。

PPE における「原理」とは、複数形の“principle<u>s</u>”であり、直訳すれば「諸原理」となる。“The Principles of Physical Education”を著したウィ

リアムス（J. F. Williams）によると、「原理（principles）とは、適切な科学的事実、あるいは、洞察および／または経験から生じた哲学的判断にもとづく総体的な概念である」[7] という。PPE における「原理（principles）」とは、科学的研究や哲学的研究そのものを指すのではなく、それらの知見から構成された総体的な概念を意味する [8]（図 15-1 参照）。

図 15-1　原理（Principles）は哲学あるいは科学的事実に由来する

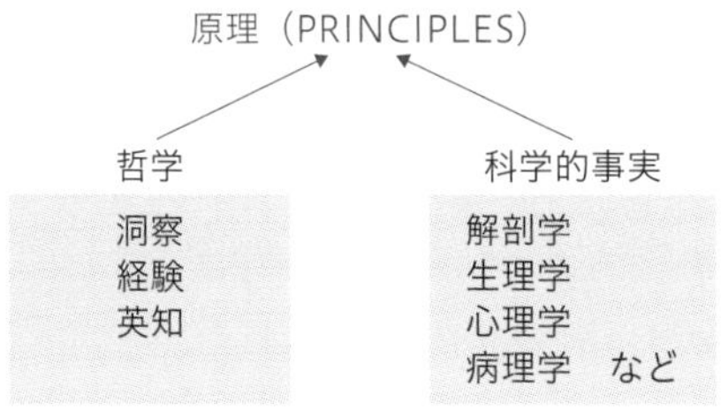

出典　J. F. Williams, *The Principles of Physical Education* (seventh ed), Saunders, 1959, 7 をもとに筆者作成

PPE における「諸原理」は、体育実践を適正に導くための「指針（群）」としての役割を果たす。“Man and Movement: Principles of Physical Education” の著者であるバロー（H. M. Barrow）は、PPE における「原理（principles）」の役割を次のように説明している。

> 原理は、決断や実践の方針、行為を決定しうるものとして、確固とした目的のある行動への指針（guide<u>s</u>）として役立つ。それらの原理は、方向を与えることや目的を特定することの役目をする。それらの原理は、思い違いや誤解、批判を明らかにするための手段である [9] *5。

ウィリアムスとバローによる説明を集約すると、以下のような PPE の理解が導かれる。① PPE とは、体育に関連する諸学の知見から構成される総体的な概念である。② PPE は、体育実践を適正に方向づけるための指針である。③ PPE は、単一の学問領域や学問名称を指すものではない。

PPE とは、概して、体育を実践する上で心得ておくべき（あるいは外してはならない）最大公約数的な原理原則を意味する。それらの原理原則は、体育の哲学や歴史、運動の生理学的・バイオメカニクス的理解、人間の発育発達や心理に関する知見、ならびに専門職としての教師のあり方、といった広範な内容を包含する *6。したがって、PPE を「体育原理」の原義とするのであれば、その「体育原理」の内容は、諸学の知見を集約した「体育に関する諸原理」とすべきである（あった）。

＊5
下線部は筆者による。

＊6
実際、PPE についてまとめたウィリアムスとバローの著作は、体育に関する人文・社会・自然科学の諸成果より構成されている、こうした構成は、「みらいスポーツライブラリー」のシリーズの中では、『スポーツ健康科学』に近しいように思える。当該書は、主としてスポーツと健康を対象にしているものの、哲学や心理学、公衆衛生、測定評価、バイオメカニクス、生理学、トレーニング科学、医学、社会学といった広範な学問領域からスポーツや健康について論じている。
佐藤洋編著『スポーツ健康科学』みらい　2022 年

2「体育原理」

第 1 節で確認した通り、戦後の日本では、体育原理を PPE の翻訳語として受容したといわれている。だが、日本の体育原理の実質は、アメリカの PPE を踏襲したものとはならなかった。

アメリカの PPE が体育実践を方向づけるための「技術」としての性格を有していたのに対して、日本の体育原理は「学(discipline)」としての性格を帯びるようになった[10)]。英語の“PPE”は、日本語の「体育原理」に読み替えられる過程で、諸学の知見から構築された体育実践上の「指針(群)」ではなく、単一の「学問領域の名称」に変換されたのである[11)]（図 15-2 参照）。

では、単一の学問領域としての体育原理は、どのような研究成果を産出していたのだろうか。1975（昭和 50）年に発表された高橋健夫と近藤英男の研究によると、当時の「体育原理専門分科会」では、「体育の本質・目的」(35.7%)や「運動文化の研究」(27.0%)、「学問論」(7.6%)、「人間論・身体論」(6.8%)に関する研究が盛んに行われていたという[12)]。また、1997(平成 9）年に発表された小林勝法と三原幹夫の研究は、「体育原理専門分科会」における研究発表の半数以上が「哲学」に関連する内容であり、体育原理に関連する発表は少数であったことを明らかにしている[13)]（表 15-1 参照）。

全体的な傾向として、「体育原理専門分科会」は、「体育原理」を冠してはいたものの、その実質は「体育哲学」の研究を主としていた[*7]。体育原理専

図 15-2　日本の体育原理とアメリカの PPE

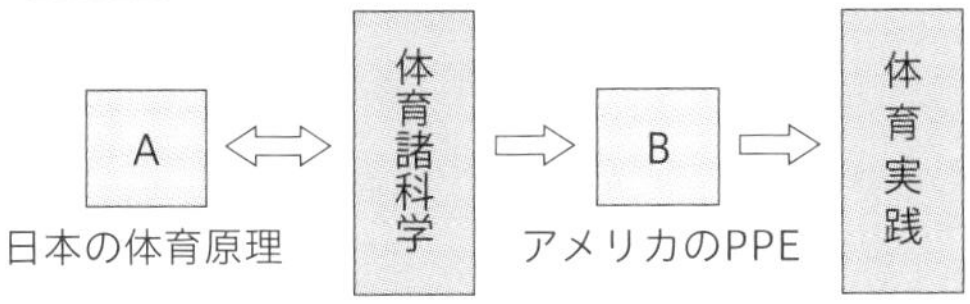

出典　佐藤臣彦「体育哲学の課題」『体育・スポーツ哲学研究』第 28 巻第 1 号　日本体育・スポーツ哲学会 p.3 をもとに筆者作成

表 15-1　日本体育学会体育原理専門分科会における第 1〜48 回大会／39〜48 回大会研究発表の傾向

	第 1〜48 回大会	第 39〜48 回大会
体育哲学	35.8%	22.2%
スポーツ哲学	19.1%	32.9%
特論	34.1%	36.7%
体育原理	2.0%	3.8%
その他	9.0%	4.4%

出典　小林勝法・三原幹夫「日本体育学会研究発表にみる体育原理研究の半世紀」『体育原理研究』第 28 号　日本体育学会体育原理専門分科会　1997 年　pp.60-61 をもとに筆者作成

＊7
なお、「体育原理」という名称の下でどのような研究を遂行すべきかについては、「体育原理専門分科会」に先立つ「体育原理研究会」の発足時点で見解が分かれていた。第 1 節では「体育原理研究会」の発起人として阿部・石津・前川の三者を紹介したが、阿部・石津が「体育原理」を「体育哲学」として解釈しようとしていたのに対して、前川は体育にかかわる幅広い問題を扱ってゆくべきと考えていた。
阿部忍「体育原理研究の歩み」日本体育学会編『体育の原理』不昧堂書店 1965 年 p.130

門分科会の研究動向は、原理の視点から体育実践のための指針群を構築するのではなく、哲学の視点から体育やスポーツなどの本質を考察する趨勢にあった*8。

3 日本の「体育原理」における “Principles of Physical Education”

日本の「体育原理専門分科会」における研究動向は、「体育哲学」を主とするものであった。とはいえ、日本の体育原理の研究史には、「体育原理」と「体育哲学」を峻別し、PPE式の体育原理を志向する動向もあった。

「体育原理研究会」の発起人となった前川は、『体育原理』[14] と題する著書を著している。『体育原理』では、諸科学の成果を体育の「目的－内容－方法の一貫性」のうちに体系化することが体育原理研究の課題であるとされている。実に、前川の『体育原理』は、体育に関する人文・社会・自然科学の知見を包括的に扱っており、PPEと類似した章構成となっている。

『体育原理』と題する著書は、川村英男*9 によっても発表されている。川村の『体育原理』[15] もまた、体育に関する人文・社会・自然科学の知見より構成されている。興味深いことに、同著の中で川村は、日本の体育原理が哲学的研究に傾倒していたことを認めつつも、「原理」と「哲学」を同一視することに対しては懐疑的な姿勢を見せていた。

> 今日体育原理研究といわれているものの多くは、哲学的研究といってよいと思われる。すなわち、原理と哲学との区別が明瞭ではない。もし哲学を原理を追求する学問であるとするならば、哲学的研究は原理的研究であるとしてよい。
>
> しかし、実践との関係からとらえる原理、すなわち、実践に基礎を与え、実践を方向づけるものとしての原理を規定するならば（著者の立場はそれである）、本質や哲学的原理を求める哲学的研究とは、異なったものであるべきではなかろうか [16]。

川村にとって体育原理は、体育哲学とイコールではなかった。それは、PPEに類する、体育実践を方向づけるための指針であった。

「体育原理」と「体育哲学」の峻別は、飯塚鉄雄の立場からもうかがえる。飯塚は、1965（昭和40）年の時点で、体育原理が「“Principles of Physical Education” であって、“Philosophy of Physical Education” の

＊8
PPEと体育原理の差異は、体育原理専門分科会の刊行物以外の図書からもうかがえる。例えば、本書に先立つ直近の体育原理に関する図書は、2016（平成28）年に出版された『教養としての体育原理』であるが、この図書の構成は、おおよそ、体育やスポーツに関する人文・社会科学領域の知見に限られている。つまり、PPEのように、自然科学領域の知見は収録されていない。
友添秀則・岡出美則編著『教養としての体育原理［新版］―現代の体育・スポーツを考えるために―』大修館書店　2016年

＊9
なお川村は、先に紹介したウィリアムスの “The Principles of Physical Education” の翻訳を務めた人物でもある。ウィリアムスの著作を日本語で参照したい読者は以下の文献を参照されたい。
J. F. ウィリアムス（川村英男訳）『体育の原理』逍遥書院　1957年

みではない」[17] ことを明確に指摘している。この飯塚の立場は、体育原理が哲学的な抽象論に傾倒することへ警鐘を鳴らしたものである。飯塚が想定した体育原理は、哲学的な「目的論的原理」と諸科学の知見より導かれる「方法論的原理」の調和の上で構築されるべきものであった [18]。

3 体育原理の課題と展望：「体育」の「原理」をいかに構想するか

これからの体育原理の展望は、日本語の「体育原理」をいかに解釈するのかによって方向づけられる。まず、「原理」を複数形の“principles”と解釈するのであれば、「体育原理」の構築は学際的なプロジェクトとなる。そして、「体育」の概念の解釈に応じて、“Principles of Health and Physical Education”“Physical Education as part of Principles of Education”“Principles of Taiiku”という３つの展望が開けてくる。

1 日本における体育原理の消失を考える

日本における体育原理の研究史には、諸学の知見を集約して、体育実践のための指針を構築しようとする動向があった。しかし、そうした動向は、日本の体育原理研究の全体から見れば少数であった。日本の体育原理研究の趨勢は、体育やスポーツなどに関する哲学的研究が大半を占めていた。その結果、体育原理研究の受け皿となるはずであった「体育原理専門分科会」の名称は「体育哲学専門分科会」に変更され、体育原理は日本の体育学の研究領域から姿を消した。

では、日本において体育原理は、いまや不必要なものとなったのだろうか。決してそうではない。体育原理の不要論を唱えた主張は、管見の限り見当たらない。体育原理には、体育学の専門的な研究成果を集約し、それらを体育実践に結びつける役割がある。体育原理の役割は、「分化」と「統合」という課題*10 が指摘され続けている体育学において、ことさら重要なものであるといえる（あるいは、「分化」と「統合」という課題は、体育原理の不在に起因していると考えるべきなのかもしれない）。

体育原理は、不必要になったがために体育学から姿を消したのではない。日本の体育原理は、「専門分科会」という制度とのミスマッチと体育学において「体育哲学」の専門領域が不在であった当時の状況を背景にして*11、いつのまにかその所在が宙づりになってしまったものと考えるべきであろう。日本において体育原理は、「お役御免」になったわけではなく、その受

＊10
詳細は、本書の第１章を参照されたい。

＊11
この点については、本章のコラムで詳述する。興味のある方は、コラムを参照されたい。

け皿を失ったまま「行方不明」になっているのである。

2 日本の体育原理のこれから：「原理」の概念を考える

これからの「体育原理」をいかに構想してゆくべきかとの問いは、現代に生きる私たちが応答すべき課題である。体育原理の研究領域が体育学に存在しない今、これまでの研究史とは別の仕方で、これからの「体育原理」を考えてみる必要がある。その際、重要となるのは、「体育原理」における「原理」と「体育」の概念の解釈である。まずは、「原理」の概念の解釈について検討してみよう。

「原理」を単数形の“principle”と捉えるのであれば、「体育原理」の探究は、体育やこれに関連する諸概念の検討を担う「体育哲学」の課題となりうる。その場合、「体育原理（principle of physical education）」の研究は、現に今存在している「体育哲学専門領域」や「体育・スポーツ哲学会」の課題となりえ、「体育原理」という日本語の名辞を保持する必然性はない。

その一方で、「原理」を複数形の“principles”と解釈するのであれば、「体育原理（principles of physical education）」の構築は、「体育哲学」という単一の学問領域では完遂できない。「体育原理（principles of physical education）」を構築するためには、複数の研究領域による学際的な協同が不可欠となる。すなわち、「体育原理」の構築を単一の専門領域に委ねるのではなく、複数の研究領域が協同して推進する「プロジェクトとしての体育原理」[*12]という考え方が必要となる。

＊12
実のところ、「体育原理専門分科会」のあり方が盛んに議論された1980年代には、学際的なプロジェクトとして体育原理を構築する方向性も提案されていた。しかし、こうした体育原理の方向性は、「体育原理専門分科会」の独自性を議論する趨勢の中で、とりわけて問い深められることはなかった。
真栄城勉「『体育原理』の研究領域と研究法」『体育原理研究』第14号　日本体育学会体育原理専門分科会　1983年　p.60
服部豊示「体育学の体系について」『体育原理研究』第14号　日本体育学会体育原理専門分科会　1983年　p.77

3 日本の体育原理のこれから：「体育」の概念を考える

(1)「体育」の概念をめぐる問い

「原理」の概念を複数形の“principles”と捉え、「体育原理（principles of physical education）」の構築を推進していくのであれば、その先には、日本語の「体育」をいかに解釈するかという問いが待ち構えている。「体育」をどのように捉えるのかによって、「体育原理」が構築すべき「指針（群）」の射程は異なってくるからである。

日本語の「体育」という名辞は、幅広い意味を有している。「体育」の意味は、いわゆる「学校体育」にのみ限定されるのではない。このことは、本書の全体を通して示唆されてきた。最後に本節では、「体育」の概念に関するいくつかの理解に則して、「体育原理」のこれからを考えてみる。

(2) 体育原理の可能性：Principles of Health and Physical Education

「体育」という言葉を耳にする時、私たちが真っ先に思い浮かべるのは、授業科目としての保健体育（Health and Physical Education）[19] であるだろう。保健体育としての「体育」には、身体（Physical）に関する教育（Education）のみならず、健康（Health）についての教育も含まれている。

したがって、「体育原理」の「体育」を保健体育として捉えるなら、その「体育原理（Principles of Health and Physical Education）」は、保健体育を適正に行うための原理原則を提示すべきものとなる。「体育原理（Principles of Health and Physical Education）」では、身体の構造や機能ならびに身体活動などに関する知見に加え、健康の本質的理解やその保持増進に係る知見、ひいてはそれらの教授法といった知見の集約が求められるだろう。

なお、これまでの「体育原理」に関する研究は、主として、学校での「保健体育」を想定し、そのための研究成果を産出してきた。けれども、従前の「体育原理専門分科会」や「体育原理」と題した著作の研究動向では、「体育」についての知見は豊富に蓄積されてきたものの、「健康」に関する内容は積極的に扱われてこなかった。反省を込めて指摘すると、本書もまた、「健康」についての章を設けていない。保健体育のための「体育原理」を構築するのであれば、体育にかかわる諸原理に加え、健康教育に関する諸原理の集約が課題となる。

(3) 体育原理の可能性：
Physical Education as part of Principles of Education

日本語の「体育」は、明治時代に“Physical Education”の翻訳語として受容されたといわれている。“Physical Education”は、直訳すると、「身体教育」である。当然ながら、「身体教育（Physical Education）」には、先述の「保健体育（Health and Physical Education）」も含まれる。とはいえ、「身体教育」の適用範囲は、授業科目としての「保健体育」に限定されるものではない。

「身体教育」は、運動や健康にかかわる教育のみを指すのではなく、広義に「ヒトの身体面からの人間化」[20] を意味する。本書において示唆されてきたように、「身体教育」は、姿勢よく立つことやパソコンのタイピングといった所作の涵養に始まり（第３章）、有徳な人間を育てること（第５章）や民主的な人間を育てること（第６章）、ならびに教養教育（第９章）といった、幅広い事象に通底している。

教育の根幹には、「身体教育」が含まれている。教育を「学び」という視座から紐解いた佐藤学は、「学びとは、『モノ』や『こと』や『人』との関わりを、学び手の身体を投企して紡ぎあげる営み」[21]であると指摘する*13。例えば、外国語を学ぶためには、外国語なるものを思い浮かべるのではなく、実際に外国語を書いてみたり、声に出して読んでみたりする必要がある。また、外国語によるあいさつを学ぶのであれば、身ぶりや手ぶりを伴いながら、向かい合った相手に何かを表現してみるほかない。こうした学びの過程は学び手の身体を不在にしては成立し得ず、「外国語を自在に操るためには、外国語の世界に自分自身を住まわせる身体技能の獲得、すなわち、身体教育が必要不可欠」[22]となる。「学び」と「身体」の密接な関係は、国語や社会、算数・数学、理科といった他の科目にも通底する*14。その意味では、学校教育は、全般的に「身体教育」であるということもできる[23]。

したがって、「身体教育」としての「体育」は、「保健体育」の専売特許ではない。「身体教育」としての「体育」は、さまざまな教育の根幹に位置する。「身体教育」は、「学びの身体技法」を養うための「教育原理（principles of education)」なのである。そのため、「身体教育」を教育全般のモチーフとして捉えるのであれば、「身体教育」を基点とする「教育原理」の構築が展望される。この展望においては、体育学内部での「体育原理」の構築を超えた、教育学との学際的なプロジェクトが要請されるだろう。

*13
佐藤が学びの基底に「身体」を据える背景には、「わが国の学校は学びから身体性を排除してきた」との問題意識がある。具体的な問題状況としては、例えば、受験学力の過度な重視が挙げられる。受験に象徴される学力観においては、「知識」は、「身をもって学ぶもの・こと」や「身につけるもの・こと」ではなく、暗記すべき「情報」へと転落させられてしまう。こうした問題を背景にして、佐藤は、「どんな知識も学び手の身体的な活動に具体化され、学び手の経験のなかに織り込まれることなしには、『学び』としての意義をもちえないだろう」と批判的な見解を示している。なお、ここで紹介した佐藤の学び論は、いまより20年以上も前に発表されたものである。私たちは（とりわけ、教育に携わる人は)、佐藤の学び論を「古い」ものとして一蹴するのではなく、佐藤の学び論から現代の教育を批判的に捉え返す必要があるだろう。佐藤学『学びの身体技法』太郎次郎社 1997年　p.19/pp.88-92

(4) 体育原理の可能性：Principles of Taiiku

ここまで、「保健体育」と「身体教育」という視座から、「体育原理」の展望を確認してきた。その際、本章が前提してきたのは、教育概念としての「体育」であった。教育概念としての「体育」は、「教える−学ぶ」といったなんらかの関係性に基づく概念である。

その一方で、現代の日本語の「体育（Taiiku)」は、「保健体育（Health and Physical Education)」や「身体教育（Physical Education)」とは等置し難い、幅広い意味内容を有するものでもある。ここでは、日本語の「体育」を広義に捉えた「体育（Taiiku)」の概念を参照する（表15-2 参照)。

日本語の「体育（Taiiku)」は、「人間がよく生きること」の全般にかかわる概念である。本書の第3章で示されたように、「体育（Taiiku)」は、「学校での授業を含めた教育として行われる『身体教育 Physical Education』としての体育はもちろん、競技スポーツや全国各地で行われる交流目的のスポーツ活動、さらには健康目的のエクササイズといった楽しさ重視の身体活動、さらに洗顔や歯磨きやけがのリハビリといった生活に必要な身体活動まで」をも包摂する。

表 15-2　「体育（Taiiku）」の概念

氏名	発表年	「体育」の概念
金原勇	2005 年	人間生命体としての身体を目指す個人的社会的に見て望ましい生き方ができるように積極的に育てること
阿江通良	2016 年	スポーツや身体的活動を手段として身体的側面から人間を開発することであり、各自の生き方に応じて健康的生活をデザインすること
林洋輔	2023 年	「『生きる充実』としてのウェル・ビーイング（Well-Being）の実現を目指す人間が行う身体活動」の総体

出典　金原勇『二十一世紀体育への提言』不昧堂出版　2005 年　p.139
阿江通良「知性、身体性、感性の育つ街を目指して 体育・スポーツを通じた街づくり」『CROSS T & T』第 53 号　2016 年　pp.39-40
林洋輔『体育の学とはなにか』道和書院　2023 年　p.426

「体育」の概念を「体育（Taiiku）」として解釈するならば、「体育原理（Principles of Taiiku）」の内実は極めて広範なものになる。なぜなら、「体育（Taiiku）」は、身体を介して何事かを学ぶことや自らの身体を適正な状態にすることに加え、そうした身体的実践に適うための生活環境の整備といった事柄にまで及ぶからである。したがって、「体育原理（Principles of Taiiku）」を構築するためには、身体的存在としての人間が、よく生きることの全般にまたがる知見の動員が必要とならざるを得ない。

とはいえ、「体育原理（Principles of Taiiku）」を構築するためのヒントは、わずかながらも、これまでの研究史のうちで示唆されている。金原勇は、生活を体育化――望ましい生きかたができるように身体を積極的に最適化――するための柱として、「活動生活」「休養生活」「摂取生活」の３つを挙げている[24)]。詳細は金原の著書を参照されたいが、ここでは簡略的にパラフレーズする。つまり、動くことや住まうこと（活動生活）、休むことや力を抜くこと（休養生活）、食べることや浴びること（摂取生活）といったことを基軸にして、ありふれた生活（環境）を最適化してゆくことが、人が「体育（Taiiku）」を実践するための原理原則になるということである。

ともあれ、「体育原理（Principles of Taiiku）」の構築は、いばらの道である。その構築は、広範な学問分野を越境する、途方もないプロジェクトとなり得る。しかしそれゆえに、「体育原理（Principles of Taiiku）」の構築は、人類がよく生きるための道標になるかもしれない。

＊14
この点については、樋口聡の研究を参照されたい。樋口の研究では、身体（知）を一つの視座（方法）とすることで、言葉の教育（国語）における身体教育の必然性が示されている。また、この研究では、身体知の感性的体験へのまなざしから、教科の枠組みを越境し、それを揺さぶる教育の可能性が展望されている。なお、樋口の研究では、国語教育が、生の実感（身体知）から言葉を切り離し、言葉を言葉として勉強させる状況への批判も展開されている。この点に鑑みると、先に参照した佐藤の学び論は、（ネガティブな意味で）決して「古い」ものではない。
樋口聡「感性教育論の展開（1）：言葉の教育を考える」『広島大学大学院教育学研究科紀要』第一部第 67 号　広島大学大学院教育学研究科　2018 年　pp.9-18

引用文献

1）川村英男『体育原理［改訂第 11 版］』杏林書院　1985 年　pp.17-18
2）日本体育学会『日本体育学会 60 年記念誌』日本体育学会　2010 年　p.14／p.203
3）同上書　p.202

4）久保正秋「『体育における人間形成』論の変遷」『体育・スポーツ哲学研究』第 43 巻第 2 号　日本体育・スポーツ哲学会　2021 年　p.120
5）阿部忍「体育原理研究の歩み」体育原理研究会編『体育の原理』不昧堂出版　1965 年　p.130
6）樋口聡『身体教育の思想』勁草書房　2005 年　pp.104-119
7）J. F. Williams, *The Principles of Physical Education* (seventh ed), Saunders, 1959, 6.
8）*Ibid*, 7.
9）H. M. Barrow, *Man and Movement: Principles of Physical Education*, Lea & Febiger, 1983, 31.
10）佐藤臣彦「体育原理の批判的検討：スポーツ哲学への予備作業」『体育・スポーツ哲学研究』第 2 巻　1980 年　p.50
11）佐藤臣彦「体育哲学の課題」『体育・スポーツ哲学研究』第 28 巻第 1 号　日本体育・スポーツ哲学会　p.3
12）高橋健夫・近藤英男「体育原理研究の成果と課題」日本体育学会編『体育の科学』第 25 巻第 12 号　杏林書院　1975 年　pp.791-793
13）小林勝法・三原幹夫「日本体育学会研究発表にみる体育原理研究の半世紀」『体育原理研究』第 28 号　日本体育学会体育原理専門分科会　1997 年　pp.60-61
14）前川峯雄『体育原理』大修館書店　1981 年
15）川村英男『体育原理』杏林書院　1974 年
16）同上書　p.24
17）飯塚鉄雄「体育原理の諸課題」体育原理研究会編『体育の原理』不昧堂出版　1965 年　p.119
18）同上書　pp.118-127
19）文部科学省「平成 30 年改訂高等学校学習指導要領 教科・科目英訳版（仮訳）」 https://www.mext.go.jp/component/a_menu/education/micro_detail/__icsFiles/afieldfile/2019/07/08/1417610_001.pdf
20）佐藤臣彦『身体教育を哲学する―体育哲学叙説―』北樹出版　1993 年　p.231
21）佐藤学『学びの身体技法』太郎次郎社　1997 年　p.13
22）釜崎太「ドレイファスの人工知能批判と身体教育」樋口聡編著『教育における身体知研究序説』創文企画　2017 年　p.164
23）前掲書 6）　p.136
24）金原勇『二十一世紀体育への提言』不昧堂出版　2005 年

学びの確認

①日本では、アメリカ由来の“Principles of Physical Education”がどのように解釈され、受容されたのかをまとめてみましょう。

……………………………………………………………………………………

……………………………………………………………………………………

②これからどのような「体育原理」を構築してゆくべきであると思うか、本章の内容を踏まえながら自身の考えを述べてみましょう。その際、“Principles of Health and Physical Education”“Physical Education as part of Principles of Education”“Principles of Taiiku”について触れながら回答してください。

……………………………………………………………………………………

……………………………………………………………………………………

column

なぜ日本の「体育原理」は消失したのか

日本福祉大学／髙尾尚平

「知」と「学問制度」の問題

学問的知識は、専門家が集まる学会の承認（ピアレビュー）を通過して、社会に発信されることが通例です。学会に集う専門家たちの多くは、大学という高等教育機関に身を置いています。このように説明すると、学問的知識は、絶対的な「知」であるように思えてきます。

しかし、「知」をめぐる問題の機構は、そう単純ではありません。学問的知識が学会や大学といった「学問制度」から産出される傾向にあるということは、裏を返せば、学問的知識が「学問制度」によって制約されやすいことを示しているからです。

興味深い例があります。天文学では、新星の発見はほとんどアマチュアの愛好家によってなされているようです。つまり、いわゆる専門家ではなく、大学や学会といった「学問制度」の外部にいる人たちが新たな「知」を生みだしているわけです。

本章の冒頭で示唆した通り、大学や学会における学問の制度化は、良くも悪くも「知」のあり方を左右します。本書の主題である「体育原理」もまた、このことと無縁ではありません。実のところ、この点については、現在の私の研究テーマです。研究途中の内容なので本文には組み込めませんでしたが、ここでは、日本の「体育原理」の消失過程についての私の見解を述べておきます。

「体育原理」と「専門分科会」のミスマッチ

日本における「体育原理」の消失の背景には、まず以て、体育学会の「専門分科会」という制度と研究対象としての「体育原理」とのミスマッチがあったと考えられます。本章の第１節で述べた通り、体育学会における「専門分科会」は、研究領域の単位であり、独自の研究方法によって他の分科会と差異化されます。一方、本来的な意味での「体育原理（PPE）」は、複数の研究領域やさまざまな研究方法から導かれた知見により構築されます。したがって、「体育原理（PPE）」を「専門分科会」という単位で研究しようとすれば、逆説的にも、分科会としての独自性を維持することはできなくなります。こうした事情を背景にして、当時の「体育原理専門分科会」では、他の分科会とは重複しない独自の研究領域を確立すべく、体育の哲学的研究に舵を切っていったと考えられます。

体育学における「体育哲学」の不在

その一方で、「体育原理専門分科会」における哲学的研究の隆盛を考えるうえでは、当時の体育学において、「体育哲学」の専門領域が存在しなかった背景も考慮に入れる必要があります。「体育原理」は、「体育哲学」とイコールではありません。しかし、「体育原理」を構築するためには、「教育とはなにか」「身体とはなにか」「運動とはなにか」「健康とはなにか」といった体育やこれに関連する諸概念の哲学的研究が求められます。それらの諸概念が不明瞭であるならば、体育を実践するための「諸原理」を構築することは困難になるからです。「体育哲学」の専門領域が不在であった当時の体育学では、「体育原理」を構築するにせよ、「体育哲学」に舵を切るにせよ、体育の哲学的研究が必要であったわけです。そして、体育の哲学的研究を遂行し得る領域は、「体育原理専門分科会」のほかに存在していませんでした。

「体育原理」のゆくえ

日本の「体育原理」は、「大学」において制度化され、「学会」のうちで消失しました。「学問制度」の中で誕生・消失した「体育原理」は、これからどこへ向かってゆくべきでしょうか。私は、本来的な意味での「体育原理」を展望するのであれば、既存の「学問制度」の枠組みから果敢に脱出すべきであると考えています。その具体策はいまだ探求の途上にありますが、本書がその端緒になることを祈っています。

索 引

数字・欧文

あ行

か行

さ行

た行

な行

は行

ま行

や行

ら行

わ行

みらいスポーツライブラリー
体育原理

2024年 4 月15日　初版第1刷発行

編　著　者　　高橋徹
発　行　者　　竹鼻均之
発　行　所　　株式会社みらい
〒500-8137　岐阜市東興町40 第5澤田ビル
TEL 058-247-1227(代)
FAX 058-247-1218
https://www.mirai-inc.jp
装丁・本文デザイン　小久保しずか
印刷・製本　株式会社　太洋社

ISBN978-4-86015-624-4　C3075　Printed in Japan